秋松鶴
李恩定 共著

육효 비법

매월운세

도서출판 생활문화사

서 두 언

천(天)과 지(地 즉 하늘과 땅에도 오행의 이치를 따라서 시계바늘처럼 돌고, 돌고 있으며 그 품안에 있는 모든 삼라만상도 또한 시계바늘과 같이 돌고 도는 것입니다。

그러한 음양오행의 순행과 역행의 이치를 따라서 살고 있는 우리 인생도 그저 따라가는 수레바퀴와도 같은 것이라고 한다면 허무맹랑한 소리라고 할 사람은 아무도 없을 것입니다。

그런데 역학이니 철학이니 하는 것은 과연 무엇이란 말인가? 하고 으아해하는 사람도 또한 많다고 생각합니다。 그러나 저자 자신은 그동안 연구하고 감정하면서 얻은 실지경험에 의하면 그렇게 생각하는 사람은 모르는 사람이구나 하고 생각을 하지 않을 수 없게되였습니다。

그예를 하나 든다면 자동차 타이어가 펑크가 나지않고 굴러다닌다면 폐품이될 때까지 수명이 될 것입니다。 그런데 만약에 큰 도로 복판에서 큼직한 철못이 땅에 꽂이여서 있는것을 모르고 운전기사가 자동차를 그 큰 못에 타이어가 박히게 한다면 타이어는 터져서 그 타이어는 폐품이되면서 타이어의 수명이 끝이나는 것일겁니다。 다시말하면 우리인생도 자동차 타이어와 같이 세월따라 시들면서 인생의 종말이 되는 시간이 찾아오는 것입니다。 우리인생도 자기의 운명을 여기 역학의 오묘한 한술을 알아서 응용하여 운명의 길흉을 미리 알고 생활에 임한다면 오래도록 수명도 연장할 수 있고 하고있는 모든일에도 실패를 적게 당하면서 인생을 보낼 수 있을 것입니다。 그러므로 여기 매월 운세책에는 한문(漢文)자는 적고、 한글자가 많게、 저서하여 누구나 이 저서로 도움을 받도록 책을 집필하였습니다。 특히 한문자를 잘 모르는 분께서는 진심으로 감사를 느낄줄로 생각하면서 이책의 활용이 전 인류에게 보급되고 오묘한 주역의 신비로움을 모든 사람이 알게 되기를 기대하면서、 간단히 난필을 놓겠습니다。

감사합니다。

庚午年 著者 秋松鶴 識

서 두 언

목 차

第一編 신수보는 법

제一장 주역육효괘 잡는 요령

一년운을 육효로 보고 싶으면 보고 싶은 그 시간에 시간을 보고 주역괘를 잡는다。 또한 다른 사람이 와서 신수를 보아달라고 한다면 그 당시에 時間으로 주역괘를 잡는데 시간으로 괘를 잡어도 맞는 괘 즉 그 당시 그 사람에게 해당한 것이 있고 그사람에게 해당하지도 않고 맞지도 않는 것이 있는데 맞는지、않맞는지를 아는 비법이 있다。 주역괘가、가령 중천건괘(一、一괘)가 나왔다면 괘를 작성할 때 건금 甲子、 子寅辰外 壬午는 午申戌이라고 地支가 붙어서 올라 갈 것이다。 여기 子寅辰、 午申戌中에 신수 점하는 日辰이 있으면 맞는 육효가 된다。 만약 日辰이 없으면 그해 태세의 地支字가 있어도 맞는다。 日辰과 당년태세中 地支도 없으면 그 사람에게 현재의 신수괘가 맞지 않으니 그 때는 동전을 던져서 괘를 잡는다。 동전을 던져서 年支나、 日辰이 없으면 그 사람은 신수점을 보지 말고 다음날이나 다른 시간에 오도록 하여야 한다

예를 들면 辰月 己巳日 낮 十一시 정각에 사람이 와서 금년운을 보아달라고 한다면 時

으로 주역괘를 보니 三、三괘의 三효동이 된다。 그런데 오늘 日辰地支字가 　上효에 巳字가 있으니 그 사람에게 맞는 육효가 된다。

離火宮(辰月己巳日) (十一시 정각에 시간을 보고만든 육효괘이다)

━世	‖	━	才應	‖	━
巳	未	酉	亥	丑	卯
兄	孫	才	官	孫	父
			辰		

여기서 주역괘를 보면 六효世에 巳字가 있으니 오늘 日辰이 있는 것이다。 化효에 있는 것과 은복되여 있는(일진과 같은 지지자) 것은 해당하지 않으니 착오없기 바란다。

(1) 시간으로 육효괘 잡는법 및 도표

어느날 어느시간에 찾아온 사람이라도 온시간은 관계가 없고 정식으로 금년운을 보아 달라고 할때 시간을 보고 괘를 잡는다。 또는 본인의 일년운을 보고 싶으면 그 보고 싶을때 시간을 보고 주역괘를 만드는 것인데 가령 오전 9시에 손님이 와서 앉아 있다가 9시 30분에 금년운을 보아 달라고 했다면 다음도 표를 보고 괘를 찾으니 四六괘의 三효가 되니 뢰수해 괘의 삼효동에서 일년 열두달 운을 읽어주면 되는데 무조건 읽어준다고 하여될 문제가 아니다。 요컨데 그사람에게 그 괘가 맞는것인지 해당하지 않은지를 알고 말해주어야 한다。 아는법은 주역괘를 완전히 해설하여 놓았으니 四六괘 주역괘상에서 그 시계점 하는 날의 일진이 있든지 그해의 연지지가 있든지 혹은 세(世)효가 점하는 시간의 지지가해당될 때는 적중되고 일진이나 혹은 연지지자도 없을때는 다시 時間을보고 괘를 잡아서 찾아보면 된다。 일진이나 연지지가 없으면 적중율이 약하고 있을때는 백프로 그사람에게 적중되는 괘상이다。 다른 모든 육효가 다같이 동일하다는 것을 명백히 말해두는 바이다。

問 議 時 間	周易卦및爻動	問 議 時 間	周易卦및爻動
9시는	4.3卦의3효動	9시26 〃	4.6 〃 1 〃
9시 1分은	4.3 〃 4 〃	9시27 〃	4.6 〃 2 〃
9시 2 〃	4.3 〃 4 〃	9시28 〃	4.6 〃 2 〃
9시 3 〃	4.3 〃 5 〃	9시29 〃	4.6 〃 3 〃
9시 4 〃	4.3 〃 5 〃	9시30 〃	4.6 〃 3 〃
9시 5 〃	4.3 〃 6 〃	9시31 〃	4.6 〃 4 〃
9시 6 〃	4.8 〃 2 〃	9시32 〃	4.6 〃 5 〃
9시 7 〃	4.8 〃 3 〃	9시33 〃	4.6 〃 5 〃
9시 8 〃	4.8 〃 4 〃	9시34 〃	4.6 〃 6 〃
9시 9 〃	4.8 〃 5 〃	9시35 〃	4.6 〃 6 〃
9시10 〃	4.8 〃 6 〃	9시36 〃	4.7 〃 2 〃
9시11 〃	4.2 〃 1 〃	9시37 〃	4.7 〃 3 〃
9시12 〃	4.2 〃 2 〃	9시38 〃	4.7 〃 4 〃
9시13 〃	4.2 〃 2 〃	9시39 〃	4.7 〃 5 〃
9시14 〃	4.2 〃 3 〃	9시40 〃	4.7 〃 6 〃
9시15 〃	4.2 〃 3 〃	9시41 〃	4.4 〃 1 〃
9시16 〃	4.2 〃 4 〃	9시42 〃	4.4 〃 2 〃
9시17 〃	4.2 〃 4 〃	9시43 〃	4.4 〃 2 〃
9시18 〃	4.2 〃 5 〃	9시44 〃	4.4 〃 3 〃
9시19 〃	4.2 〃 5 〃	9시45 〃	4.4 〃 3 〃
9시20 〃	4.2 〃 6 〃	9시46 〃	4.4 〃 4 〃
9시21 〃	4.1 〃 2 〃	9시47 〃	4.4 〃 5 〃
9시22 〃	4.1 〃 3 〃	9시48 〃	4.4 〃 5 〃
9시23 〃	4.1 〃 4 〃	9시49 〃	4.4 〃 6 〃
9시24 〃	4.1 〃 5 〃	9시50 〃	4.4 〃 6 〃
9시25 〃	4.1 〃 6 〃	9시51 〃	4.5 〃 2 〃

問議時間	周易卦및爻動	問議時間	周易卦및爻動
9시52 〃	4.5 〃 3 〃	10시18 〃	5.2 〃 5 〃
9시53 〃	4.5 〃 4 〃	10시19 〃	5.2 〃 6 〃
9시54 〃	4.5 〃 5 〃	10시20 〃	5.2 〃 6 〃
9시55 〃	4.5 〃 6 〃	10시21 〃	5.1 〃 2 〃
9시56 〃	4.3 〃 1 〃	10시22 〃	5.1 〃 3 〃
9시57 〃	4.3 〃 2 〃	10시23 〃	5.1 〃 4 〃
9시58 〃	4.3 〃 2 〃	10시24 〃	5.1 〃 5 〃
9시59 〃	4.3 〃 3 〃	10시25 〃	5.1 〃 6 〃
10시는	5.3 〃 3 〃	10시26 〃	5.6 〃 1 〃
10시 1分은	5.3 〃 4 〃	10시27 〃	5.6 〃 2 〃
10시 2 〃	5.3 〃 5 〃	10시28 〃	5.6 〃 2 〃
10시 3 〃	5.3 〃 5 〃	10시29 〃	5.3 〃 3 〃
10시 4 〃	5.3 〃 6 〃	10시30 〃	5.3 〃 3 〃
10시 5 〃	5.3 〃 6 〃	10시31 〃	5.4 〃 4 〃
10시 6 〃	5.8 〃 2 〃	10시32 〃	5.5 〃 5 〃
10시 7 〃	5.8 〃 3 〃	10시33 〃	5.5 〃 5 〃
10시 8 〃	5.8 〃 4 〃	10시34 〃	5.6 〃 6 〃
10시 9 〃	5.8 〃 5 〃	10시35 〃	5.6 〃 6 〃
10시10 〃	5.8 〃 6 〃	10시36 〃	5.7 〃 2 〃
10시11 〃	5.2 〃 1 〃	10시37 〃	5.7 〃 3 〃
10시12 〃	5.2 〃 2 〃	10시38 〃	5.7 〃 4 〃
10시13 〃	5.2 〃 2 〃	10시39 〃	5.7 〃 5 〃
10시14 〃	5.2 〃 3 〃	10시40 〃	5.7 〃 6 〃
10시15 〃	5.2 〃 3 〃	10시41 〃	5.4 〃 1 〃
10시16 〃	5.2 〃 4 〃	10시42 〃	5.4 〃 2 〃
10시17 〃	5.2 〃 5 〃	10시43 〃	5.4 〃 2 〃

問 議 時 間	周易卦및爻動	問 議 時 間	周易卦및爻動
10시44 〃	5.4 〃 3 〃	11시10 〃	3.8 〃 6 〃
10시45 〃	5.4 〃 3 〃	11시11 〃	3.2 〃 1 〃
10시46 〃	5.4 〃 4 〃	11시12 〃	3.2 〃 2 〃
10시47 〃	5.4 〃 5 〃	11시13 〃	3.2 〃 2 〃
10시48 〃	5.4 〃 5 〃	11시14 〃	3.2 〃 3 〃
10시49 〃	5.4 〃 6 〃	11시15 〃	3.2 〃 3 〃
10시50 〃	5.4 〃 6 〃	11시16 〃	3.2 〃 4 〃
10시51 〃	5.5 〃 2 〃	11시17 〃	3.2 〃 5 〃
10시52 〃	5.5 〃 3 〃	11시18 〃	3.2 〃 5 〃
10시53 〃	5.5 〃 4 〃	11시19 〃	3.2 〃 6 〃
10시54 〃	5.5 〃 5 〃	11시20 〃	3.2 〃 6 〃
10시55 〃	5.5 〃 6 〃	11시21 〃	3.1 〃 2 〃
10시56 〃	5.3 〃 1 〃	11시22 〃	3.1 〃 3 〃
10시57 〃	5.3 〃 2 〃	11시23 〃	3.1 〃 4 〃
10시58 〃	5.3 〃 2 〃	11시24 〃	3.1 〃 5 〃
10시59 〃	5.3 〃 3 〃	11시25 〃	3.1 〃 6 〃
11시는	3.3 〃 3 〃	11시26 〃	3.6 〃 1 〃
11시 1분은	3.3 〃 4 〃	11시27 〃	3.6 〃 2 〃
11시 2 〃	3.3 〃 5 〃	11시28 〃	3.6 〃 2 〃
11시 3 〃	3.3 〃 5 〃	11시29 〃	3.6 〃 3 〃
11시 4 〃	3.3 〃 6 〃	11시30 〃	3.6 〃 3 〃
11시 5 〃	3.3 〃 6 〃	11시31 〃	3.6 〃 4 〃
11시 6 〃	3.8 〃 2 〃	11시32 〃	3.6 〃 5 〃
11시 7 〃	3.8 〃 3 〃	11시33 〃	3.6 〃 5 〃
11시 8 〃	3.8 〃 4 〃	11시34 〃	3.6 〃 6 〃
11시 9 〃	3.8 〃 5 〃	11시35 〃	3.6 〃 6 〃

問 議 時 間	周易卦및爻動	問 議 時 間	周易卦및爻動
11시36 〃	3.7 〃 2 〃	12시 2 〃	3.3 〃 5 〃
11시37 〃	3.7 〃 3 〃	12시 3 〃	3.3 〃 5 〃
11시38 〃	3.7 〃 4 〃	12시 4 〃	3.3 〃 6 〃
11시39 〃	3.7 〃 5 〃	12시 5 〃	3.3 〃 6 〃
11시40 〃	3.7 〃 6 〃	12시 6 〃	3.8 〃 2 〃
11시41 〃	3.4 〃 1 〃	12시 7 〃	3.8 〃 3 〃
11시42 〃	3.4 〃 2 〃	12시 8 〃	3.8 〃 4 〃
11시43 〃	3.4 〃 2 〃	12시 9 〃	3.8 〃 5 〃
11시44 〃	3.4 〃 3 〃	12시10 〃	3.8 〃 6 〃
11시45 〃	3.4 〃 3 〃	12시11 〃	3.2 〃 1 〃
11시46 〃	3.4 〃 4 〃	12시12 〃	3.2 〃 2 〃
11시47 〃	3.4 〃 5 〃	12시13 〃	3.2 〃 2 〃
11시48 〃	3.4 〃 5 〃	12시14 〃	3.2 〃 3 〃
11시49 〃	3.4 〃 6 〃	12시15 〃	3.2 〃 3 〃
11시50 〃	3.4 〃 6 〃	12시16 〃	3.2 〃 4 〃
11시51 〃	3.5 〃 3 〃	12시17 〃	3.2 〃 5 〃
11시52 〃	3.5 〃 3 〃	12시18 〃	3.2 〃 5 〃
11시53 〃	3.5 〃 4 〃	12시19 〃	3.2 〃 6 〃
11시54 〃	3.5 〃 5 〃	12시20 〃	3.2 〃 6 〃
11시55 〃	3.5 〃 6 〃	12시21 〃	3.1 〃 2 〃
11시56 〃	3.3 〃 1 〃	12시22 〃	3.1 〃 3 〃
11시57 〃	3.3 〃 2 〃	12시23 〃	3.1 〃 4 〃
11시58 〃	3.3 〃 2 〃	12시24 〃	3.1 〃 5 〃
11시59 〃	3.3 〃 3 〃	12시25 〃	3.1 〃 6 〃
12시는	3.3 〃 3 〃	12시26 〃	3.6 〃 1 〃
12시 1分은	3.3 〃4 〃	12시27 〃	3.6 〃 2 〃

問 議 時 間	周易卦및爻動	問 議 時 間	周易卦및爻動
12시28 〃	3.6 〃 2 〃	12시54 〃	3.5 〃 5 〃
12시29 〃	3.6 〃 3 〃	12시55 〃	3.5 〃 6 〃
12시30 〃	3.6 〃 3 〃	12시56 〃	3.3 〃 1 〃
12시31 〃	3.6 〃 4 〃	12시57 〃	3.3 〃 2 〃
12시32 〃	3.6 〃 5 〃	12시58 〃	3.3 〃 2 〃
12시33 〃	3.6 〃 5 〃	12시59 〃	3.3 〃 3 〃
12시34 〃	3.6 〃 6 〃	13시는	3.3 〃 3 〃
12시35 〃	3.6 〃 6 〃	13시 1分은	3.3 〃 4 〃
12시36 〃	3.7 〃 2 〃	13시 2 〃	3.3 〃 5 〃
12시37 〃	3.7 〃 3 〃	13시 3 〃	3.3 〃 5 〃
12시38 〃	3.7 〃 4 〃	13시 4 〃	3.3 〃 6 〃
12시39 〃	3.7 〃 5 〃	13시 5 〃	3.3 〃 6 〃
12시40 〃	3.7 〃 6 〃	13시 6 〃	8.8 〃 2 〃
12시41 〃	3.4 〃 1 〃	13시 7 〃	8.8 〃 3 〃
12시42 〃	3.4 〃 2 〃	13시 8 〃	8.8 〃 4 〃
12시43 〃	3.4 〃 2 〃	13시 9 〃	8.8 〃 5 〃
12시44 〃	3.4 〃 3 〃	13시10 〃	8.8 〃 6 〃
12시45 〃	3.4 〃 3 〃	13시11 〃	8.2 〃 1 〃
12시46 〃	3.4 〃 4 〃	13시12 〃	8.2 〃 2 〃
12시47 〃	3.4 〃 5 〃	13시13 〃	8.2 〃 2 〃
12시48 〃	3.4 〃 5 〃	13시14 〃	8.2 〃 3 〃
12시49 〃	3.4 〃 6 〃	13시15 〃	8.2 〃 3 〃
12시50 〃	3.4 〃 6 〃	13시16 〃	8.2 〃 4 〃
12시51 〃	3.5 〃 2 〃	13시17 〃	8.2 〃 5 〃
12시52 〃	3.5 〃 3 〃	13시18 〃	8.2 〃 5 〃
12시53 〃	3.5 〃 4 〃	13시19 〃	8.2 〃 6 〃

問 議 時 間	周易卦및爻動	問 議 時 間	周易卦및爻動
13시20 〃	8.2 〃 6 〃	13시46 〃	8.4 〃 4 〃
13시21 〃	8.1 〃 2 〃	13시47 〃	8.4 〃 5 〃
13시22 〃	8.1 〃 3 〃	13시48 〃	8.4 〃 5 〃
13시23 〃	8.1 〃 4 〃	13시49 〃	8.4 〃 6 〃
13시24 〃	8.1 〃 5 〃	13시50 〃	8.4 〃 6 〃
13시25 〃	8.1 〃 6 〃	13시51 〃	8.5 〃 2 〃
13시26 〃	8.6 〃 1 〃	13시52 〃	8.5 〃 3 〃
13시27 〃	8.6 〃 2 〃	13시53 〃	8.5 〃 4 〃
13시28 〃	8.6 〃 2 〃	13시54 〃	8.5 〃 5 〃
13시29 〃	8.6 〃 3 〃	13시55 〃	8.5 〃 6 〃
13시30 〃	8.6 〃 3 〃	13시56 〃	8.3 〃 1 〃
13시31 〃	8.6 〃 4 〃	13시57 〃	8.3 〃 2 〃
13시32 〃	8.6 〃 5 〃	13시58 〃	8.3 〃 2 〃
13시33 〃	8.6 〃 5 〃	13시59 〃	8.3 〃 3 〃
13시34 〃	8.6 〃 6 〃	14시는	8.3 〃 3 〃
13시35 〃	8.6 〃 6 〃	14시 1分은	2.3 〃 4 〃
13시36 〃	8.7 〃 2 〃	14시 2 〃	2.3 〃 5 〃
13시37 〃	8.7 〃 3 〃	14시 3 〃	2.3 〃 5 〃
13시38 〃	8.7 〃 4 〃	14시 4 〃	2.3 〃 6 〃
13시39 〃	8.7 〃 5 〃	14시 5 〃	2.3 〃 6 〃
13시40 〃	8.7 〃 6 〃	14시 6 〃	2.8 〃 2 〃
13시41 〃	8.4 〃 1 〃	14시 7 〃	2.8 〃 3 〃
13시42 〃	8.4 〃 2 〃	14시 8 〃	2.8 〃 4 〃
13시43 〃	8.4 〃 2 〃	14시 9 〃	2.8 〃 5 〃
13시44 〃	8.4 〃 3 〃	14시10 〃	2.8 〃 6 〃
13시45 〃	8.4 〃 3 〃	14시11 〃	2.2 〃 1 〃

問議時間	周易卦및爻動	問議時間	周易卦및爻動
14시12 〃	2.2 〃 2 〃	14시38 〃	2.7 〃 4 〃
14시13 〃	2.2 〃 2 〃	14시39 〃	2.7 〃 5 〃
14시14 〃	2.2 〃 3 〃	14시40 〃	2.7 〃 6 〃
14시15 〃	2.2 〃 3 〃	14시41 〃	2.4 〃 1 〃
14시16 〃	2.2 〃 4 〃	14시42 〃	2.4 〃 2 〃
14시17 〃	2.2 〃 5 〃	14시43 〃	2.4 〃 2 〃
14시18 〃	2.2 〃 5 〃	14시44 〃	2.4 〃 3 〃
14시19 〃	2.2 〃 6 〃	14시45 〃	2.4 〃 3 〃
14시20 〃	2.2 〃 6 〃	14시46 〃	2.4 〃 4 〃
14시21 〃	2.1 〃 2 〃	14시47 〃	2.4 〃 5 〃
14시22 〃	2.1 〃 3 〃	14시48 〃	2.4 〃 5 〃
14시23 〃	2.1 〃 4 〃	14시49 〃	2.4 〃 6 〃
14시24 〃	2.1 〃 5 〃	14시50 〃	2.4 〃 6 〃
14시25 〃	2.1 〃 6 〃	14시51 〃	2.5 〃 2 〃
14시26 〃	2.6 〃 1 〃	14시52 〃	2.5 〃 3 〃
14시27 〃	2.6 〃 2 〃	14시53 〃	2.5 〃 4 〃
14시28 〃	2.6 〃 2 〃	14시54 〃	2.5 〃 5 〃
14시29 〃	2.6 〃 3 〃	14시55 〃	2.5 〃 6 〃
14시30 〃	2.6 〃 3 〃	14시56 〃	2.3 〃 1 〃
14시31 〃	2.6 〃 4 〃	14시57 〃	2.3 〃 2 〃
14시32 〃	2.6 〃 5 〃	14시58 〃	2.3 〃 2 〃
14시33 〃	2.6 〃 5 〃	14시59 〃	2.3 〃 3 〃
14시34 〃	2.6 〃 6 〃	15시는	2.3 〃 3 〃
14시35 〃	2.6 〃 6 〃	15시 1分은	2.3 〃 4 〃
14시36 〃	2.7 〃 2 〃	15시 2 〃	2.3 〃 5 〃
14시37 〃	2.7 〃 3 〃	15시 3 〃	2.3 〃 5 〃

問 議 時 間	周易卦및爻動	問 議 時 間	周易卦및爻動
15시 4 〃	2.3 〃 6 〃	15시30 〃	2.6 〃 3 〃
15시 5 〃	2.3 〃 6 〃	15시31 〃	2.6 〃 4 〃
15시 6 〃	2.8 〃 2 〃	15시32 〃	2.6 〃 5 〃
15시 7 〃	2.8 〃 3 〃	15시33 〃	2.6 〃 5 〃
15시 8 〃	2.8 〃 4 〃	15시34 〃	2.6 〃 6 〃
15시 9 〃	2.8 〃 5 〃	15시35 〃	2.6 〃 6 〃
15시10 〃	2.8 〃 6 〃	15시36 〃	2.7 〃 2 〃
15시11 〃	2.2 〃 1 〃	15시37 〃	2.7 〃 3 〃
15시12 〃	2.2 〃 2 〃	15시38 〃	2.7 〃 4 〃
15시13 〃	2.2 〃 2 〃	15시39 〃	2.7 〃 5 〃
15시14 〃	2.2 〃 3 〃	15시40 〃	2.7 〃 6 〃
15시15 〃	2.2 〃 3 〃	15시41 〃	2.4 〃 1 〃
15시16 〃	2.2 〃 4 〃	15시42 〃	2.4 〃 2 〃
15시17 〃	2.2 〃 5 〃	15시43 〃	2.4 〃 2 〃
15시18 〃	2.2 〃 5 〃	15시44 〃	2.4 〃 3 〃
15시19 〃	2.2 〃 6 〃	15시45 〃	2.4 〃 3 〃
15사20 〃	2.2 〃 6 〃	15시46 〃	2.4 〃 4 〃
15시21 〃	2.1 〃 2 〃	15시47 〃	2.4 〃 5 〃
15시22 〃	2.1 〃 2 〃	15시48 〃	2.4 〃 5 〃
15시23 〃	2.1 〃 4 〃	15시49 〃	2.4 〃 6 〃
15시24 〃	2.1 〃 5 〃	15시50 〃	2.4 〃 6 〃
15시25 〃	2.1 〃 6 〃	15시51 〃	2.5 〃 2 〃
15시26 〃	2.6 〃 1 〃	15시52 〃	2.5 〃 3 〃
15시27 〃	2.6 〃 2 〃	15시53 〃	2.5 〃 4 〃
15시28 〃	2.6 〃 2 〃	15시54 〃	2.5 〃 5 〃
15시29 〃	2.6 〃 3 〃	15시55 〃	2.5 〃 6 〃

問 議 時 間	周易卦및爻動	問 議 時 間	周易卦및爻動
15시56 〃	2.3 〃 1 〃	16시22 〃	1.1 〃 3 〃
15시57 〃	2.3 〃 2 〃	16시23 〃	1.1 〃 4 〃
15시58 〃	2.3 〃 2 〃	16시24 〃	1.1 〃 5 〃
15시59 〃	2.3 〃 3 〃	16시25 〃	1.1 〃 6 〃
16시는	2.3 〃 3 〃	16시26 〃	1.6 〃 1 〃
16시 1分은	1.3 〃 4 〃	16시27 〃	1.6 〃 2 〃
16시 2 〃	1.3 〃 4 〃	16시28 〃	1.6 〃 2 〃
16시 3 〃	1.3 〃 5 〃	16시29 〃	1.6 〃 3 〃
16시 4 〃	1.3 〃 5 〃	16시30 〃	1.6 〃 3 〃
16시 5 〃	1.3 〃 6 〃	16시31 〃	1.6 〃 4 〃
16시 6 〃	1.8 〃 2 〃	16시32 〃	1.6 〃 4 〃
16시 7 〃	1.8 〃 3 〃	16시33 〃	1.6 〃 5 〃
16시 8 〃	1.8 〃 4 〃	16시34 〃	1.6 〃 5 〃
16시 9 〃	1.8 〃 5 〃	16시35 〃	1.6 〃 6 〃
16시10 〃	1.8 〃 6 〃	16시36 〃	1.7 〃 2 〃
16시11 〃	1.2 〃 1 〃	16시37 〃	1.7 〃 3 〃
16시12 〃	1.2 〃 2 〃	16시38 〃	1.7 〃 4 〃
16시13 〃	1.2 〃 2 〃	16시39 〃	1.7 〃 5 〃
16시14 〃	1.2 〃 3 〃	16시40 〃	1.7 〃 6 〃
16시15 〃	1.2 〃 3 〃	16시41 〃	1.4 〃 1 〃
16시16 〃	1.2 〃 4 〃	16시42 〃	1.4 〃 2 〃
16시17 〃	1.2 〃 4 〃	16시43 〃	1.4 〃 2 〃
16시18 〃	1.2 〃 5 〃	16시44 〃	1.4 〃 3 〃
16시19 〃	1.2 〃 5 〃	16시45 〃	1.4 〃 3 〃
16시20 〃	1.2 〃 6 〃	16시46 〃	1.4 〃 4 〃
16시21 〃	1.1 〃 2 〃	16시47 〃	1.4 〃 4 〃

問議時間	周易卦및爻動	問議時間	周易卦및爻動
16시48 〃	1.4 〃 5 〃	17시14 〃	6.2 〃 3 〃
16시49 〃	1.4 〃 4 〃	17시15 〃	6.2 〃 3 〃
16시50 〃	1.4 〃 6 〃	17시16 〃	6.2 〃 4 〃
16시51 〃	1.5 〃 2 〃	17시17 〃	6.2 〃 4 〃
16시52 〃	1.5 〃 3 〃	17시18 〃	6.2 〃 5 〃
16시53 〃	1.5 〃 4 〃	17시19 〃	6.2 〃 5 〃
16시54 〃	1.5 〃 5 〃	17시20 〃	6.2 〃 6 〃
16시55 〃	1.5 〃 6 〃	17시21 〃	6.1 〃 2 〃
16시56 〃	1.3 〃 1 〃	17시22 〃	6.1 〃 3 〃
16시57 〃	1.3 〃 2 〃	17시23 〃	6.1 〃 4 〃
16시58 〃	1.3 〃 2 〃	17시24 〃	6.1 〃 5 〃
16시59 〃	1.3 〃 3 〃	17시25 〃	6.1 〃 6 〃
17시는	1.3 〃 3 〃	17시26 〃	6.6 〃 1 〃
17시 1分은	6.3 〃 4 〃	17시27 〃	6.6 〃 2 〃
17시 2 〃	6.3 〃 4 〃	17시28 〃	6.6 〃 2 〃
17시 3 〃	6.3 〃 5 〃	17시29 〃	6.6 〃 3 〃
17시 4 〃	6.3 〃 5 〃	17시30 〃	6.6 〃 3 〃
17시 5 〃	6.3 〃 6 〃	17시31 〃	6.6 〃 4 〃
17시 6 〃	6.8 〃 2 〃	17시32 〃	6.6 〃 4 〃
17시 7 〃	6.8 〃 3 〃	17시33 〃	6.6 〃 5 〃
17시 8 〃	6.8 〃 4 〃	17시34 〃	6.6 〃 5 〃
17시 9 〃	6.8 〃 5 〃	17시35 〃	6.6 〃 6 〃
17시10 〃	6.8 〃 6 〃	17시36 〃	6.7 〃 2 〃
17시11 〃	6.2 〃 1 〃	17시37 〃	6.7 〃 3 〃
17시12 〃	6.2 〃 2 〃	17시38 〃	6.7 〃 4 〃
17시13 〃	6.2 〃 2 〃	17시39 〃	6.7 〃 5 〃

問 議 時 間	周易卦및爻動	問 議 時 間	周易卦및爻動
17시40 〃	6.7 〃 6 〃	18시 6 〃	6.8 〃 2 〃
17시41 〃	6.4 〃 1 〃	18시 7 〃	6.8 〃 3 〃
17시42 〃	6.4 〃 2 〃	18시 8 〃	6.8 〃 4 〃
17시43 〃	6.4 〃 2 〃	18시 9 〃	6.8 〃 5 〃
17시44 〃	6.4 〃 3 〃	18시10 〃	6.8 〃 6 〃
17시45 〃	6.4 〃 3 〃	18시11 〃	6.2 〃 1 〃
17시46 〃	6.4 〃 4 〃	18시12 〃	6.2 〃 2 〃
17시47 〃	6.4 〃 4 〃	18시13 〃	6.2 〃 2 〃
17시48 〃	6.4 〃 5 〃	18시14 〃	6.2 〃 3 〃
17시49 〃	6.4 〃 5 〃	18시15 〃	6.2 〃 3 〃
17시50 〃	6.4 〃 6 〃	18시16 〃	6.2 〃 4 〃
17시51 〃	6.5 〃 2 〃	18시17 〃	6.2 〃 4 〃
17시52 〃	6.5 〃 3 〃	18시18 〃	6.2 〃 5 〃
17시53 〃	6.5 〃 4 〃	18시19 〃	6.2 〃 5 〃
17시54 〃	6.5 〃 5 〃	18시20 〃	6.2 〃 6 〃
17시55 〃	6.5 〃 6 〃	18시21 〃	6.1 〃 2 〃
17시56 〃	6.3 〃 1 〃	18시22 〃	6.1 〃 3 〃
17시57 〃	6.3 〃 2 〃	18시23 〃	6.1 〃 4 〃
17시58 〃	6.3 〃 2 〃	18시24 〃	6.1 〃 5 〃
17시59 〃	6.3 〃 3 〃	18시25 〃	6.1 〃 6 〃
18시는	6.3 〃 3 〃	18시26 〃	6.6 〃 1 〃
18시 1分은	6.3 〃 4 〃	18시27 〃	6.6 〃 2 〃
18시 2 〃	6.3 〃 4 〃	18시28 〃	6.6 〃 2 〃
18시 3 〃	6.3 〃 5 〃	18시29 〃	6.6 〃 3 〃
18시 4 〃	6.3 〃 5 〃	18시30 〃	6.6 〃 3 〃
18시 5 〃	6.3 〃 6 〃	18시31 〃	6.6 〃 4 〃

問 議 時 間	周易卦및爻動	問 議 時 間	周易卦및爻動
18시32 〃	6.6 〃 4 〃	18시58 〃	6.3 〃 2 〃
18시33 〃	6.6 〃 5 〃	18시59 〃	6.3 〃 3 〃
18시34 〃	6.6 〃 5 〃	19시는	7.3 〃 3 〃
18시35 〃	6.6 〃 6 〃	19시 1分은	7.3 〃 4 〃
18시36 〃	6.7 〃 2 〃	19시 2 〃	7.3 〃 4 〃
18시37 〃	6.7 〃 3 〃	19시 3 〃	7.3 〃 5 〃
18시38 〃	6.7 〃 4 〃	19시 4 〃	7.3 〃 5 〃
18시39 〃	6.7 〃 5 〃	19시 5 〃	7.3 〃 6 〃
18시40 〃	6.7 〃 6 〃	19시 6 〃	7.8 〃 2 〃
18시41 〃	6.4 〃 1 〃	19시 7 〃	7.8 〃 3 〃
18시42 〃	6.4 〃 2 〃	19시 8 〃	7.8 〃 4 〃
18시43 〃	6.4 〃 2 〃	19시 9 〃	7.8 〃 5 〃
18시44 〃	6.4 〃 3 〃	19시10 〃	7.8 〃 6 〃
18시45 〃	6.4 〃 3 〃	19시11 〃	7.2 〃 1 〃
18시46 〃	6.4 〃 4 〃	19시12 〃	7.2 〃 2 〃
18시47 〃	6.4 〃 4 〃	19시13 〃	7.2 〃 2 〃
18시48 〃	6.4 〃 5 〃	19시14 〃	7.2 〃 3 〃
18시49 〃	6.4 〃 5 〃	19시15 〃	7.2 〃 3 〃
18시50 〃	6.4 〃 6 〃	19시16 〃	7.2 〃 4 〃
18시51 〃	6.5 〃 2 〃	19시17 〃	7.2 〃 4 〃
18시52 〃	6.5 〃 3 〃	19시18 〃	7.2 〃 5 〃
18시53 〃	6.5 〃 4 〃	19시19 〃	7.2 〃 5 〃
18시54 〃	6.5 〃 5 〃	19시20 〃	7.2 〃 6 〃
18시55 〃	6.5 〃 6 〃	19시21 〃	7.2 〃 2 〃
18시56 〃	6.3 〃 1 〃	19시22 〃	7.1 〃 3 〃
18시57 〃	6.3 〃 2 〃	19시23 〃	7.1 〃 4 〃

問議時間	周易卦및爻動	問議時間	周易卦및爻動
19시24 〃	7.1 〃 5 〃	19시50 〃	7.4 〃 6 〃
19시25 〃	7.1 〃 6 〃	19시51 〃	7.5 〃 2 〃
19시26 〃	7.6 〃 1 〃	19시52 〃	7.5 〃 3 〃
19시27 〃	7.6 〃 2 〃	19시53 〃	7.5 〃 4 〃
19시28 〃	7.6 〃 2 〃	19시54 〃	7.5 〃 5 〃
19시29 〃	7.6 〃 2 〃	19시55 〃	7.5 〃 6 〃
19시30 〃	7.6 〃 3 〃	19시56 〃	7.3 〃 1 〃
19시31 〃	7.6 〃 4 〃	19시57 〃	7.3 〃 2 〃
19시32 〃	7.6 〃 4 〃	19시58 〃	7.3 〃 2 〃
19시33 〃	7.6 〃 5 〃	19시59 〃	7.3 〃 3 〃
19시34 〃	7.6 〃 5 〃	20시는	7 3 〃 3 〃
19시35 〃	7.6 〃 6 〃	20시 1分은	4.3 〃 4 〃
19시36 〃	7.7 〃 2 〃	20시 2 〃	4.3 〃 4 〃
19시37 〃	7.7 〃 3 〃	20시 3 〃	4.3 〃 5 〃
19시38 〃	7.7 〃 4 〃	20시 4 〃	4.3 〃 5 〃
19시39 〃	7.7 〃 5 〃	20시 5 〃	4.3 〃 6 〃
19시40 〃	7.7 〃 6 〃	20시 6 〃	4.8 〃 2 〃
19시41 〃	7.4 〃 1 〃	20시 7 〃	4.8 〃 3 〃
19시42 〃	7.4 〃 2 〃	20시 8 〃	4.8 〃 4 〃
19시43 〃	7.4 〃 2 〃	20시 9 〃	4.8 〃 5 〃
19시44 〃	7.4 〃 3 〃	20시10 〃	4.8 〃 6 〃
19시45 〃	7.4 〃 3 〃	20시11 〃	4.2 〃 1 〃
19시46 〃	7.4 〃 4 〃	20시12 〃	4.2 〃 2 〃
19시47 〃	7.4 〃 4 〃	20시13 〃	4.2 〃 2 〃
19시48 〃	7.4 〃 5 〃	20시14 〃	4.2 〃 3 〃
19시49 〃	7.4 〃 5 〃	20시15 〃	4.2 〃 3 〃

問議時間	周易卦및爻動	問議時間	周易卦및爻動
20시16 〃	4.2 〃 4 〃	20시42 〃	4.4 〃 2 〃
20시17 〃	4.2 〃 4 〃	20시43 〃	4.4 〃 2 〃
20시18 〃	4.2 〃 5 〃	20시44 〃	4.4 〃 3 〃
20시19 〃	4.2 〃 5 〃	20시45 〃	4.4 〃 3 〃
20시20 〃	4.2 〃 6 〃	20시46 分은	4.4 〃 4 〃
20시21 〃	4.1 〃 2 〃	20시47 〃	4.4 〃 4 〃
20시22 〃	4.1 〃 3 〃	20시48 〃	4.4 〃 5 〃
20시23 〃	4.1 〃 4 〃	20시49 〃	4.4 〃 5 〃
20시24 〃	4.1 〃 5 〃	20시50 〃	4.4 〃 6 〃
20시25 〃	4.1 〃 6 〃	20시51 〃	4.5 〃 2 〃
20시26 〃	4.6 〃 1 〃	20시52 〃	4.5 〃 3 〃
20시27 〃	4.6 〃 2 〃	20시53 〃	4.5 〃 4 〃
20시28 〃	4.6 〃 2 〃	20시54 〃	4.5 〃 5 〃
20시29 〃	4.6 〃 3 〃	20시55 〃	4.5 〃 6 〃
20시30 〃	4.6 〃 3 〃	20시56 〃	4.3 〃 1 〃
20시31 〃	4.6 〃 4 〃	20시57 〃	4.3 〃 2 〃
20시32 〃	4.6 〃 4 〃	20시58 〃	4.3 〃 2 〃
20시33 〃	4.6 〃 5 〃	20시59 〃	4.3 〃 3 〃
20시34 〃	4.6 〃 5 〃	21시는 〃	4.3 〃 3 〃
20시35 〃	4.6 〃 6 〃	21시 1 〃	4.3 〃 4 〃
20시36 〃	4.7 〃 2 〃	21시 2 〃	4.3 〃 4 〃
20시37 〃	4.7 〃 3 〃	21시 3 〃	4.3 〃 5 〃
20시38 〃	4.7 〃 4 〃	21시 4 〃	4.3 〃 5 〃
20시39 〃	4.7 〃 5 〃	21시 5 〃	4.3 〃 6 〃
20시40 〃	4.7 〃 6 〃	21시 6 〃	4.8 〃 2 〃
20시41 〃	4.4 〃 1 〃	21시 7 〃	4.8 〃 3 〃

問 議 時 間	周易卦및爻動	問 議 時 間	周易卦및爻動
21시 8 〃	4.8 〃 4 〃	21시34 〃	4.6 〃 5 〃
21시 9 〃	4.8 〃 5 〃	21시35 〃	4.6 〃 6 〃
21시10 〃	4.8 〃 6 〃	21시36 〃	4.7 〃 2 〃
21시11 〃	4.2 〃 1 〃	21시37 〃	4.7 〃 3 〃
21시12 〃	4.2 〃 2 〃	21시38 〃	4.7 〃 4 〃
21시13 〃	4.2 〃 2 〃	21시39 〃	4.7 〃 5 〃
21시14 〃	4.2 〃 3 〃	21시40 〃	4.7 〃 6 〃
21시15 〃	4.2 〃 3 〃	21시41 〃	4.4 〃 1 〃
21시16 〃	4.2 〃 4 〃	21시42 〃	4.4 〃 2 〃
21시17 〃	4.2 〃 4 〃	21시43 〃	4.4 〃 2 〃
21시18 〃	4.2 〃 5 〃	21시44 〃	4.4 〃 3 〃
21시19 〃	4.2 〃 5 〃	21시45 〃	4.4 〃 3 〃
21시20 〃	4.2 〃 6 〃	21시46 〃	4.4 〃 4 〃
21시21 〃	4.1 〃 2 〃	21시47 〃	4.4 〃 4 〃
21시22 〃	4.1 〃 3 〃	21시48 〃	4.4 〃 5 〃
21시23 〃	4.1 〃 4 〃	21시49 〃	4.4 〃 5 〃
21시24 〃	4.1 〃 5 〃	21시50 〃	4.4 〃 6 〃
21시25 〃	4.1 〃 6 〃	21시51 〃	4.5 〃 2 〃
21시26 〃	4.6 〃 1 〃	21시52 〃	4.5 〃 3 〃
21시27 〃	4.6 〃 2 〃	21시53 〃	4.5 〃 4 〃
21시28 〃	4.6 〃 2 〃	21시54 〃	4.5 〃 5 〃
21시29 〃	4.6 〃 3 〃	21시55 〃	4.5 〃 6 〃
21시30 〃	4.6 〃 3 〃	21시56 〃	4.3 〃 1 〃
21시31 〃	4.6 〃 4 〃	21시57 〃	4.3 〃 2 〃
21시32 〃	4.6 〃 4 〃	21시58 〃	4.3 〃 2 〃
21시33 〃	4.6 〃 5 〃	21시59 〃	4.3 〃 3 〃

問議時間	周易卦및爻動	問議時間	周易卦및爻動
22시는	4.3 〃 3 〃	22시26 〃	5.6 〃 1 〃
22시 1分은	5.3 〃 4 〃	22시27 〃	5.6 〃 2 〃
22시 2 〃	5.3 〃 4 〃	22시28 〃	5.6 〃 2 〃
22시 3 〃	5.3 〃 5 〃	22시29 〃	5.6 〃 3 〃
22시 4 〃	5.3 〃 5 〃	22시30 〃	5.6 〃 3 〃
22시 5 〃	5.3 〃 6 〃	22시31 〃	5.6 〃 4 〃
22시 6 〃	5.8 〃 2 〃	22시32 〃	5.6 〃 4 〃
22시 7 〃	5.8 〃 3 〃	22시33 〃	5.6 〃 5 〃
22시 8 〃	5.8 〃 4 〃	22시34 〃	5.6 〃 5 〃
22시 9 〃	5.8 〃 5 〃	22시35 〃	5.6 〃 6 〃
22시10 〃	5.8 〃 6 〃	22시36 〃	5.7 〃 2 〃
22시11 〃	5.2 〃 1 〃	22시37 〃	5.7 〃 3 〃
22시12 〃	5.2 〃 2 〃	22시38 〃	5.7 〃 4 〃
22시13 〃	5.2 〃 2 〃	22시39 〃	5.7 〃 5 〃
22시14 〃	5.2 〃 3 〃	22시40 〃	5.7 〃 6 〃
22시15 〃	5.2 〃 3 〃	22시41 〃	5.4 〃 1 〃
22시16 〃	5.2 〃 4 〃	22시42 〃	5.4 〃 2 〃
22시17 〃	5.2 〃 4 〃	22시43 〃	5.4 〃 2 〃
22시18 〃	5.2 〃 5 〃	22시44 〃	5.4 〃 3 〃
22시19 〃	5.2 〃 5 〃	22시45 〃	5.4 〃 3 〃
22시20 〃	5.2 〃 6 〃	22시46 〃	5.4 〃 4 〃
22시21 〃	5.1 〃 2 〃	22시47 〃	5.4 〃 4 〃
22시22 〃	5.1 〃 3 〃	22시48 〃	5.4 〃 5 〃
22시23 〃	5.1 〃 4 〃	22시49 〃	5.4 〃 5 〃
22시24 〃	5.1 〃 5 〃	22시50 〃	5.4 〃 6 〃
22시25 〃	5.1 〃 6 〃	22시51 〃	5.5 〃 2 〃

問議時間	周易卦및爻動	問議時間	周易卦및爻動
22시52 〃	5.5 〃 3 〃	23시18 〃	3.2 〃 5 〃
22시53 〃	5.5 〃 4 〃	23시19 〃	3.2 〃 5 〃
22시54 〃	5.5 〃 5 〃	23시20 〃	3.2 〃 6 〃
22시55 〃	5.5 〃 6 〃	23시21 〃	3.1 〃 2 〃
22시56 〃	5.3 〃 1 〃	23시22 〃	3.1 〃 3 〃
22시57 〃	5.3 〃 2 〃	23시23 〃	3.1 〃 4 〃
22시58 〃	5.3 〃 2 〃	23시24 〃	3.1 〃 5 〃
22시59 〃	5.3 〃 3 〃	23시25 〃	3.1 〃 6 〃
23시는	3.3 〃 3 〃	23시26 〃	3.6 〃 1 〃
23시 1分은	3.3 〃 4 〃	23시27 〃	3.6 〃 2 〃
23시 2 〃	3.3 〃 4 〃	23시28 〃	3.6 〃 2 〃
23시 3 〃	3.3 〃 5 〃	23시29 〃	3.6 〃 3 〃
23시 4 〃	3.3 〃 5 〃	23시30 〃	3.6 〃 3 〃
23시 5 〃	3.3 〃 6 〃	23시31 〃	3.6 〃 4 〃
23시 6 〃	3.8 〃 2 〃	23시32 〃	3.6 〃 4 〃
23시 7 〃	3.8 〃 3 〃	23시33 〃	3.6 〃 5 〃
23시 8 〃	3.8 〃 4 〃	23시34 〃	3.6 〃 5 〃
23시 9 〃	3.8 〃 5 〃	23시35 〃	3.6 〃 6 〃
23시10 〃	3.8 〃 6 〃	23시36 〃	3.7 〃 2 〃
23시11 〃	3.2 〃 1 〃	23시37 〃	3.7 〃 3 〃
23시12 〃	3.2 〃 2 〃	23시38 〃	3.7 〃 4 〃
23시13 〃	3.2 〃 2 〃	23시39 〃	3.7 〃 5 〃
23시14 〃	3.2 〃 3 〃	23시40 〃	3.7 〃 6 〃
23시15 〃	3.2 〃 3 〃	23시41 〃	3.4 〃 1 〃
23시16 〃	3.2 〃 4 〃	23시42 〃	3.4 〃 2 〃
23시17 〃	3.2 〃 4 〃	23시43 〃	3.4 〃 2 〃

問 議 時 間	周易卦및爻動	問 議 時 間	周易卦및爻動
23시44 〃	3.4 〃 3 〃	0 시10 〃	3.8 〃 6 〃
23시45 〃	3.4 〃 3 〃	0 시11 〃	3.2 〃 1 〃
23시46 〃	3.4 〃 4 〃	0 시12 〃	3.2 〃 2 〃
23시47 〃	3.4 〃 4 〃	0 시13 〃	3.2 〃 2 〃
23시48 〃	3.4 〃 5 〃	0 시14 〃	3.2 〃 3 〃
23시49 〃	3.4 〃 5 〃	0 시15 〃	3.2 〃 3 〃
23시50 〃	3.4 〃 6 〃	0 시16 〃	3.2 〃 4 〃
23시51 〃	3.5 〃 2 〃	0 시17 〃	3.2 〃 4 〃
23시52 〃	3.5 〃 3 〃	0 시18 〃	3.2 〃 5 〃
23시53 〃	3.5 〃 4 〃	0 시19 〃	3.2 〃 5 〃
23시54 〃	3.5 〃 5 〃	0 시20 〃	3.2 〃 6 〃
23시55 〃	3.5 〃 6 〃	0 시21 〃	3.2 〃 2 〃
23시56 〃	3.3 〃 1 〃	0 시22 〃	3.1 〃 3 〃
23시57 〃	3.3 〃 2 〃	0 시23 〃	3.1 〃 4 〃
23시58 〃	3.3 〃 2 〃	0 시24 〃	3.1 〃 5 〃
23시59 〃	3.3 〃 3 〃	0 시25 〃	3.1 〃 6 〃
0 시는	3.3 〃 3 〃	0 시26 〃	3.6 〃 1 〃
0 시 1分은	3.3 〃 4 〃	0 시27 〃	3.6 〃 2 〃
0 시 2 〃	3.3 〃 4 〃	0 시28 〃	3.6 〃 2 〃
0 시 3 〃	3.3 〃 5 〃	0 시29 〃	3.6 〃 3 〃
0 시 4 〃	3.3 〃 5 〃	0 시30 〃	3.6 〃 3 〃
0 시 5 〃	3.3 〃 6 〃	0 시31 〃	3.6 〃 4 〃
0 시 6 〃	3.8 〃 2 〃	0 시32 〃	3.6 〃 4 〃
0 시 7 〃	3.8 〃 3 〃	0 시33 〃	3.6 〃 5 〃
0 시 8 〃	3.8 〃 4 〃	0 시34 〃	3.6 〃 5 〃
0 시 9 〃	3.8 〃 5 〃	0 시35 〃	3.6 〃 6 〃

問議時間	周易卦및爻動	問議時間	周易卦및爻動
0시36 〃	3.7 〃 2 〃	1시 6 〃	8.8 〃 2 〃
0시37 〃	3.7 〃 3 〃	1시 7 〃	8.8 〃 3 〃
0시38 〃	3.7 〃 4 〃	1시 8 〃	8.8 〃 4 〃
0시39 〃	3.7 〃 5 〃	1시 9 〃	8.8 〃 5 〃
0시40 〃	3.7 〃 6 〃	1시10 〃	8.8 〃 6 〃
0시41 〃	3.4 〃 1 〃	1시11 〃	8.2 〃 1 〃
0시42 〃	3.4 〃 2 〃	1시12 〃	8.2 〃 2 〃
0시43 〃	3.4 〃 2 〃	1시13 〃	8.2 〃 2 〃
0시44 〃	3.4 〃 3 〃	1시14 〃	8.2 〃 3 〃
0시45 〃	3.4 〃 3 〃	1시15 〃	8.2 〃 3 〃
0시46 〃	3.4 〃 4 〃	1시16 〃	8.2 〃 4 〃
0시47 〃	3.4 〃 4 〃	1시17 〃	8.2 〃 4 〃
0시48 〃	3.4 〃 5 〃	1시18 〃	8.2 〃 5 〃
0시49 〃	3.4 〃 5 〃	1시19 〃	8.2 〃 5 〃
0시50 〃	3.4 〃 6 〃	1시20 〃	8.2 〃 6 〃
0시51 〃	3.5 〃 2 〃	1시21 〃	8.1 〃 2 〃
0시52 〃	3.5 〃 3 〃	1시22 〃	8.1 〃 3 〃
0시53 〃	3.5 〃 4 〃	1시23 〃	8.1 〃 4 〃
0시54 〃	3.5 〃 5 〃	1시24 〃	8.1 〃 5 〃
0시59 〃	3.5 〃 6 〃	1시25 〃	8.1 〃 6 〃
1시는	3.3 〃 3 〃	1시26 〃	8.6 〃 1 〃
1시 1分은	8.3 〃 4 〃	1시27 〃	8.6 〃 2 〃
1시 2 〃	8.3 〃 4 〃	1시28 〃	8.6 〃 2 〃
1시 3 〃	8.3 〃 5 〃	1시29 〃	8.6 〃 3 〃
1시 4 〃	8.3 〃 5 〃	1시30 〃	8.6 〃 3 〃
1시 5 〃	8.3 〃 6 〃	1시31 〃	8.6 〃 4 〃

問 議 時 間	周易卦및爻動	問 議 時 間	周易卦및爻動
1시32 〃	8.6 〃 4 〃	1시58 〃	8.3 〃 2 〃
1시33 〃	8.6 〃 5 〃	1시59 〃	8.3 〃 3 〃
1시34 〃	8.6 〃 5 〃	2시는	8.3 〃 3 〃
1시35 〃	8.6 〃 6 〃	2시 1分은	2.3 〃 4 〃
1시36 〃	8.7 〃 2 〃	2시 2 〃	2.3 〃 4 〃
1시37 〃	8.7 〃 3 〃	2시 3 〃	2.3 〃 5 〃
1시38 〃	8.7 〃 4 〃	2시 4 〃	2.3 〃 5 〃
1시39 〃	8.7 〃 5 〃	2시 5 〃	2.3 〃 6 〃
1시40 〃	8.7 〃 6 〃	2시 6 〃	2.8 〃 2 〃
1시41 〃	8.4 〃 1 〃	2시 7 〃	2.8 〃 3 〃
1시42 〃	8.4 〃 2 〃	2시 8 〃	2.8 〃 4 〃
1시43 〃	8.4 〃 2 〃	2시 9 〃	2.8 〃 5 〃
1시44 〃	8.4 〃 3 〃	2시10 〃	2.8 〃 6 〃
1시45 〃	8.4 〃 3 〃	2시11 〃	2.2 〃 1 〃
1시46 〃	8.4 〃 4 〃	2시12 〃	2.2 〃 2 〃
1시47 〃	8.4 〃 4 〃	2시13 〃	2.2 〃 2 〃
1시48 〃	8.4 〃 5 〃	2시14 〃	2.2 〃 3 〃
1시49 〃	8.4 〃 5 〃	2시15 〃	2.2 〃 3 〃
1시50 〃	8.4 〃 6 〃	2시16 〃	2.2 〃 4 〃
1시51 〃	8.5 〃 2 〃	2시17 〃	2.2 〃 4 〃
1시52 〃	8.5 〃 3 〃	2시18 〃	2.2 〃 5 〃
1시53 〃	8.5 〃 4 〃	2시19 〃	2.2 〃 5 〃
1시54 〃	8.5 〃 5 〃	2시20 〃	2.2 〃 6 〃
1시55 〃	8.5 〃 6 〃	2시21 〃	2.1 〃 2 〃
1시56 〃	8.3 〃 1 〃	2시22 〃	2.1 〃 3 〃
1시57 〃	8.3 〃 2 〃	2시23 〃	2.1 〃 4 〃

問 議 時 間	周易卦및爻動	問 議 時 間	周易卦및爻動
2 시24 〃	2.1 〃 5 〃	2 시50 〃	2.4 〃 6 〃
2 시25 〃	2.1 〃 6 〃	2 시51 〃	2.5 〃 2 〃
2 시26 〃	2.6 〃 1 〃	2 시52 〃	2.5 〃 3 〃
2 시27 〃	2.6 〃 2 〃	2 시53 〃	2.5 〃 4 〃
2 시28 〃	2.6 〃 2 〃	2 시54 〃	2.5 〃 5 〃
2 시29 〃	2.6 〃 3 〃	2 시55 〃	2.5 〃 6 〃
2 시30 〃	2.6 〃 3 〃	2 시56 〃	2.3 〃 1 〃
2 시31 〃	2.6 〃 4 〃	2 시57 〃	2.3 〃 2 〃
2 시32 〃	2.6 〃 4 〃	2 시58 〃	2.3 〃 2 〃
2 시33 〃	2.6 〃 5 〃	2 시59 〃	2.3 〃 3 〃
2 시34 〃	2.6 〃 5 〃	3 시는	2.3 〃 3 〃
2 시35 〃	2.6 〃 6 〃	3 시 1分은	2.3 〃 4 〃
2 시36 〃	2.7 〃 2 〃	3 시 2 〃	2.3 〃 4 〃
2 시37 〃	2.7 〃 3 〃	3 시 3 〃	2.3 〃 5 〃
2 시38 〃	2.7 〃 4 〃	3 시 4 〃	2.3 〃 5 〃
2 시39 〃	2.7 〃 5 〃	3 시 5 〃	2.3 〃 6 〃
2 시40 〃	2.7 〃 6 〃	3 시 6 〃	2.8 〃 2 〃
2 시41 〃	2.4 〃 1 〃	3 시 7 〃	2.8 〃 3 〃
2 시42 〃	2.4 〃 2 〃	3 시 8 〃	2.8 〃 4 〃
2 시43 〃	2.4 〃 2 〃	3 시 9 〃	2.8 〃 5 〃
2 시44 〃	2.4 〃 3 〃	3 시10 〃	2.8 〃 6 〃
2 시45 〃	2.4 〃 3 〃	3 시11 〃	2.2 〃 1 〃
2 시46 〃	2.4 〃 4 〃	3 시12 〃	2.2 〃 2 〃
2 시47 〃	2.4 〃 4 〃	3 시13 〃	2.2 〃 2 〃
2 시48 〃	2.4 〃 5 〃	3 시14 〃	2.2 〃 3 〃
2 시49 〃	2.4 〃 5 〃	3 시15 〃	2.2 〃 3 〃

問議時間	周易卦및爻動	問議時間	周易卦및爻動
3시16 〃	2.2 〃 4 〃	3시42 〃	2.4 〃 2 〃
3시17 〃	2.2 〃 4 〃	3시43 〃	2.4 〃 2 〃
3시18 〃	2.2 〃 5 〃	3시44 〃	2.4 〃 3 〃
3시19 〃	2.2 〃 5 〃	3시45 〃	2.4 〃 3 〃
3시20 〃	2.2 〃 6 〃	3시46 〃	2.4 〃 4 〃
3시21 〃	2.1 〃 2 〃	3시47 〃	2.4 〃 4 〃
3시22 〃	2.1 〃 3 〃	3시48 〃	2.4 〃 5 〃
3시23 〃	2.1 〃 4 〃	3시49 〃	2.4 〃 5 〃
3시24 〃	2.1 〃 5 〃	3시50 〃	2.4 〃 6 〃
3시25 〃	2.1 〃 6 〃	3시51 〃	2.5 〃 2 〃
3시26 〃	2.6 〃 1 〃	3시52 〃	2.5 〃 3 〃
3시27 〃	2.6 〃 2 〃	3시53 〃	2.5 〃 4 〃
3시28 〃	2.6 〃 2 〃	3시54 〃	2.5 〃 5 〃
3시29 〃	2.6 〃 3 〃	3시55 〃	2.5 〃 6 〃
3시30 〃	2.6 〃 3 〃	3시56 〃	2.3 〃 1 〃
3시31 〃	2.6 〃 4 〃	3시57 〃	2.3 〃 2 〃
3시32 〃	2.6 〃 4 〃	3시58 〃	2.3 〃 2 〃
3시33 〃	2.6 〃 5 〃	3시59 〃	2.3 〃 3 〃
3시34 〃	2.6 〃 5 〃	4시는	2.3 〃 3 〃
3시35 〃	2.6 〃 6 〃	4시 1分은	1.3 〃 4 〃
3시36 〃	2.7 〃 2 〃	4시 2 〃	1.3 〃 4 〃
3시37 〃	2.7 〃 3 〃	4시 3 〃	1.3 〃 5 〃
3시38 〃	2.7 〃 4 〃	4시 4 〃	1.3 〃 5 〃
3시39 〃	2.7 〃 5 〃	4시 5 〃	1.3 〃 6 〃
3시40 〃	2.7 〃 6 〃	4시 6 〃	1.8 〃 2 〃
3시41 〃	2.4 〃 1 〃	4시 7 〃	1.8 〃 3 〃

問 議 時 間	周易卦및爻動	問 議 時 間	周易卦및爻動
4 시 8 〃	1.8 〃 4 〃	4 시34 〃	1.6 〃 5 〃
4 시 9 〃	1.8 〃 5 〃	4 시35 〃	1.6 〃 6 〃
4 시10 〃	1.8 〃 6 〃	4 시36 〃	1.7 〃 2 〃
4 시11 〃	1.2 〃 1 〃	4 시37 〃	1.7 〃 3 〃
4 시12 〃	1.2 〃 2 〃	4 시38 〃	1.7 〃 4 〃
4 시13 〃	1.2 〃 2 〃	4 시39 〃	1.7 〃 5 〃
4 시14 〃	1.2 〃 3 〃	4 시40 〃	1.7 〃 6 〃
4 시15 〃	1.2 〃 3 〃	4 시41 〃	1.4 〃 1 〃
4 시16 〃	1.2 〃 4 〃	4 시42 〃	1.4 〃 2 〃
4 시17 〃	1.2 〃 4 〃	4 시43 〃	1.4 〃 2 〃
4 시18 〃	1.2 〃 5 〃	4 시44 〃	1.4 〃 3 〃
4 시19 〃	1.2 〃 5 〃	4 시45 〃	1.4 〃 3 〃
4 시20 〃	1.2 〃 6 〃	4 시46 〃	1.4 〃 4 〃
4 시21 〃	1.1 〃 2 〃	4 시47 〃	1.4 〃 4 〃
4 시22 〃	1.1 〃 3 〃	4 시48 〃	1.4 〃 5 〃
4 시23 〃	1.1 〃 4 〃	4 시49 〃	1.4 〃 5 〃
4 시24 〃	1.1 〃 5 〃	4 시50 〃	1.4 〃 6 〃
4 시25 〃	1.1 〃 6 〃	4 시51 〃	1.5 〃 2 〃
4 시26 〃	1.6 〃 1 〃	4 시52 〃	1.5 〃 3 〃
4 시27 〃	1.6 〃 2 〃	4 시53 〃	1.5 〃 4 〃
4 시28 〃	1.6 〃 2 〃	4 시54 〃	1.5 〃 5 〃
4 시29 〃	1.6 〃 3 〃	4 시55 〃	1.5 〃 6 〃
4 시30 〃	1.6 〃 3 〃	4 시56 〃	1.3 〃 1 〃
4 시31 〃	1.6 〃 4 〃	4 시57 〃	1.3 〃 2 〃
4 시32 〃	1.6 〃 4 〃	4 시58 〃	1.3 〃 2 〃
4 시33 〃	1.6 〃 5 〃	4 시59 〃	1.3 〃 3 〃

問議時間	周易卦및爻動	問議時間	周易卦및爻動
5시는	1.3 〃 3 〃	5시26 〃	6.6 〃 1 〃
5시 1分은	6.3 〃 4 〃	5시27 〃	6.6 〃 2 〃
5시 2 〃	6.3 〃 4 〃	5시28 〃	6.6 〃 2 〃
5시 3 〃	6.3 〃 5 〃	5시29 〃	6.6 〃 3 〃
5시 4 〃	6.3 〃 5 〃	5시30 〃	6.6 〃 3 〃
5시 5 〃	6.3 〃 6 〃	5시31 〃	6.6 〃 4 〃
5시 6 〃	6.8 〃 2 〃	5시32 〃	6.4 〃 4 〃
5시 7 〃	6.8 〃 3 〃	5시33 〃	6.6 〃 5 〃
5시 8 〃	6.8 〃 4 〃	5시34 〃	6.6 〃 5 〃
5시 9 〃	6.8 〃 5 〃	5시35 〃	6.6 〃 6 〃
5시10 〃	6.8 〃 6 〃	5시36 〃	6.7 〃 2 〃
5시11 〃	6.2 〃 1 〃	5시37 〃	6.7 〃 3 〃
5시12 〃	6.2 〃 2 〃	5시38 〃	6.7 〃 4 〃
5시13 〃	6.2 〃 2 〃	5시39 〃	6.7 〃 5 〃
5시14 〃	6.2 〃 3 〃	5시40 〃	6.7 〃 6 〃
5시15 〃	6.2 〃 3 〃	5시41 〃	6.4 〃 1 〃
5시16 〃	6.2 〃 4 〃	5시42 〃	6.4 〃 2 〃
5시17 〃	6.2 〃 4 〃	5시43 〃	6.4 〃 2 〃
5시18 〃	6.2 〃 5 〃	5시44 〃	6.4 〃 3 〃
5시19 〃	6.2 〃 5 〃	5시45 〃	6.4 〃 3 〃
5시20 〃	6.2 〃 6 〃	5시46 〃	6.4 〃 4 〃
5시21 〃	6.1 〃 2 〃	5시47 〃	6.4 〃 4 〃
5시22 〃	6.1 〃 3 〃	5시48 〃	6.4 〃 5 〃
5시23 〃	6.1 〃 4 〃	5시49 〃	6.4 〃 5 〃
5시24 〃	6.1 〃 5 〃	5시50 〃	6.4 〃 6 〃
5시25 〃	6.1 〃 6 〃	5시51 〃	6.5 〃 2 〃

問議時間	周易卦및爻動	問議時間	周易卦및爻動
5시52 〃	6.5 〃 3 〃	6시18 〃	6.2 〃 5 〃
5시53 〃	6.5 〃 4 〃	6시19 〃	6.2 〃 5 〃
5시54 〃	6.5 〃 5 〃	6시20 〃	6.2 〃 6 〃
5시55 〃	6.5 〃 6 〃	6시21 〃	6.1 〃 2 〃
5시56 〃	6.3 〃 1 〃	6시22 〃	6.1 〃 3 〃
5시57 〃	6.3 〃 2 〃	6시23 〃	6.1 〃 4 〃
5시58 〃	6.3 〃 2 〃	6시24 〃	6.1 〃 5 〃
5시59 〃	6.3 〃 3 〃	6시25 〃	6.1 〃 6 〃
6시는	6.3 〃 3 〃	6시26 〃	6.6 〃 1 〃
6시 1分은	6.3 〃 4 〃	6시27 〃	6.6 〃 2 〃
6시 2 〃	6.3 〃 4 〃	6시28 〃	6.6 〃 2 〃
6시 3 〃	6.3 〃 5 〃	6시29 〃	6.6 〃 3 〃
6시 4 〃	6.3 〃 5 〃	6시30 〃	6.6 〃 3 〃
6시 5 〃	6.3 〃 6 〃	6시31 〃	6.6 〃 4 〃
6시 6 〃	6.8 〃 2 〃	6시32 〃	6.6 〃 4 〃
6시 7 〃	6.8 〃 3 〃	6시33 〃	6.6 〃 5 〃
6시 8 〃	6.8 〃 4 〃	6시34 〃	6.6 〃 5 〃
6시 9 〃	6.8 〃 5 〃	6시35 〃	6.6 〃 6 〃
6시10 〃	6.8 〃 6 〃	6시36 〃	6.7 〃 2 〃
6시11 〃	6.2 〃 1 〃	6시37 〃	6.7 〃 3 〃
6시12 〃	6.2 〃 2 〃	6시38 〃	6.7 〃 4 〃
6시13 〃	6.2 〃 2 〃	6시39 〃	6.7 〃 5 〃
6시14 〃	6.2 〃 3 〃	6시40 〃	6.7 〃 6 〃
6시15 〃	6.2 〃 3 〃	6시41 〃	6.4 〃 1 〃
6시16 〃	6.2 〃 4 〃	6시42 〃	6.4 〃 2 〃
6시17 〃	6.2 〃 4 〃	6시43 〃	6.4 〃 2 〃

問 議 時 間	周易卦및爻動	問 議 時 間	周易卦및爻動
6시44 〃	6.4 〃 3 〃	7시10 〃	7.8 〃 6 〃
6시45 〃	6.4 〃 3 〃	7시11 〃	7.2 〃 1 〃
6시46 〃	6.4 〃 4 〃	7시12 〃	7.2 〃 2 〃
6시47 〃	6.4 〃 4 〃	7시13 〃	7.2 〃 2 〃
6시48 〃	6.4 〃 5 〃	7시14 〃	7.2 〃 3 〃
6시49 〃	6.4 〃 5 〃	7시15 〃	7.2 〃 3 〃
6시50 〃	6.4 〃 6 〃	7시16 〃	7.2 〃 4 〃
6시51 〃	6.5 〃 2 〃	7시17 〃	7.2 〃 4 〃
6시52 〃	6.5 〃 3 〃	7시18 〃	7.2 〃 5 〃
6시53 〃	6.5 〃 4 〃	7시19 〃	7.2 〃 5 〃
6시54 〃	6.5 〃 5 〃	7시20 〃	7.2 〃 6 〃
6시55 〃	6.5 〃 6 〃	7시21 〃	7.1 〃 2 〃
6시56 〃	6.3 〃 1 〃	7시22 〃	7.1 〃 3 〃
6시57 〃	6.3 〃 2 〃	7시23 〃	7.1 〃 4 〃
6시58 〃	6.3 〃 2 〃	7시24 〃	7.1 〃 5 〃
6시59 〃	6.3 〃 3 〃	7시25 〃	7.1 〃 6 〃
7시는	6.3 〃 3 〃	7시26 〃	7.6 〃 1 〃
7시 1分은	7.3 〃 4 〃	7시27 〃	7.6 〃 2 〃
7시 2 〃	7.3 〃 4 〃	7시28 〃	7.6 〃 2 〃
7시 3 〃	7.3 〃 5 〃	7시29 〃	7.6 〃 3 〃
7시 4 〃	7.3 〃 5 〃	7시30 〃	7.6 〃 3 〃
7시 5 〃	7.3 〃 6 〃	7시31 〃	7.6 〃 4 〃
7시 6 〃	7.8 〃 2 〃	7시32 〃	7.6 〃 4 〃
7시 7 〃	7.8 〃 3 〃	7시33 〃	7.6 〃 5 〃
7시 8 〃	7.8 〃 4 〃	7시34 〃	7.6 〃 5 〃
7시 9 〃	7.8 〃 5 〃	7시35 〃	7.6 〃 6 〃

問 議 時 間	周易卦및爻動	問 議 時 間	周易卦및爻動
7 시36 〃	7.7 〃 2 〃	8 시 2 〃	4.3 〃 4 〃
7 시37 〃	7.7 〃 3 〃	8 시 3 〃	4.3 〃 5 〃
7 시38 〃	7.7 〃 4 〃	8 시 4 〃	4.3 〃 5 〃
7 시39 〃	7.7 〃 5 〃	8 시 5 〃	4.3 〃 6 〃
7 시40 〃	7.7 〃 6 〃	8 시 6 〃	4.8 〃 2 〃
7 시41 〃	7.4 〃 1 〃	8 시 7 〃	4.8 〃 3 〃
7 시42 〃	7.4 〃 2 〃	8 시 8 〃	4.8 〃 4 〃
7 시43 〃	7.4 〃 2 〃	8 시 9 〃	4.8 〃 5 〃
7 시44 〃	7.4 〃 3 〃	8 시10 〃	4.8 〃 6 〃
7 시45 〃	7.4 〃 3 〃	8 시11 〃	4.2 〃 1 〃
7 시46 〃	7.4 〃 4 〃	8 시12 〃	4.2 〃 2 〃
7 시47 〃	7.4 〃 4 〃	8 시13 〃	4.2 〃 2 〃
7 시48 〃	7.4 〃 5 〃	8 시14 〃	4.2 〃 3 〃
7 시49 〃	7.4 〃 5 〃	8 시15 〃	4.2 〃 3 〃
7 시50 〃	7.4 〃 6 〃	8 시16 〃	4.2 〃 4 〃
7 시51 〃	7.5 〃 2 〃	8 시17 〃	4.2 〃 4 〃
7 시52 〃	7.5 〃 3 〃	8 시18 〃	4.2 〃 5 〃
7 시53 〃	7.5 〃 4 〃	8 시19 〃	4.2 〃 5 〃
7 시54 〃	7.5 〃 5 〃	8 시20 〃	4.2 〃 6 〃
7 시55 〃	7.5 〃 6 〃	8 시21 〃	4.1 〃 2 〃
7 시56 〃	7.3 〃 1 〃	8 시22 〃	4.1 〃 3 〃
7 시57 〃	7.3 〃 2 〃	8 시23 〃	4.1 〃 4 〃
7 시58 〃	7.3 〃 2 〃	8 시24 〃	4.1 〃 5 〃
7 시59 〃	7.3 〃 3 〃	8 시25 〃	4.1 〃 6 〃
8 시는	73.3 〃 3 〃	8 시26 〃	4.6 〃 1 〃
8 시 1分은	4.3 〃 4 〃	8 시27 〃	4.6 〃 2 〃

問議時間	周易卦및爻動	問議時間	周易卦및爻動
8시28 〃	4.6 〃 2 〃	8시54 〃	4.5 〃 5 〃
8시29 〃	4.6 〃 3 〃	8시55 〃	4.5 〃 6 〃
8시30 〃	4.6 〃 3 〃	8시56 〃	4.3 〃 1 〃
8시31 〃	4.6 〃 4 〃	8시57 〃	4.3 〃 2 〃
8시32 〃	4.6 〃 4 〃	8시58 〃	4.3 〃 2 〃
8시33 〃	4.6 〃 5 〃	8시59 〃	4.3 〃 3 〃
8시34 〃	4.6 〃 5 〃	9시는	4.3 〃 3 〃
8시35 〃	4.6 〃 6 〃	9시 1分은	4.3 〃 4 〃
8시36 〃	4.7 〃 2 〃	9시 2 〃	4.3 〃 4 〃
8시37 〃	4.7 〃 3 〃	9시 3 〃	4.3 〃 5 〃
8시38 〃	4.7 〃 4 〃	9시 4 〃	4.3 〃 5 〃
8시39 〃	4.7 〃 5 〃	9시 5 〃	4.3 〃 6 〃
8시40 〃	4.7 〃 6 〃	9시 6 〃	4.8 〃 2 〃
8시41 〃	4.4 〃 1 〃	9시 7 〃	4.8 〃 3 〃
8시42 〃	4.4 〃 2 〃	9시 8 〃	4.8 〃 4 〃
8시43 〃	4.4 〃 2 〃	9시 9 〃	4.8 〃 5 〃
8시44 〃	4.4 〃 3 〃	9시10 〃	4.8 〃 6 〃
8시45 〃	4.4 〃 3 〃	9시11 〃	4.2 〃 1 〃
8시46 〃	4.4 〃 4 〃	9시12 〃	4.2 〃 2 〃
8시47 〃	4.4 〃 4 〃	9시13 〃	4.2 〃 2 〃
8시48 〃	4.4 〃 5 〃	9시14 〃	4.2 〃 3 〃
8시49 〃	4.4 〃 5 〃	9시15 〃	4.2 〃 3 〃
8시50 〃	4.4 〃 6 〃	9시16 〃	4.2 〃 4 〃
8시51 〃	4.5 〃 2 〃	9시17 〃	4.2 〃 4 〃
8시52 〃	4.5 〃 3 〃	9시18 〃	4.2 〃 5 〃
8시53 〃	4.5 〃 4 〃	9시19 〃	4.2 〃 5 〃

(2) 동전을 던져서 보는 법

동전 三개를 가지고 하는데 십원짜리도 되며 백원짜리 동전을 가지고 하여도 무관하며 혹은 옛날 철전을 가지고 주역육효괘를 잡아도 된다。

첫째 명심할 것은 백원짜리 동전으로 한다면 한쪽은 양(陽) 한쪽은 음(陰)으로 이름을 붙여야 하고 이름이 가령 사람의 사진이 있는쪽이 양이라면 三개를 모두 던져서 三개 모두가 양(陽)이 되면 양(陽)효가 동하였다고 하고 사람의 그림이 없는 쪽이 모두 하늘을 보고 있는 형태라면 음(陰)효가 동하였다고 한다。

동전 三개를 손바닥에 넣어서 마음속으로 묻고자 원하는소원을 빌면서 책상이나 어디에서라도 일단 던져서 하나는 하늘을 보고 二개가 같은 것이 땅을보고 누워 있는 상태라면 하나가 하늘을 보는 것으로 괘를 작괘한다。 그리하여 여섯번을 던져서 맨 밑에서 올라가면서 점을 찍으면 여섯개의 순서로 주역괘가 성립된다。

가령 백원짜리 三개를 가지고 한번던지니 그림이 있는 쪽 하나만 하늘을 쳐다보고 글씨

있는 쪽 二개는 땅바닥을 본다면 양효가 된다。 양효는 점하나이며(—) 음효는 점二개로 (═)한다。 동한효는 양효가 동하면(十) 양효에 중간에 금을긋고 음효가 동하면 (╪) 음효의 중간에 금을 그어서 표시를 하여서 처음던진 것은 맨밑 첫번째 一효에 점을찍고 두번째는 올라가면서 二번째 효가되고 3번 던져서는 올라가면서 세번째 순서에 점을찍고 4번 던진것은 올라가면서 4번째 효가되며 다섯번째 던진것은 올라가면서 다섯번째 효에 해당하고 여섯번째 던진효는 올라가면서 6섯번째에 해당하며、 여섯번째를 상(上爻)효라고도 한다。

※ 초보자를 위하여 설명을 한번 더 해 보기로 하겠다。 처음던진 동전 三개가 모두 사람얼굴 그림이 하늘을 보았다면 양양양이 하늘을 보면서 양이 동하였고(十) 두번째는 그림 하나가 하늘을 보면(—) 양효가 되였고 세번째는 그림있는 쪽 모두가 땅바닥을 향하고 있다면 음이 동하였다(╪) 네번째는 그림 두개는 땅바닥을보고 글자있는쪽 一개가 하늘을 처다보니 음효(═)이다。 다섯번째도 음효가 나왔고 여섯번째도 음효가 나왔다면 주역괘를 점을 찍으면(═══╪—十) 이러한 식이되며 주역괘로 말

한다면 지택임괘、 일효가 동하고 삼효도 동하였다고 보는 것이다。 이상의 방법으로 동전으로 괘를 작괘하는 법도 있다는 것을 알고 시간으로 괘를 잡으면 간편할 뿐만 아니라 누가보는 관념에서도 편리할 것입니다。

이러한 식으로 작괘법은 서죽법、 파자법、 산통법、 송잎으로 괘를 잡는법 등으로 많은 법이 있으나 간단한 것만 알려드리니 연구하는데 도움이 가기 바란다。

제二편 주역 六十四 작괘도표

一、一 重天乾

乾金宮 四月卦

兌	大有	小畜	復	同人	姤
▬ 世	▬ 身	▬	▬ 應	▬ 命	▬
戌文	申兄	午官	辰文	寅財	子孫
未文	未文	未文	丑文	丑文	丑文

운명〃夫先亡하며 一妻格이며 成敗多有며 六十四歲 지나면 七十九歲不吉壽命이다.

一爻 퇴직、실패、산아、근심、전토매매

二爻 남편근심 남자는 여자근심

三爻 문서관계성공 못한다

四爻 토지가택문서관계발생

五爻 문서계약근심 또는 여자근심

六爻 소송 언쟁 구설수 발생한다。

운 기 전진성이 특수하고 사회적 인물로 순조롭게 성공은 하나 실속이 없고 소원사가 생각뿐이고 실지 되지 않으니 웃사람의 협조를 얻어야 성공할 수 있으니 서서히 잔재주 부리지 말고 전진과 노력을 꾸준히 하면、결실이 성공으로 전환될 수 있다。

신 수 봄三월은 대길한 편이며 夏三月은 구설수의 언쟁을 주의하고 秋三월은 평탄할 것이고 冬三월은 관공직자는 승진하며 실업가는 순조롭지 않어서 신경전이 지속될 것이다。

一、二 天澤履

艮土宮三月卦

兌	睽伏子財	中孚	乾	無妄	訟
▬ 命	▬ 世	▬	▬ ▬ 身	▬ 應	▬
戌兄	申孫	午文	丑兄	卯官	巳文
未兄	未兄	未兄	辰兄	寅官	寅官

운 명 ∥父先亡하고 失敗數多有며 中年부터 吉運되며 八十三壽不吉하다。

一爻 變學、취직관계 구설 발생문의　四爻 문서계약으로 말썽발생

二爻 질병발생 女는 남자근심 도장주의　五爻 자손근심 재손해발생

三爻 여행할 운이고 웃사람에게 꾸지람 듣　六爻 친척집 왕래할 운이다

는 일 생긴다。

운 기 일을 진행함에 자기 역량 이상의 노력이 아니면 당장에 좌절된다。 인내하여야 통달될 수 있으며 상대자를 똑똑히 알고 상대하여야 되며 자기 자신만 믿고서 앞으로만 생각하고 나아가게 되면 좌절될 것이다。

신 수 춘삼월은 이사할 수 있고 여름 삼개월은 병살이 오면 수명에 위태하니 流年보감에 부작비법으로 예방하고 秋三월은 평탄한 편이며 冬三개월은 원행하면 모든 악운이 소멸되리라。

一、三 天火同人

離火宮 正月卦

革	離	家人	無妄	乾	遯
身			命		
戌孫應	申財	午兄	亥官世	丑孫	卯文
未孫	未孫	未孫	辰孫	寅文	辰孫

운 명 父先亡하며 頭松之官格이며 自首成家하고 五十歲 지나면 七十四壽大凶하다。

一爻 사업 직장근심、자손근심 혹병 四爻 사업、취직、혼담문제
이사갈운

二爻 產兒근심、문서근심발생、田家件 五爻 이동、금전、자손근심

三爻 자손근심、여는 임신관계 六爻 삼각관계 사업관계근심

운 기 象心을 합하여 만사 성사되며 임신되며 爻辭를 보면 一陰을 五陽이 쟁투하는 형식으로 說하고 있다。 즉 表面上으로는 평온한 듯이 보이나 내부에는 여러가지 곤란이 많다는 것이며 여걸의 팔자로 대단히 좋은 때를 만났으며 명성을 이룰 수 있는 시기이다。

신 수 춘삼개월은 자손에 경사 있고 여름 三개월은 뜻밖에 千金得運이며 秋三개월은 북쪽에 귀인이 있어 길하며 冬三개월은 평탄한 운이니라。

一、四 天雷無妄

巽木宮
二月卦

隨	噬嗑	益	同人	履	否
戌才	申官	命 午孫 世	辰才	寅兄	身 子文 應
未才	未才	未才	亥文	卯兄	未才

운명 父先亡하며 初妻離別운 있고 平生水변 주의하고 壽命七十二歲 凶하다。

一爻 부부언쟁 금전관계 불안상태

二爻 취직、친우로 인해 손재있다

三爻 집안근심 또는 문서관계 안된다。

四爻 三각관계로 고민 또는 직장 문제 근심

五爻 병관계 시비구설금전관계문서 주의

六爻 남자 돈문제 女는 남자근심

운기 천뢰무망이라 한 것은 雷와 天과의 自然作用을 본 것으로 자연적으로 되지 않으면 안된다는 뜻이며 초는 가정불화도 약간 있으나 후분에는 大端히 良好한 괘상이다。

신수 춘三개월에 득남 아니면 횡재있고 正二月은 구설과 횡액수 있고 여름 三개월은 건강운이 衰退하고 秋三月은 女子의 귀인 만나 재물얻게 되며 女子도 貴男 만나며 冬三개월은 재수대길 만사 순탄하리라。

一、五 天風姤

乾金宮
五月卦

大過	鼎	巽	訟	遯	乾
戌文 ▬▬	申兄 ▬▬ 命	午官 ▬▬ 應	酉兄 ▬▬	亥孫 ▬▬ 身 伏寅才	丑文 ▬ ▬ 世
未文	未文	未文	午官	午官	子孫

운명　父先亡하고 官綠있고 平民은 官訟注意하고 五十歲 運命大凶하다。

一爻 사업관계 자손부탁 혹병
二爻 產兒근심임신、질병
三爻 골육쟁투운변화문제
四爻 토지、문서 가옥매매관계
五爻 妾 또는 文書、변화관계
六爻 신규시작、실패주의

운기　천재적으로 재능을 發輝하여 난관을 돌파하며 大志大業을 成功하여 부호라 할지라도 순간적으로 급속적인 비운을 초래하여 풍전등화 격으로 생사의 운로가 오는 大凶의 운이며 만사를 인내로써 사람을 경계하여야 된다。

신수　부모처궁에 근심 많은 해이며 봄 三개월은 곤한중 북쪽에서 근심이 생기며 夏三개월도 건강운이 불길하며 추절은 처자에 근심 있고 冬三개월은 병으로 인사를 받을 수요 구설수도 있으니 남방명산기도 하라。

一、六 天水訟

離火宮
四月卦

困	未濟	渙 命	姤	否	履 身
戌孫	申才	午兄 世	午兄	辰孫	寅文 應
未孫	未孫	未孫	酉才	巳兄	巳兄

운명 母先亡하고 文武로 성공하며 壽命四十七歲後면 七十七歲凶하다。

一爻 문서협의불상사유 四爻 사업성패문재(인내大吉)
二爻 兄弟化合盛子孫有豪 五爻 도적、손재문재
三爻 破財件住居이동 희소식 六爻 事業상 三각동업문제

운기 爭鬪事가 일어나기 쉽고 벌써 일어나 있다고 본다。 운이 衰退되여있고 기운이 없어서 일어나지 못하고 남에게 비난을 받고 있으며 제반사가 전연 성공키 어려운 시기이다。
도난 구설수 있다。

신수 春三월은 식구 늘고 여름 三개월 대통하며 남자는 여자주의하고 秋三개월은 원행대길하며 冬三개월은 재수좋은 운이나 관공직자 이외는 관직자와 거래관계 하지 말라 손해 보리라。

一、七 天山遯

乾金宮
六月卦

	咸	旅	漸	否	姤	同人
伏					伏寅才	伏子孫
		應	命		世	身
	戌文	申兄	午官	申兄	午官	辰文
	未文	未文	未文	卯才	亥孫	卯才

운명　母長壽며 父先亡하고 壽命六十七歲 凶하다。

一爻　재정난으로 문의(妄動주의길)　四爻　家土문서관계매매등

二爻　子孫、임신관계 이사수있다　五爻　계약관계 근심(인내심)

三爻　실패 후 앞이 궁금하다。　六爻　매매관계 연락바란다

운기　이때는 정당한 의견과 희망이 통달되지 않는 시기라고 본다。 사업、가정 등의 운기가 衰退하는 때며 진보하는 것보다 일보 퇴진하는 운이다。 하는 일은 중지하여야 하며 또는 환경이나 체면을 볼 것 없이 도피하여 몸을 피함이 후일을 위하는 것이니라。

신수　春절은 길하나 三、五月은 처궁이 악운이며 상처하기 쉽고 夏 三개월은 신병구설 있고 또는 친척과 거래주의하고 秋三개월은 財産 실패운이니 모든 일에 침착주의하고 三冬이 되면 악운이 없을 것이다。

一、八 天地否

乾金宮
七月괘

無妄 伏子孫	訟	履	觀	晉	夫
▬▬ 命	▬ ▬	▬ ▬ 世	▬▬ 身	▬▬	▬▬ 應
未文	巳官	卯才	午官	申兄	戌文
子孫	辰文	申兄	未文	未文	未文

운명 母先亡하며 大富貴이다。 壽命 五十四歲後면 八十三歲大凶命이다。

一爻 사업성취혹병손실 四爻 악운이며 구설문서관계
二爻 家土문서이사문제 五爻 부동산 매매 문서관계
三爻 재수없어서 근심多 六爻 계약관계 남녀관계

운기 모든 일들이 時運에 逆行하고 있음으로 자중해야 반년정도 시기를 대기함이 길하다고 본다。 또 大性 小來한데서 支出은 많고 收入은 적다든가 친교간에 절교 가정불화등도 있기 쉽다。

신수 春 三개월은 부모 상복 입지 않으면 자손근심있고、夏 三개월은 가정에 우환과 만사가 바쁘기만 하며 秋절은 재수 좋은 운이며 冬節은 또다시 재앙이 침범하니 금년은 一成一敗의 운이다。

二、一 澤天快

坤土宮
三月卦

乾	大壯	小畜	兌	革	大過 巳伏文
■■	■ 世	■ 身	■	■ 應	■ 命
未兄	酉孫	亥才	辰兄	寅官	子才
戌兄	申孫	申孫	丑兄	丑兄	丑兄

운 명 早婚則夫婦離別하며 小有風波 자주 있고 壽命七十九歲 凶하다。

一爻 손재실패고민시작　四爻 금전문제 혹은 자손근심

二爻 시비구설송사　五爻 시험 동업시작할까

三爻 취직관계 사업실패　六爻 취직하는 일 실패로 고민

운 기 勢가 過剛하여 실패하기 쉽다。 여러가지 일을 착수해 놓고(自己 실력 이상의 업을 인수) 또 성급히 일을 추진하다가 사고를 生케 한다는 것이며 또는 傷害見血 等 事가 발생하기도 쉽고 與人絶交나 住居 변화문제도 발생하기 쉬운 것이다。

신 수 춘 三개월은 가정이 평안치 않으며 여름 三개월은 자손경사 또는 여자에 도움을 받으며 秋절은 원행하면 만사 순탄하며 冬절은 재수있어서 많은 재물을 얻게 되리라。

二、二 重澤兌

兌金宮
十月卦

履	妹歸	節	夬	隨	困
世	命		應	身	
未文	酉兄	亥孫	丑文	卯才	巳官
戌文	申兄	申兄	辰文	寅才	寅才

운명　母先亡하며 큰 실패중년에 있고 壽命四十五歲後면 八十三歲不吉하다。

一爻　병 금전시비구설　　四爻　제운불길하고 자손의 근심도 있음。

二爻　금전시비 송사문제　　五爻　여자근심 하는 운이다。

三爻　문서상 희소식 친우同業　　六爻　계약될까 부동산매매 등、관계일있다。

운기　小事는 통달하고 大事는 中途에서 좌절되기 쉽고 表面엔 그럴듯하나、內面은 진실성 없고 감언이설에 현혹되지 말것과 인내로서 앞일을 개척해 나가면 결실은 순탄하고 성공으로 되며 많은 사람에게 존경을 받게 될 것이다。

신수　춘 三개월은 공직상인 등 재수길하며 여름 三개월은 구설 주의하고 남자는 여자 귀인을 만나며 秋月은 평탄하고 冬三개월은 재수대길하다。

二、三 澤火革

坎水宮
二月괘

同人	豊	既濟	隨	夬	咸
■■身	■■	■■世	■■命	■■	■■應
未官	酉文	亥兄	亥兄	丑官	卯孫
戌官	申文	申文	辰官	寅孫	辰官

伏午財

운명 父先亡하고 自首成家하며 五十七歲凶命或七十七壽也

一爻 産兒근심 임신 질병　　四爻 사업성취、병。구설등 발생

二爻 이사 및 生男근심　　五爻 사업관계 가사증축문제

三爻 변화 및 이전관계　　六爻 女則질병 男則 재수 출세근심

운기 將軍이 海龍劍을 얻었으나 中折되는 격이다。이 勇猛과 智惠를 겸비하여 諸般事에 難關되는 점이 없이 大業에 成功하여 그 형세가 맹호와 같이 위품이 당당하나 아차하는 적은 실수로 인해서 급속적인 悲運에 부닥치기 쉬우며 큰 것은 적게 적은 것은 다른 것으로 변화 노력하여여야 한다。

신수 춘三월은 자손에 경사 있을 운이며 夏三월은 부부이별 및 형제 친우간에 언쟁할 운이며 秋三월은 집안에 우환이 발생하고 冬三월은 손재수 있을 운이나 춘절에 西方으로 이사하면 만사 대통해진다。

二、四 澤雷隨

震木宮
七月괘

伏午孫			
無妄	應	未才	戌才
震	身	酉官	申官
頤		亥文	申官
革	世	辰才	亥文
兌	命	寅兄	卯兄
華		子文	未才

운 명 母先亡하고 水厄 주의하면 壽命七十二歲 지나면 八十七歲까지 長壽한다。

一爻 교제근심 금전문제 四爻 부동산 계약등 구실

二爻 취직 손재 친척거래 관계사유 五爻 송사 및 爭事 발생

三爻 문서 계약관계 六爻 男女교제 근심 家患

운 기 玉을 만들어 이용하는 격으로 天才的인 智慧로 難關을 無難히 돌파하고 自動的인 노력으로 부귀겸 전하는 괘상으로 재난과 구설수를 항상 미리 방지하기 위한 준비와노력을 가진다면 만사 순탄하며 주거변동 또는 직장변화 등의 운세로 벌써 변화했다고도 본다。

신 수 춘三월은 부모근심 또는 이사할 운이며 夏三월은 귀인와서 도움을 주게 되니 복록도 있으며 秋三월은 적은 구설과 약간 운이 좋지 않으나 해결되며 冬三월은 子孫에 액이 아니면 손재 조금 있다。

二、五 澤風大過

震木宮
二月괘

姤	恒	井 (伏午孫)	困	咸 (伏寅兄)	夬
身		世	命		應
未才	酉官	亥文	酉官	亥文	丑才
戌才	申官	申官	午孫	午孫	子文

운명 父先亡하고 官祿吉하고 壽命六十一歲後면 七十一歲 건강 不吉하다。

一爻 家宅매매 및 금전근심　　四爻 전학 취직 손재 우환
二爻 병 및 사업성패관계　　五爻 질병 女則男子근심
三爻 임신문제 횡액발생　　六爻 주거이동 금전 교제문제

운기 大川에 口渴이 甚한 鳥龍格이다。 英傑로 諸事에 總力量으로 매진하나 途中에 破境이 생겨 모든 것이 挫折되는 운세로써 외출、이사、원행、교제 등에 주의하지 않으면 血光을 보게 되며 急히 身上厄、有損당하니 주의하여야 한다。

신수 춘三월은 內患 주의하고 여름 三개월은 원행 즉 만사 순탄하며 秋節 三개월은 관공직자는 승진하며 商事業家는 사업 번창운이며 冬三개월은 子孫에 액이 있어 질병으로 손재 있으리라。

二、六 澤水困

兌金宮
五月괘

訟	解	坎	大過	華	兌
命		應	身		世
未文	酉兄	亥孫	午官	辰文	寅才
戌文	申兄	申兄	酉兄	巳官	巳官

운 명 母先亡하며 官刑을 平生注意하고 壽命은 四十七歲後면 七十九歲 凶이다。

一爻 직업변화 교제문제

二爻 취직 변업 근심

三爻 시비 손재 동업

四爻 도적사기 동업관계

五爻 남녀교제、손재、취직 건강근심

六爻 매매관계 승진 구설등 事有

운 기 처자나 또는 住居地로 인해서 고통이 많이 생기는 象이며 혹은 마음 속에 근심걱정이 많은 운으로도 본다。 그러나 뜻밖에 귀인을 만나서 急速的으로 출세하게 되는 길조의 운이 되기도하니 항상 본심으로 인내로써 계획성있게 노력하면 성공으로 회전될 것이다。

신 수 春절재수는 좋으며 생남할 운이며 여름은 구설수 및 재운이 불길하며 秋三개월은 여자 조심하고 손재 및 구설수 있고 冬절 三개월은 춘절에 생남 없었으면 생남하며 혹은 재수가 왕성해진다。

二、七 澤山咸

兌金宮
正月괘

伏卯才
遯 小過 蹇 華 大過 革
未文 酉兄 亥孫 申兄 午官 辰文
戌文 申兄 申兄 卯才 亥孫 卯才

운　명　父先亡하고 三妻운이며 壽命七十八歲 凶하다。

一爻　금전문제 집안경사관계
二爻　자손경사 및 女는 임신관계
三爻　손재 및 가정불화 주의
四爻　동업、자손근심 직업변화
五爻　손재 및 취직관계
六爻　문서상 희소식 승진관계

운　기　천금을 왕래케 하는 吉凶상반의 운세이다。 존엄성을 가진 호걸인 사람이나 너무 강한 자존심으로 손해와 실패를 당하기 쉬우며 너무 결단성이 과다하며 一朝一夕에 페가망신하기 쉬우니 자기의 성품을 깊이 생각하며 인내하고 여자와 교제등에 주의가 필요하며 남에 말도 참고하여 행하면 이 난관을 무난히 극복하게 된다。

신　수　正、二、三월의 春절운은 結婚의 운이며 官公직자는 승진되며 夏三개월은 재수 대통하지만 너무 慾心내다가 실패하게 되며 秋三개월은 인내하면 만사 대길하며 冬三개월은 성공운이며 만사 평탄하리라。

二八 澤地萃

兌金宮 六月괘

否 ▬▬ 未文 身 戌文
預 ▬▬ 酉兄 應 申兄
比 ▬▬ 亥孫 申兄
咸 ▬▬ 卯才 命 申兄
困 ▬▬ 巳官 世 辰文
隨 ▬▬ 未文 子孫

운명 母先亡하고 大富貴 운이며 壽命은 八十三歲凶 운이다。

一爻 질병 사업성패、자손 시험등　　四爻 언쟁사주의 자손에 일
二爻 가토매매 도적손해등　　五爻 취직 승진 시험등
三爻 재산손해 근심、여자주의　　六爻 희소식관계 교제인과 절교관계

운기 江水에 잠긴 용이 昇天하는 운이나 되지 않으니 동서분주하기만 하며 순간적으로 사람을 사귀는 사교술로 技妙하게 家事를 繁昌시키나 점차로 패하여 어디에 의지할 곳 없이 방황하게 되니 마음을 영구적으로 가지고 남을 이용하기 위한 성품이나 비처세술등은 금함이 앞날을 밝게 광명이 비추리라。

신수 春三월은 半凶半吉로 평탄한 편이나 夏 三개월은 관청구설사 있고 관직자는 무방하며 夏三개월은 집안에 질병이 있어서 약대금 지출에 신경 쓰는 운이며 冬三개월은 처궁에 질병이 오지 않으면 도적을 주의하라。

三、一　火天大有

乾金宮
正月괘

大壯	乾	大畜	睽	離	鼎
應	身		世	命	
巳官	未文	酉兄	辰文	寅才	子孫
戌文	申兄	戌文	丑文	丑文	丑文

운　명　父先亡하고 妻格이며 壽命七十九歲이다。

一爻 퇴직 田家매매 產兒근심　　四爻 문서협의고민

二爻 이사로 금전문제 고민 발생　　五爻 구설 동업불길

三爻 文書연락 기다린다　　六爻 家土매매사발생

운　기　地氣相合으로 萬物이 長生하는 格으로 才能이 出象하여 富貴 겸전하는 운이나 질투와 반감을 가지면 피해를 당하게 되며 시기적으로 더 慾心을 내는 때이므로、무엇을 더할까 하는 때이며 변화할까 등의 마음 복잡하지만 지나친 過慾은 내지 말어야 되며 부동산 買入하는 것은 大吉하다。

신　수　春三개월 재수 대통하여 재득하고 夏三개월은 이름을 각처에 날릴 운이며 秋三개월은 자손 경사 있고 冬三개월은 금옥이 만당하리라。

三、二 火澤睽

艮土宮
二月괘

卦	爻	
歸妹	巳文	戌兄
履 (伏子才)	未兄	申孫
損	身世 酉孫	戌兄
大有	丑兄	辰兄
噬嗑	卯官	寅官
未濟	命應 巳文	寅官

운　명　母先亡하고 壽命八十三歲 凶하다。

一爻　전학 취직 구설事有
二爻　남자교제근심 또는 질병
三爻　출국 및 이사이전
四爻　자손근심 동업문의
五爻　사업시작문의
六爻　문서계약관계、구설주의

운　기　소잃고 소집 고치는 격이다。本來 天才的인 技能은 있으나 社交的인 方法이 없으며 가정불화로 부모 처자 분산되기 쉽고 로변에서 방황하게 될 흉한 운세이며 사업실패하고 內部에서 세력다툼 또는 배반등의 일도 생기기 쉬우니 침착하여서 중단 또는 인내로 극복 하여야 된다。

신　수　正二、三개월의 춘절은 상처 또는 家內 근심 발생하며 夏三개월은 부모자손의 근심있고 백사불길하며 秋三개월은 인구가 주는 운이며 冬三개월 중에도 식구가 출타하는 악운이니라。

三、三 重火離

離火宮 四月괘

豐 身 巳兄世 戌孫 | 同人 未孫 申才 | 賁 酉才 戌孫 | 噬嗑 命 亥官應 辰孫 | 大有 丑孫 寅文 | 旅 卯文 辰孫

운명 父先亡하며 上位人의 운이다。 壽命七十四才 또는 八十二歲 凶命이다。

一爻 사업성취 妻子有夏病

二爻 사업실패 자손근심

三爻 자녀근심 여는 임신문의

四爻 손재 및 가정불화

五爻 미혼자는 혼담문의 三각관계

六爻 사업성패 및 관재관계 발생

운기 森林에 든 새가 有網을 보고 青天에서 높이 도망가는 기상이다。 하는 일에 기초가 박약하여 독단적인 처세로 전진할려니 마음과 같이 되지는 않는데다 신용까지 잃게 되였으니 이사 또는 이변의 운세이니 약간 변화의 방법으로 취하면 결실이 성공이 될 것으로 보며 송사언쟁은 극히 주의하라。

신수 춘절 하절 六개월은 몸은 평탄하나 재수는 없으며 손재운 있고 추절은 원행하지 말것과 신규법 시작하다 실패하게 되며 동절은 관재구설 및 몸 다칠 수 있으니 주의할 것。

三、四 火雷噬嗑

巽木宮
九月괘

震	無妄	頤	離	睽	晋
▬▬	▬ ▬ 世	▬▬	▬ ▬	▬ ▬ 應	▬▬
巳孫	未才 命	酉官	辰才	寅兄 身	子文
戌才	申官	戌才	亥文	卯光	未才

운　명　母先亡하며 初妻 이별운있고 壽命 五十七歲後면 七十二歲時運不吉

一爻 금전문제 남편외출　四爻 병、금전문제 송사문제

二爻 취직 거래관계　五爻 남녀이별문제 正心吉

三爻 금전문제 성사된다　六爻 이사 변화구설 발생

운　기　陽氣와 陰氣를 얻어 만물이 출현하여 생기가 등천하는 운기이다。 때가 좋은 때일수록 용감성을 發輝하여 모든 일에 적극 노력 번창시켜 재물이 들어오게 되는 운으로 부귀와 명예를 겸비하게 되니 열의가 있게 밀고 전진하면 성공하고 장애요인은 냉정히 다스려라。

신　수　正二三월 춘절은 입을 자물쇠 같이 하고 참을성을 가지고 하절은 재수길하며 추절은 병살있고 冬절은 평탄하리라。

三、五 火風鼎

離火宮
十二月卦

恒	姤	蠱	未濟	旅	大有
▅▅ 身	▅ ▅ 應	▅▅	▅▅ 命	▅▅ 世	▅ ▅ 伏卯文
巳兄	未孫	酉才	酉才	亥官	丑孫
戌孫	申才	戌孫	午兄	午兄	子官

一爻 임신 및 산아근심、질병
二爻 언쟁타합 분가운
三爻 재산、사업부진관계
四爻 금전문제 및 자손문제 근심
五爻 三각관계 재운부진
六爻 사업 혼인관계

운 기 弱化된 것을 버리고 새로운 발전에 전진하는 격으로 智謀가 非常한 영웅격의 사람으로 발전하여 만인의 앙시를 보는 괘상이며 자식이 있어서 성공은 눈앞에 있는것 같으나 三인이 동업으로 하는 일이 라면 끝까지 성공이 되나 그렇지 않으면 나중은 실패로 되니 미리 주의를 하여야 된다。

운 명 父先亡하며 官祿으로 成功할 운이며 壽命六十歲後면 七十一凶하다。

신 수 正二月 손재있고 三월은 길하며 四月은 구설원행수 있고 五六월은 몸이 고단하며 七八月은 吉이나 질병수 있으니 이사가면 만사 평탄해지며 九、十月은 길이나 十一 十二월은 재수없으니 미리 주의하시라。

三、六 火水未濟

解 訟 蒙 鼎 晋 睽

離火宮
七月괘

應	巳兄	戊孫
	未孫	申才
命	酉才	戊孫
世 (伏亥官)	午兄	酉才
	辰孫	巳兄
身	寅文	巳兄

운명 母先亡하며 文武로 成功한다。 壽命四十七歲後면 七八歲凶命된다。

一爻 事業성패 혹병 자손문제

二爻 구설 송사 자녀의 근심

三爻 破財운이니 문서관계주의

四爻 자녀근심 금전문제

五爻 동업、교제관계 근심 송사주의

六爻 사업성패문제

운기 때가 되지 않었는데 허욕을 부리니 마음은 있으나 하는일은 되지 않는다。 義와 勇은 藝術家의 자격이나 허영심이 많고 단독적인 행사라 憎惡感을 얻어 만사가 불행하여져서 패가망신하는 격이며 무엇이든 되는 일이 없으니 인내하여 좌중하는 것이 좋을 것이다。

신수 春三월은 半凶 半吉한 운이며 여름 三개월은 귀인이 생기여 가내에 기쁜일 있고 여름은 처궁액이 아니면 본인이 신병 있게 되며 冬절은 부부이별이 아니면 신병이 있어 근심되리라。

三、七 火山旅

離火宮
五月괘

小過 ▬▬ 巳兄
遯 ▬ ▬ 身 未孫
艮 ▬▬ 應 酉才
晋 伏亥官 ▬▬ 申才
鼎 ▬ ▬ 命 午兄
離 伏卯文 ▬ ▬ 世 辰孫

운명 父先亡하고 初婚失敗數있다。 壽命六十歲 지나면 七十七歲 凶命된다。

一爻 退職、生產 이별운발생 四爻 재난수 발생
二爻 이민 출타 직업변화 五爻 하는일이 안되서 문의
三爻 이사 및 금전관계 근심 六爻 보증수표 인감등 주의

운기 여행、이사、외국에 나가는 운이며、모든 일에 적극적 진출을 경계할 것이며 또는 허욕이나 새로운 일을 시작하는 것은 좋지 않으며 두뇌는 영리하나 의지가 견고치 못하여 발전성이 없고、실언이 허다 하며 然中에 모든 친우에게 신용을 잃어버리고 마음을 의지할 곳 없이 곤경에 허덕이게 되기 쉬우니 침착하라。

신수 正二月부터 十二月까지 만사 불길한 운이며 春三月은 무엇을 할까하는 일 있으나 되지 않으며 夏절、 건강수 불길하고 추절은 도장보증주의하고 冬절은 도적 사기 건강운을 주의할것。

三、八 火地晉

乾金宮
二月괘

預 否 剝 旅 未濟 噬嗑 伏子孫

- 巳官 戌文
- 未文 申兄
- 酉兄 世 身 戌文
- 卯才 申兄
- 巳官 辰文
- 未文 應 命 子孫

운명 父先亡되며 大富貴 된다。 壽命 八十三歲 凶命된다。

一爻 문서희소식 손재언쟁　四爻 첩 근심 또는 남녀교제문제
二爻 가택매매관계　五爻 문서관계 송사구설
三爻 계약、구설문제　六爻 가옥매매 토지관계

운기 곤경에 빠졌든 사람이 운이 회전되여서 하는 일에 광명이 찾어왔고 하면 될 수 있는 운이다。 그러나 기회는 왔으나 손발이 맞지 않는다。 새로운 일을 하여 수입을 볼 수 있으나 자금조달이 되지 않으며 직장을 구하는 자는 취직되였다는 통보는 왔으나 공교롭게도 집안에 우환이 있어서 나가지 못한다든가 하는 일을 당하나 이럴 때일수록 전진하면 성공이 되니 앞으로 前進하는 것을 권고하고 싶다。

신수 春三개월 재수있어 순탄하며 여름은 신병이 좀 있으나 큰 액은 없으며 秋절은 금전 손해됨이 있으니 주의하고 冬三개월은 재수는 吉。

四、一 雷天大壯

坤土宮
二月괘

卦	爻	六親	世應	伏神
大有	▅ ▅	戌兄		巳文
夬	▅ ▅	申孫		酉孫
泰	▅▅▅	午文	世命	丑兄
歸妹	▅▅▅	辰兄		丑兄
豐	▅▅▅	寅官		丑兄
恒	▅▅▅	子才	應身	丑兄

운 명 父先亡하고 男女風波多有며 壽命 二十九歲後면 七十三歲 以後면 長壽한다。

一爻 破財件守舊吉　四爻 문서계약 구설문제
二爻 언쟁송사문제　五爻 직장 및 사업근심 三각관계
三爻 취직、손재、구설　六爻 귀인이 생기겠으나 문의 成功된다

운 기 너무 勢를 강하게 하다가 도리여 손해를 보는 운세이며 자기에 위치에 있는 권리로서 강행하면 반드시 파괘를 당하는 凶惡한 운이니 좌중하고 他의 뜻을 받어들여서 존중하게 하여야 하며 이사는 좋은 운이 아니며 금전에도 곤란을 당키 쉬우니 신규업도 하지 않음이 좋겠다。

신 수 춘절은 만사를 인내하여 하고 있는 그대로가 좋으며 여름은 자녀의 근심 아니면 낙태 수술하게 되며 추절은 부부언쟁 또는 교제관계로 고민 발생운이며 동절은 재산 실패운이다。

四、二 雷澤歸妹

兌金宮
七月괘

睽	兌	臨	大壯	震	解
戌文 ▬ ▬ 應	申兄 ▬ ▬ 命	午官 ▬▬▬ 伏亥孫	丑文 ▬ ▬ 世	卯才 ▬▬▬ 身	巳官 ▬▬▬
巳官	酉兄	丑文	辰文	寅才	寅才

운 명 母先亡하고 壽命四十五歲以後면 八十三歲八十四歲까지 長命된다。

一爻 금전근심 병、시비、여자주의　四爻 土地 家屋매매 근심

二爻 入財문의 女 즉 남자근심　五爻 취직、손재、양자를 둘까문의

三爻 문서희소식 문의　六爻 직업변화 취직 근심문의

운 기 남녀교제 및 비밀히 전진해오든 것이 발각되여서 탈로난 후 더 이상 전진못하게 되는 악운이기도 하며 특히 異性문제에 주의하고 결혼할 사람이라면 벌써 처녀성을 잃었음을 의미하고 기혼 남녀는 유부남 유부녀와 친하고 있다는 뜻도 있으니 중단 및 경계가 필요하다。

신 수 春절은 재수는 좋으나 일년內 여자를 주의하여 사귀고 여름은 남방귀인이 도와줄 것이고 五六월은 부모에 근심 있기 쉽고 추절은 원행하면 좋으며 동절은 만사순탄하리라。

四、三 雷火 豐

坎水宮
九月괘

離	華	明夷	震	大壯	小過
戌官 命	申文 世	午才	亥兄 身	丑官 應	卯孫
巳才	酉文	丑官	辰官	寅孫	辰官

운　명　父先亡하며 將軍운이다。 壽命七十四歲 大凶命이다。

一爻 産兒근심 임신신병　　四爻 왜안되나 言爭있고 계약성사문제

二爻 자손근심 여자는 임신　　五爻 문서계약 되겠는가?

三爻 전학、외국출타 인내길　　六爻 송사、금전회전근심

운　기　表面上으로는 離와 震이 있어서 화려하고 명랑한 활기를 보이지만 內部에 걱정과 근심이 많고 雷火는 暴熱의 勢인데서 不意災禍를 만나기 쉬우니 要心하고 초기는 盛大의 운기인 듯하나 후반기에 衰退의 운으로 보이므로 특히 조심하여야 하며 火災도 조심하라。 여자는 임신중이다。

신　수　春三월은 부모 근심아니면 자녀근심있고 여름 三개월은 재수대통하며 귀인을 만나지만 여자는 경계하라 추절은 형제간에 일이 발생하며 冬절은 자손경사 있으리라。

四、四 重雷震

震木宮
十月괘

噬嗑	隨	復	豐	歸妹	頤
世	身		應	命	
戌才	申官	午孫	辰才	寅兄	子文
巳孫	酉官	丑才	亥文	卯兄	未才

운 명 母先亡하며 成敗는 多有나 富貴한 운이며 壽命 七十二歲後면 七十九歲 凶하다。

一爻 금전회전 사업부진근심　　四爻 동업 및 남녀교제 근심

二爻 취직 수표부도　　五爻 질병 여자는 남자근심 있다。

三爻 부동산매매 언제될까　　六爻 자손근심 및 재운불길로 왔다。

운 기 대체로 놀랠 일이 발생하는데 직장에서나 가정에서 분쟁등의 운이 一次 二次정도 있기 쉬우며 혹은 주거이동할 운이며 자신도 모르게 소리만 높이 났으나 실속 없는 일들이니 인내하고 참신하게 지내면서 여행하면 대길할 것이다。

신 수 正二월 불길하나 三월부터 사업 시작하면 길하며 四五월은 횡제수 있고 출행도 길하며 여름은 여자의 귀인을 만나며 七八월은 구설있어、돈쓰며 동절은 남에 말을 믿고 일을 하면 성공된다。

四、五 雷風恒

震木宮
正月괘

鼎	大過	升	解	小過	大壯
應		身	世	伏寅兄	命
戌才 巳孫	申官 酉官	午孫 丑才	酉官 午孫	亥文 午孫	丑才 子文

운명 父先亡하고 官祿으로 성공되며 壽命 六十一歲後면 七十一歲 凶年이다。

一爻 이사갈까 자택매매근심　四爻 三각관계로 근심 또는 동업

二爻 사업성공 외출근심　五爻 질병근심 남자의 근심

三爻 임신근심 낙태할까　六爻 금전문제 자손시험관계

운기 항상 불변적인 심리로 일년의 운세를 지나야 한다。 만약 새로운 일을 시작하든가 남의 말을 믿든가 혹은 본처가 아닌 여자와 관계를 한다던지하면 패가망신하며 여자로 골치 아프고 사업에 실패를 하게되니 하고있는 일을 그대로 더 열심히 노력 전진하면 끝에는 성공과 영화가 올것을 약속한다。

신수 春三개월은 만사가 길이나 二월은 약간 구설수 있고 여름은 하는 일이 잘 되지 않아 손해있고 추절은 남에 말 듣고 일을 하면 사기당하며 동절은 재수 길이나 형제 또는 자손에 질병있다。

四、六 雷水解

震木宮
十二月괘

未濟	困	師	恒	預	歸妹
戌才 ■■	申官 ■■ 應身	午孫 ■■■	午孫 ■■	辰才 ■■■ 世命	寅兄 ■■ 伏子文
巳孫	酉官	丑木	酉官	巳孫	巳孫

운 명 父先亡하며 성공하는 운이며 官祿도 있다。 壽命 四十七歲後면 七十八歲운이다。

一爻 사업 성공 및 송사문의
二爻 자손에 대한 경사 또는 금전문제
三爻 생남할까? 질병문의
四爻 三각관계 또는 소송언쟁운
五爻 도난 손재 질병 남자근심
六爻 금전문제 자손근심

운 기 解괘는 吉한 괘이기도 하나 때에 따라서는 凶괘이기도 하다。 지금까지 하는 일이 잘되든 사람은 반대로 凶運으로 변화가 되고 지금까지 악운이든 사람은 지금부터 길운으로 운이 오고 있는 것이며 무직자는 취직되며 현재까지 직장에 있었던 사람은 구설과 모략중상을 주의하여야 한다。

신 수 春三月은 처궁에 액운있고 여름은 고목에 봄을 만난격으로 五六월에는 생남할 운이며 가을은 재수 평탄하며 겨울철 三개월도 재수길한달이다。

四、七 雷山小過

兌金宮
二月괘

旅 咸 謙 預 恒 豊

戌文	▬ ▬	巳官
申兄	▬ ▬	酉兄
午官	▬▬▬ 世 命	丑文
申兄	▬▬▬	卯才
午官	▬ ▬ 伏 卯才	亥孫
辰文	▬▬▬ 應 身	卯才

운 명 父先亡하며 三妻거느릴 운세이며 壽命六十七歲後면 七七歲운이다。

一爻 금전근심 남편근심
二爻 자손근심 여자임신했다
三爻 손재있고 또는 문서희소식
四爻 家土매매운세
五爻 취직 손재건
六爻 취직、손재 사업실패

운 기 정신이 혼돈되여 동서남북을 분간치 못하는 형상이다。 영리한 재주로 전진성이 있어서 적은 일을 경영하면 성공되나 大事를 경영하면 凶惡한 변화가 발생하여 급속적인 비운을 맞게되므로 인내로 무슨 일이던 적극적으로 하지말고 서서히 처세할 것을 명심하여야 된다。

신 수 춘절은 좋은 운이며 귀인을 만나며 하절 三개월은 직장으로 경사있고 추절은 남방에서 성공되며 七八월은 구설수 있고 추운 겨울철은 구설수 있다。 상업가는 四五월에 관액 있고 六、十二월은 식구준다。

四、八 雷地預

震木宮
五月괘

晉	萃	坤	小過	解	震 伏子文
戌才	申官 命	午孫 應	卯兄	巳孫 身	未才 世
巳孫	酉官	丑才	申官	辰才	子文

운명 母先亡하며 大富貴格이다。 壽命五十四歲後면 八十三歲운이다。

一爻 집 근심 있으며 계약관계문의　　四爻 사기 및 동업주의
二爻 三각관계주의　　五爻 병근심 시비 구설 금전문제
三爻 사업성공문의 재수길　　六爻 낙태 및 수술 금전근심

운기 春水에 萬物이 長生하며 운이 인색하던 사람이 운이 왔다。 그러나 지위승진、사업번창등은 되였는데 월급은 오르지 않고 수입도 많지 않는 때이다。 누구와 모임을 갖었을때 또는 어떤 연회석상에서 자기도 모르게 실언을 하여 위신을 하락시키는 일 발생하니 조심하고 가정을 이사하거나 직업변동이 있기 쉬운 운이다。

신수 춘절 재수있으나 문서계약 주의하고 하절은 남녀교제 주의하면 재수평탄하며 하절은 사기만 당하지 말것과 冬절은 만사 대통하나 건강운만 불길하다。

五、一 風天小畜

巽木宮
十一月괘

需	大畜	乾	中孚	家人	巽
		命	伏酉官		身
卯兄	巳孫	未才 應	辰才	寅兄	子文 世
子文	子文	午孫	丑才	丑才	丑才

운 명 父先亡하고 壽命七十三歲後면 七十九歲운이다。

一爻 금전문제 계약 및 수표부도 四爻 자손에 근심 및 금전문제

二爻 재손해보고 희소식관계 五爻 자손근심 이전 이사문의

三爻 女는 男子有憂 협조될까? 六爻 主人出하여 근심 문서관계

운 기 공든탑이 무너지니 만사 이미 정한 격이라 大中 小人을 막론하고 최후적인 노력을 하여도 모든 일이 성공되지 않으니 한탄만 하게 되리라。 이럴 때는 때를 기다리고 침묵과 인내로써 앞으로 할 일에 계획을 잘 짜두는 것만이 상책이며、 여자의 권세나 질투에 눌려서 남자하고자 하는 일 중단되기 쉽다。

신 수 춘三월은 신병으로 고민하고 하절은 부부이별 및 동업자와 별거운세며 추절 七八월은 믿는 도끼발찍어 구설 분분하며、 동절은 악운이 해결되리라。

五、二 風澤中孚

艮土宮
八月괘

節	▬▬▬	卯官	子才
損	▬▬▬ 伏子才 命	巳文	子才
履	▬ ▬ 世	未兄	午文
小畜	▬ ▬ 伏申孫	丑兄	辰兄
益	▬▬▬ 身	卯官	寅官
渙	▬▬▬ 應	巳文	寅官

운 명 母先亡하며 失業家운이다。 壽命四十五歲後면 八十三壽불길또는 九十三歲운이다。

一爻 취직 손재 직업변동문제 四爻 문서관계 언쟁등 계약 남편待人
二爻 질병 女 즉 남자근심 五爻 금전근심 부부언쟁
三爻 취직 손재 이사 六爻 병、금전문제 시비 구설

운 기 백학이 알을 품으니 紫松이 靑氣를 吐하는 格이라 용문지덕이 겸비하면 큰일에 공을 세워 備人間 之五福을 具全하는 격이라、그러나 누구에게나 친목을 경주하고 원수를 사지 말것을 명심하여야 한다。 만약 진실성이 없이 처세하면 만사 파탄되리라。

신 수 춘절은 처에 근심있고 손재주 있으며 하절은 신수 평탄하며 추절은 귀인과 재물이 생기는 길운이 있으며 冬절은 약간의 가정에 재앙은 있을 운이나 九十월은 벼슬하는 데 길월이기도 하다。

五、三　風火家人

巽木宮
六月괘

變卦	卦爻	納甲	
旣濟	▅▅▅	卯兄	子文
家人	▅▅▅ 應命	巳孫	子文
同人	▅ ▅	未才	午孫
益	▅▅▅ 伏酉官	亥文	辰才
小畜	▅ ▅ 世身	丑才	寅兄
漸	▅▅▅	卯兄	辰才

운　명　父先亡하며 頭松格이다。 壽命 五十七歲後면 七四歲 운명이다。

一爻 財敗 또는 희소식 취직　　　四爻 자손근심 또는 금전근심

二爻 믿는 도끼 발찍히고 근심　　五爻 退職、실패、生産근심

三爻 사업부진 자본근심　　　　　六爻 계약관계 매매등 구설

운　기　海中寶玉을 주었으니 꽃이 지고、열매를 맺음이니라、선천적으로 타고 난 재질로 실언이 없고 특수한 사업을 발전하여 부귀향락으로 日月을 지나는 운이니 內的으로 모든 일에 착실히 노력할 것과 밖에 나가는 것은 좋지 않으며 집안끼리 언쟁사 주의하고 여자는 남자에 근심이 생기기 쉽다。

신　수　춘절은 여자로 귀인 만나며 자손 경사있고 여름철 재수 대길하며 여자 도움받고 추절은 태평세월의 운세이며 九월은 자손으로 속을 썩이고 동절은 大凶하며 여자는 과부되기 쉬우니 기도하라。

五、四 風雷益

巽木宮
七月괘

屯	頤	履	家人	中孚	觀
應	身		世 (伏酉官)	命	
卯兄	巳孫	未才	辰才	寅兄	子文
子文	子文	午孫	戌才	卯兄	未才

운 명　母先亡하며 初婚失敗 운이다。 壽命 七十二歲 운명이다。

一爻 재정근심 부부근심　四爻 여행 이사
二爻 사업성패 교제근심　五爻 도적 손재、건강
三爻 家土매매 이사 금전　五爻 문서계약 근심유

운 기　鴻鶴이 暴風을 만나 方向을 잃고 山野에 墜落되는 격으로 大業을 성공하려는 포부로 매진하나 앞에 장해물이 가로막켜 패가망신하는 운이니 주거 이동하면 길하고 신규나 원행은 하지 말고 언쟁사 송사 등으로 손해도 있기 쉬우니 주의하고 승진 합격 등도 귀인에 협조 있어야 된다。

신 수　춘절 三개월 부모복입지 않으면 질병손재있고 하절 들어서면서 집 이사할 운이며 추절은 두 처를 거느리기 쉽고 동절은 재수 길이며 평탄하다。

五、五 重風巽

巽木宮
四月괘

井	蠱	姤	渙	漸	小畜
世		身	應		命
卯兄	巳孫	未才	酉官	亥文	丑才
子文	子文	午孫	午孫	午孫	子文

운　명　父先亡하고 富貴겸비 하였다。 壽命 三十九歲後면 六十一歲 운이다。

一爻 家土매매 금전 언쟁　　四爻 금전문제 여자 악심품고 있다。

二爻 병 사업성패　　五爻 退職、실패 언쟁주의

三爻 질병 女는 남자근심　　六爻 希消息 破損有

운　기　태평세월에 만민이 풍년을 만난격이다。 활달적인 도량으로 諸般事를 무난히 돌파하고 가세가 旺盛하여 부귀공명하는 괘상이나 신변에 이동이 있기 쉽고 도난을 당하기 쉬우며 단독적으로 처세하다가 실패가 되기 쉬우니 親人과 相談하여 침착히 처세할 것을 명심하라。 혹은 상속문제로 송사 일어나기 쉽다。

신　수　춘절은 원행하라。 도중에서 귀인 만난다。 하절은 재수길하며 만사순탄하며 추절은 시비 관재수 주의하고 동절은 집에 가만히 있는 운이다。

五、六 風水換

離火宮
三月괘

坎	蒙	伏酉才 訟	伏亥官 巽	觀	中孚
身	世		命	應	
卯文	巳兄	未孫	午兄	辰孫	寅文
子官	子官	午兄	酉才	巳兄	巳兄

운 명 父先亡하며 文武로 大成한다。 壽命 四十七後면 七十九歲 운이다。

一爻 사업성취 구설 병　　四爻 구설 송사 자녀근심
二爻 동업 및 분업　　五爻 전직 취직 재운
三爻 문서희소식 합격　　六爻 취직 시험합격도적

운기 만경창파에 돛단배가 우연히 暴風을 만나는 격이라 外見上은 건강한 상이나 內部에는 病離災亂이 不絕하여 心身을 定치 못하는 상으로 대단히 불길한 운이며 오래동안 불길했던 사람은 반대로 지금부터 운기와 재운이 길로 되여 사업성공 승진 합격될 운이 된다。

신수 正二、三월 춘절은 사업、실패하며 여름절기는 형제간에 귀인이 있어 원행할 운이며 추절은 재수있고 八월은 집안에 근심있고 동절은 재수 길하다。

五、七 風山漸

艮土宮　蹇　艮(伏子才)　遯　觀　巽　家人

正月괘

爻	本卦	變
▬▬ 命 應	卯官	子才
▬▬	巳文	子才
▬ ▬	未兄	午文
▬▬ 身 世	申孫	卯官
▬ ▬	午文	亥才
▬ ▬	辰兄	卯官

운　명　父先亡하며 壽命 六十七歲後면 八十歲 운명이다。

一爻 출행、이사 전업관계

二爻 금전문제 가정불영

三爻 산아근심 임신 협조부탁

四爻 문서계약 남녀 교제관계

五爻 구설、병、금전문제

六爻 언쟁 송사 질병、이사

운　기　神農氏가 하는 일이 通達되였으나 白日이 無光之格이라。 천부력의 幸福으로 부귀조달이나 급속으로 비운을 초래하여 一朝一夕에 멸문지화를 당하는 괘상이며 가정 이사나 외국 여행하면 길하며 특히 異性관계에 脫道될 行動이 없도록 조심하라。

신　수　正二월은 평탄하며 三四월은 구설 있고 五월 화재 주의하고 六七월은 서쪽에 사업이 시작되며 八月 여자덕 있고 九十月은 아들낳는 운이며 十一、十二월은 평탄하나 三월부터 六월간에 처궁에 액운 있기 쉽다。

五、八 風之觀

乾金宮
八月괘

比	剝	否	漸	渙	益
卯才 ▬▬	巳官 ▬▬ 命 (伏申兄)	未文 ▬ ▬ 世	卯才 ▬ ▬	巳官 ▬ ▬ 身	未文 ▬ ▬ 應 (伏子孫)
子孫	子孫	午官	申兄	辰文	子孫

운 명 母先亡하며 大富貴운이다。 壽命 五十四歲後면 八十八歲 운명이다。

一爻 사업성공 수표부도 계약주의　四爻 취직관계 손재주의

二爻 토지문서계약 이사、이별운　五爻 임신근심 자손근심、사업

三爻 실패 및 도망、사기주의　六爻 금전문제 사업성패가비

운 기 구름을 거두니 萬花가 競發하는 格이라 天才的인 才質로 急性이 없이 智慧合心하여 충돌되는 장해가 없이 대업을 성취하여 명진사해하는 괘이나 망신수가 올 시기이니 조심하고 송사 교섭면에서는 취소하는 편이 좋을 것이다。

신 수 정월부터 봄철은 부모에 근심 아니면 문서계약 주의하고 夏절은 재수평탄하며 추절은 재수길하며 교통사고 주의하고 동절은 자손이 죽지 않으면 교통사고 주의하라。

六、一 水天需

坤土宮　小畜　泰　夬　節　既濟　井

八月괘

子才	▅▅ ▅▅	命	卯官
戌兄	▅▅▅▅▅		亥才
申孫	▅▅ ▅▅	世	亥才
辰兄	▅▅▅▅▅	身	丑兄
寅官	▅▅▅▅▅	伏巳文	丑兄
子才	▅▅▅▅▅	應	丑兄

운　명　父先亡하고 三妻得운이다。 壽命 七十三歲 운이다。

一爻 손재 실패 사업변동 이사　　四爻 동업、자손근심 직업변화

二爻 언쟁、시비、송사 이별　　五爻 손재 및 취직관계

三爻 취직 승진 손재　　六爻 문서상 희소식 승진관계

운　기　青天白日에 靜雲이 浮中되여 있으나 不速不晩之象이다。 高常한 智德을 擴散시키는 點에 있으나 確固한 意志로 目的을 달성하여 富貴功名하니 千里有光이나。 아직 때가 되지 않었으니 그 빛이 얼마나 강할 것인가 五효동까지는 현위치가 마음에 싫어도 때를 기달려서 대기상태로 가는 것이 길하다。

신　수　正二월 수태할 운이며 三四월 신수 불길 夏월은 재운 없고 七八月부터 북쪽에서 사업 등을 시작하게 되며 재물 들어오며 추월은 길하고 동월 十一月에 이사하지 않으면 부모 및 가족이 사망하는 수 있다。

六、二 水澤節

坎水宮
十一月卦

中孚	臨	兌	需	屯	坎
身		應	命		世
子兄	戌官	申文	丑官	卯孫	巳才
卯孫	亥兄	亥兄	辰官	寅孫	寅孫

운 명 母先亡하고 中年後大吉하며 壽命 四十五歲後면 八十四歲 운명이다。

一爻 질병 자손근심 금전문제
二爻 동업문제 직업변화
三爻 질병 남녀관재 및 이별근심
四爻 문서협의 계약 여자주의
五爻 분가 이사 시비 구설
六爻 문서계약 妄으로 근심

운 기 井魚가 出海하니 意氣洋洋하게 往來하는 격이라 先天的인 才略으로 萬難을 無難히 突破하고 溫和한 氣勢로 大業을 成就하여 各振四海 하는 격이나 너무 분수에 넘치게 하면 반대로 실패하기 쉬우며 남녀교제를 시작하기 쉬우나 分外에 일을 하지 말것과 새로운 업을 시작하는 것 등은 주의를 거듭하여야 된다。

신 수 춘절은 재수는 평탄하나 집을 이사할 것 하절은 남에게 사기 주의하고 교제면에서 주의할 것 추절은 마음은 동하나 운이 없으니 인내하고 동절도 가만히 있는 것이 대길하다。

六、三 水火旣濟

坎水宮 家人 明夷 革 屯 需 蹇

正月卦

身世 子兄	戌官	申文	伏午才 命世 亥兄	丑官	卯孫
卯孫	亥兄	亥兄	辰官	寅孫	辰官

운　명　父先亡하며 두령운이다。 壽命 五十七歲後면 七四歲 운이다。

一爻 임신 질병 산아근심　　四爻 문서계약 변화길

二爻 임신 자녀근심 사업시작　　五爻 구설、시비、언쟁

三爻 부동산 매매 및 신축문제　　六爻 문서계약 여자근심

운　기　順風에 돛단배가 大川을 越江하는 격이라 先天的인 才略이 過人한 이 萬難을 突破하고 巨意를 貫徹하여 富貴 功名하니 備人間之五福을 具全하는 격이나 오래 가지 못하는 운이니 早速히 앞으로의 좋지않는 운일 때 이겨나갈 수 있는 계획을 확고하게 짜지 않으면 나중에 후회로 변하게 된다。

신　수　춘절은 마음이 복잡하고 되는 일 없고 하절은 처액이나 또는 이별할 수며 추절은 다른 일을 하다 실패하며 또는 첩을 두지 말것과 동절은 재수있고 만사 순탄해지리라。

六、四 水雷屯

坎水宮 六月卦

益	復	隨	既濟	節	比
命	應		伏午才 身	世	
子兄	戊官	申文	辰官	寅孫	子兄
卯孫	亥兄	亥兄	寅兄	亥兄	卯孫

운 명 母先亡하며 水火 주의하라。 壽命 三十九歲後면 六十六歲 운이다。

一爻 변화 유학 진학

二爻 쟁론주의 사업 동업 시작

三爻 타합시비 사업실패

四爻 동업 매매계약 구설

五爻 형재불복 시비소송

六爻 부동산 매매 결혼문제 싸움있다

운 기 淺水에 潛伏된 龍이 登天못하여 한탄하나 이미 늦었다。 외교적인 인물로 一時的인 成功은 하나 허영심이 과대하여 一朝一夕에 急悲로 敗家하게 되니 可嘆可息이라 이럴수록 경거망동을 하지 말고 웃사람의 有力者를 앞장세워서 하는 일을 전진하게 되면 성공으로 될 수 있으나 앞으로 四개월 이내는 不吉운으로 보면 확실할 것이다。

신 수 춘三월은 高官職者는 명振四海되며 여름은 처궁액이 있으나 사람을 믿지말고 추절은 재수평탄하며 동절은 만사대길 하나 동업이나 신규는 하지말라。

六、五 水風井

震木宮 巽 升 大過 坎 蹇 需

三月卦

▅▅ ▅▅	子文	卯兄
▅▅▅ 身	戌才 世	亥文
▅▅ ▅▅ 伏午孫	申官	亥文
▅▅▅	酉官	午孫
▅▅▅ 伏寅兄 命	亥文 應	午孫
▅▅ ▅▅	丑才	子文

운 명 父先亡하고 財物운二敗한다。 壽命 三十九歲後면 六十一歲 운명이다。

一爻 家庭 질병관액 四爻 土地문서 질병

二爻 자손사망 질병 사업 실패 五爻 문서계약 금전근심

三爻 자손근심 여는 임신낙태 六爻 취직 실패 개업

운 기 往風에 波濤가 若起하는 吉凶相半格이라 타고난 영웅심으로 과단성있게 난관을 무난히 돌파하고 諸事 우수한 기세로 부귀할 수 있으나 빽이 있던지 인맥이 많아서 급할때 도움을 받을 수 있는 사람은 끝까지 성공이 되나 그렇지 않는 자는 불길한 시기이니 때를 기다리고 가정을 이사하고 안정하게 하라。

신 수 正、二월 손재운이며 三、四월처궁에 질병 있고 五六月은 제수는 좋으나 부모 및 자녀에 질병있고 七八月은 관재주의 하고 남방귀인있고 九、十月은 자손死나 근심있고 11 12月은 여자주의 四월은 이사를 하라。

六、六 重水坎

坎水宮 十月卦

渙	師	困	井	比	節
世		命	應		身
子兄	戌官	申文	午才	辰官	寅孫
卯孫	亥兄	亥兄	酉文	巳才	巳才

운 명 母先亡한다。 文官大成한다。 壽命四十七歲後면 七十七歲 운이다。

一爻 여자로 구설 및 손재　　四爻 계약문제 구설인내길

二爻 금전고민 송사나 吉　　五爻 타합시비 이사、송사

三爻 부동산계약 금전근심有나凶　　六爻 사업성패 손재주의

운 기 吳國에 軍事를 싫은 배가 一片孤船으로 無邊大海에서 風浪을 만난 격이라 言語가 拙急하고 中然에 內外 不和까지 若起하여 滅門之禍를 당하기 쉬운 괘이니 사기와 도난을 주의하고 남녀교제 관계로 피흘리기 쉬운 大凶運이니 용기를 가지고 신앙심에 의지하여 每事에 열의 있게 행하여야 한다。

신 수 춘절은 재수는 평탄하나 구설이 있어 괴로움 발생하며 하절은 원행을 하지말어야 하며 추절은 재수는 半凶半吉이나。 六、七월에 喪服입을 수 있고 동절은 만사순탄하며 문서계약이 되리라。

六、七 水山蹇

兌金宮
八月卦

漸	謙	咸	比	井	旣濟
▅▅ 命	▅▅▅	▅▅ 世	▅▅▅ 身	▅▅ 伏卯才	▅▅ 應
子孫	戌文	申兄	申兄	午官	辰文
卯才	亥孫	亥孫	卯才	亥孫	卯才

운명 父先亡하고 夫婦風波多有 壽命 六十七歲後면 七十六歲 운이다。

一爻 금전 사업근심(초곤후태) 四爻 사업성취 자녀근심
二爻 임신 및 자손근심 五爻 사업성취 동업문의
三爻 손재 희소식(手上人에 순종吉) 六爻 언쟁동업(인내吉)

운기 鶴을 타고 구름을 타니 雲車가 문전에 도달하는 격이다。 위대한 인물로 自立成事하여 富豪에 명예를 尊重하지만 急速的인 悲運을 초래하여 一朝一夕에 敗家亡身하는 卦象이며 病難、盜難、詐欺、水害등의 운도 당하기 쉬우니 모든 일을 초조하게 생각 말고 때를 기다리는 형식을 취하는 것이 가장 길할 것이다。

신수 춘절출행 불길하며 하절은 재운도 없고 특히 五월은 身厄有며 추절은 재수 있으며 동절은 北쪽으로 모사를 하면 성공 길하니라。

六、八 水地比

坤土宮
七月卦

觀	坤	萃	蹇	坎	屯
應		身	世		命
子才	戌兄	申孫	卯官	巳文	未兄
卯官	亥才	亥才	申孫	辰兄	子才

운 명 母先亡하며 大富貴 운이다。 壽命 八十三歲 운이다。

一爻 가정근심 사업시작　　四爻 패할시기 취직소식 문의
二爻 문서계약 실패수 있다。　　五爻 파재나 희소식 동업
三爻 자녀근심 사업근심 임신　　六爻 직업변화 관재고민

운 기 吉星照臨한이 만물이 스스로 生하는 氣象이다。 智勇才操를 兼備하였음으로 象人의 德望을 얻어 立身出世할 수 있으나 大事 小事를 論할 것 없이 單獨으로 모든 일을 行하지 말고 믿을 수 있을 만한 사람을 얻어서 같이 일을 하게 되면 성공되며 특히 女子를 注意하여야 한다。

신 수 춘절은 길하며 하절은 평탄한 운이나 四五월은 病患있고 추절은 제수대통하며 동절도 만사길하다。 일년중 형제간에 합심 모사하면 대길하다。

七、一 山天大畜

艮土宮
十二月괘

변괘	괘	표시	납갑	복신
泰	▅▅▅	命	寅官	酉孫
小畜	▅ ▅	應	子才	巳文
大有	▅ ▅		戌兄	酉孫
損	▅▅▅	身 伏申孫	辰兄	丑兄
賁	▅▅▅	世 伏午文	寅官	丑兄
蠱	▅▅▅		子才	丑兄

운　명　父先亡하며 成敗多有다。 壽命 二十九歲 以後면 三十五歲며 或은 七十九歲 운이 된다。

一爻 실패 이사 도난수(이동수)　　四爻 사업성공(협조로 길해진다)
二爻 언쟁송사 거래(선곤후태)　　五爻 금전문제 가정풍파
三爻 취직 손해 입학　　　　　　　六爻 임신중 자손근심(吉)

운　기　龍이 大倉에 잠복하니 飛雲이 自來하는 格이다。 天富的인 富貴를 얻어 명예는 물론이지만 큰뜻으로 전진하면 大軍를 통솔할 자격이 있는 괘상이나 적소 성대하는 식으로 만사를 극복하여야 되며 또는 출타하여 타처에서 노력하면 크게 성공할 수도 있는 괘이며 그러나 남에 말을 듣는다던가 남을 돌보와 주는 일은 절대로 금하라。

신　수　춘절은 구설수 있고 여름철은 문서계약등의 일이 많으며 특히 五六월은 횡재수 있고 가을은 관재구설을 주의하고 八九月은 亥子生이 귀인이 되나니라 동절은 귀인의 협조로 순탄해진다。

七、二 山澤損

艮土宮
七月괘

濫	▬▬ 應	寅孫	酉孫
中孚	▬ ▬ 命	子才	巳文
睽	▬ ▬	戌兄	酉孫
大畜	伏申孫 ▬ ▬ 世	丑兄	辰兄
頤	▬▬ 身	卯官	寅官
蒙	▬▬	巳文	寅官

운명 母先亡하며 急變大敗 운있다。 壽命 四十五歲後면 八十四歲운이다。

一爻 취직 변화 이사(吉) 四爻 사업성취 구설(언쟁주의)
二爻 질병 남자근심(吉) 五爻 금전문서계약(靜守吉)
三爻 취직 손재(길하다) 六爻 자손근심 임신(退吉進凶)

운기 돌로 금속으로 보니 前路가 만리지격이라。 吉凶善惡에 대한 모든 조건을 自己 스스로 알고 있지만 생각지 않는 비운이 와서、一朝一夕에 패가망신하는 괘상이나 지혜를 가지고 꾸준히 변함없이 前進하면 기여히 나중은 成功하는 길운으로 변하게 될 것이다。

신수 춘절은 횡액관재 주의하고 하절은 남으로 피신하면 대길하며 추절은 만사불길한 운이며 冬절은 복입을 운이며 또는 식구가 준다。

七、三 山火賁

艮土宮
十一月卦

明夷	家人	離	頤 伏申孫	大畜 伏午文	艮
		身			命
		應			世
寅官	子才	戌兄	亥才	丑兄	卯官
酉孫	未兄	酉孫	辰兄	寅官	辰兄

운 명 父先亡하며 두령격이다。 壽命 初七歲後면 七十歲 운명이다。

一爻 시비 구설(靜吉)　　四爻 사업성공 이별주의(실패운)

二爻 이사 직업변화(性急은 大敗)　　五爻 금전금심 부부근심있다(吉)

三爻 손해본다 재수불길(退守吉)　　六爻 자손근심 임신 이사문제

운 기 猛虎가 出林하여 그 눈빛이 日月과 같이 빛이 나며 밝은 상이다。 大志大望을 가지고 實行하는 意志가 강하지마는 너무 자기의 힘만 생각하고 너무 힘에 과도한 일을 한다던지 사람을 믿고(계약을 형식적으로 하는 일은 절때 주의하고 이사나 여행등은 길운이며 이민가는것도 吉하다。)

신 수 춘절은 재수길이며 만사 순탄하고 하절은 원행 및 물조심하고 추절은 언쟁 및 소송등에 주의하고 동절은 신규사업 시작하고 이사를 하여도 길하다。

七、四 山雷頤

巽木宮
八月괘

頤	益	噬嗑	賁	損	剝
▬▬▬	▬ ▬ 身 伏巳孫	▬ ▬ 世	▬ ▬ 伏酉官	▬ ▬ 命	▬▬▬ 應
寅兄	子文	戌才	辰才	寅兄	子文
酉官	巳孫	酉官	丑才	卯兄	未才

운 명 母先亡하며 初婚失敗한다。 壽命 十七歲後면 七十二歲 凶하다。

一爻 금전문제(사기를 조심)　四爻 비감과 교재의 고민(진행하면 점차 길)

二爻 취직 직업변화(吉)　五爻 사업성취 자손근심(인장주의)

三爻 금전문제(有憂나吉)　六爻 이사 이전변화(貞正吉)

운 기 三山白玉이 점차로 出光하는 格이라 有知有能하여 難關을 無難히 突破하고 萬事順調롭게 되는 운으로 만인에 앙시를 받는 격이나 구설을 주의하고 위장병 및 연정관계가 발생키 쉬우니 주의하라。

신 수 춘절은 재수없으며 우환이 있고 하절은 형제간에 액운있을 운이며 추절은 여자를 주의하고 동절은 복입을 운이며、불연 어떤 교제 및 사업실패의 운이 되나리라。

七、五 山風蠱

巽木宮
正月괘

변괘	효	비고	납갑	복신
昇	▅▅▅	應	寅兄	酉官
巽	▅ ▅	伏巳孫	子文	巳孫
鼎	▅ ▅	身	戌才	酉官
蒙	▅▅▅	世	酉官	午孫
艮	▅▅▅		亥文	午孫
大畜	▅ ▅	命	丑才	子文

운 명　父先亡하며 富貴功名한다。 壽命 三十九歲後면 七八凶運이다。

一爻 이사 가토매매(근심있다)　四爻 夫婦이별 자살할정도(吉)

二爻 사업성공 혹 질병(平吉)　五爻 사업성패、질병 자손근심(근신길)

三爻 자녀근심 임신(凶)　六爻 외국가는 길(吉)

운 기　身運이 危及하니 雲車가 門前에 到達하는 格이라 自然하게 스스로 찾어오는 富貴는 있었으나 意外의 悲運이 招來하여 生離 死別하게 되는 大凶運의 괘상이니 천천히 내가 하는 일을 다시 되돌아보고 중단할 것은 중단하고 수술할 것은 수술을 하여야 된다。 단호한 결단심이 없을 시는 괘상 그대로 손해와 실패로 운기가 된다。

신 수　춘절 재수없고 주색 주의하고 하절은 길운이나 별 특별한 일은 없고 추절은 질병과 도적을 주의하고 동절은 여자를 조심하고 원행하면 客死하기 쉬우니 출행하지 말라。

七、六 山水蒙

師	渙	未濟	蠱	剝	損
	身	伏酉才 世		命	應
寅文	子官	戌孫	午兄	辰孫	寅文
酉才	巳兄	酉才	酉才	巳兄	巳兄

離火宮
八月괘

운명 母先亡하고 文武 발전한다。 壽命 七七歲 운이다。

一爻 문서계약소송(인내吉)　四爻 三각관계 동업(守舊吉)
二爻 동업 화합결혼(진실하라)　五爻 이사 구설(忍耐吉)
三爻 희소식 기다리나(노력하라)　六爻 언쟁주의 금전문제(인내길)

운기 陽遂蔡刑之象이라 如何히 高貴한 가정에서 전력을 다하나 항상 수심이 있어 內外불화를 若起하여 不平不滿으로 敗家亡身하게 되는 격이니 선배나 또는 아우정도의 수하사람의 말이라도 들어보고 믿고 타합적으로 만사를 해결하면 좋으며 어떤 사람이라도 동업이나 투자등은 하지 말어야 한다。 후반에는 손해보게 되리라。

신수 춘절은 건강 衰退하고 하절은 집을 나가는 운이며 五六月은 문서근심 및 부모근심 있고 추절은 西方에 申酉生이 귀인이니 찾어서 같이 동사하면 대길하며 동절은 관재구설 있으니 주의하고 兄弟가 되는 사람에게부탁하면 만사 풀린다。

七、七 重山艮

艮土宮
四月괘

變卦	표시	六親	伏神
謙	命 世	寅官	酉孫
漸		子才	巳文
旅	身 應	戌兄	酉孫
剝		申孫	卯官
蠱		午文	亥才
賁		辰兄	卯官

운 명 父先亡하며 夫婦운 不吉 壽命 七七歲 운이다。

一爻 이사 유학 직업변화(正하면 吉)
二爻 금전근심 부부불화(凶)
三爻 임신 산아근심(친척주의)
四爻 사업성공 신규시작(보류길)
五爻 금전문제 불경기(점차길)
六爻 자손근심 임신중(急來成)

운 기 遊魚가 避網하고 黃菊舟 이 떨어지는 격이라 特別한 자격을 가지고 있고 사교술이 能하여 고귀하고 부귀한 때도 있으나 잠간동안이고 뜻밖에 下落되여 슬픔을 만나게 되니 外部에 유出을 禁하고 內部에서 서서히 시작하고 개업변화하여도 늦지 않으니 기회를 기다리기 바란다。

신 수 금년운은 승진 취직 등 길운이다。 춘절은 질병 주의하고 하절은 半凶 半吉하며 추절은 재수 대길하고 동절은 승진 발전의 운세이다。

七、八 山地剝

乾金宮 九月괘

坤	觀	晉	艮	蒙	頤
寅才	伏申兄 子孫 世	戌文 命	卯才	巳官 應	未文 身
酉兄	巳官	酉兄	申兄	辰文	子孫

운 명 母先亡하며 大富貴운이다。 壽命 八十三歲 운이다。 五十四歲도 凶이다。

一爻 사업성취 혹 병(無功) 四爻 구설 문서계약(초곤후태)

二爻 家土매매(凶) 五爻 產兒근심 임신 질병(合心同事吉)

三爻 破產失敗(靜而吉) 六爻 실패건(退守吉)

운 기 過去之事를 妄却하고 好事多魔之格이다。 意外幸福을 享有할 수 있으나 剛毅한 固執으로 不意의 狂風壓力에 前進性이 없어지는 凶惡한 괘상이라고 한다。 이 괘를 만난 사람은 마음부터 고요하고 인자하고 순진한 정신으로 하는일 모든 것을 마음과 같은 운으로 지나야 하며 특히 여행 승선 승차 등은 좋지 않다고 본다。

신 수 춘절은 半凶 半吉하며 하절은 출타하면 대길하며 추절은 남을 믿으면 손해 있고 동절은 재물이 흩어지는 악운이니 주의하라。

八、一 地天泰

坤土宮
正月괘

大畜	需	大壯	臨	明夷	升
應	身		世	命	
酉孫	亥才	丑兄	辰兄	寅官	子才
				伏巳文	
寅官	戌兄	午文	丑兄	丑兄	丑兄

운명 父先亡하며 再婚하는 八字이다。 壽命 二十五歲後면 七十三歲 운이다。

一爻 破財 失敗(不貞하면)
二爻 시비 구설(근신할것)
三爻 취직 손재(여자주의)
四爻 계약 매매 교제근심(고집불길)
五爻 大凶運(守舊大吉)
六爻 임신 질병(性急有破)

운기 天地를 交泰하였음으로 其德名이 自來하는 格이라 聽明한 材質과 용모가 기묘하여 자연적인 행복과 경사가 찾어오고 家風이 嚴然히 旺盛하여 萬事 如意하게 되는 운이며 음양이 화합 운세이며 부동산 매매로 이득보며 가정이 화목하게 되는 운이다。

신수 춘절은 승진 및 결혼하는 운이며 하절은 재물이 생기지 않으면 여자를 만나며 추절은 이사하지 않으면 출타하고 九十월 북방에서 횡재있고 冬절은 평탄하리라。

八、二 地澤臨

坤土宮
十二月괘

損	節	既妹	泰	復	師
	應	身		世	命
酉孫	亥才	丑兄	丑兄	卯官	巳文
寅官	戌兄	午文	辰兄	寅官	寅官

운명 母先亡하며 壽命 四十五歲後면 八十三歲 운이다。

一爻 전근 변화 취직 이사(언쟁주의)
二爻 취직 손재(吉)
三爻 질병 남자근심(吉)
四爻 문서계약(여자구설주의)
五爻 파재 손재물품 거래주의
六爻 산아근심 임신질병(실속없음)

운기 鶴群이 鳳家에 들어가니 回春하는 格이라 智惠와 勇猛이 特殊한 才質로서 社會的인 英傑로 離關을 無難히 돌파하고 大業成功하여 부귀겸전하는 괘상이나 모략 중상 구설을 주의하면 승진 외국여행 이민 사장이 되는 운이며 生男 및 萬事가 변화 성사된다。

신수 춘월은 귀인 있어 순탄하며 여름은 원행하면 길하나 五、六월은 원행 및 변화등 불길하며 추절은 자손경사 아니면 다른 기쁨 생기며 동월도 평탄하리라。

八、三 地火明夷

坎水官　八月괘

賁	既濟	豐	復	泰	謙
▅▅	▅▅ 命	▅▅ 世	▅▅▅ 伏午才	▅▅ 身	▅▅▅ 應
酉文	亥兄	丑官	亥兄	丑官	卯孫
寅孫	戌官	午才	辰官	寅孫	辰官

운명　父先亡하며 出世한다。 壽命 七四歲 운이다。

一爻　임신 질병 근심(守舊吉)　　四爻　금전문제 질병구설(이사吉)

二爻　자손 임신근심(初困後泰)　　五爻　가정근심 출행원행(末은吉)

三爻　변직 변화 이사(고집주의)　　六爻　사업성취 자손질병(急進은 不吉)

운기　鳳황이 날개를 다쳐 難飛한 刑像이다。 두뇌가 영리하여 群象에 無此之人物로 諸事如意대로 되나 一朝一夕에 急悲로 敗家亡身하는 格이며 믿은 도기 발찍었으니 누구에게 한탄하겠는가 모든 일은 자기 스스로 비밀히 남에게 말하지 말고 동업하지 말고 금전거래등에 주의하라 사기 및 손해당하기 쉽다。

신수　춘절은 병안이면 관재수 있고 하절은 서쪽으로 출타하면 길하며 추절은 평탄하고 冬절은 재수 길하나니라。

八、四 地雷復

坤土宮

十一月괘

頤	屯	震	明夷	臨	坤
▬ ▬	▬ ▬	▬ ▬ 命	▬ ▬	▬ ▬ 伏巳文	▬▬▬ 身
酉孫	亥才	丑兄 應	辰兄	寅官	子才 世
寅官	戌兄	午文	亥才	卯官	未兄

운 명 母先亡하며 水火 주의해라。 壽命 七十二歲 운이다。

一爻 파재 실패(성급하면 事敗)　四爻 계약 가출 수표부도(이사길)

二爻 질병 남녀교제근심(구설여자주의)　五爻 破財 失敗운(守舊吉)

三爻 파재、희소식(凶)　六爻 임신 질병(활동길)

운 기 明珠가 難久하니 항상 수심을 면치못하는 격이라 활발한 기세로 사업에 매진하나 大往小來라 然中에 自尊心과 고집이 세여 一朝一夕에 敗家亡身하는 格이니 이럴 때는 인내와 근신하여서 차후의 기회를 기다리고 현재의 앞에 놓인 문제 해결해 열중하고 더이상의 욕심은 금한다。

신 수 춘절은 재앙은 없으며 하절은 구설 있으나 해소되며 추절은 평탄하게 지나며 동절은 재수길한데 원행하면 더 길하리라。

八、五 地風升

震木宮
八月卦

	蠱	井	恒	師	謙	泰
	▬ ▬	▬ ▬ 命	▬ ▬ 世 伏午孫	▬▬▬	▬▬▬ 身 伏寅兄	▬ ▬ 應
	酉官	亥文	丑才	酉官	亥文	丑才
	재兄	戌才	午孫	午孫	午孫	子文

운 명　父先亡하며 官祿있다。 壽命 三九歲後면 六十一歲 운이다。

一爻 호주의 질병 금전관계(吉)　四爻 혼담 결혼(길)

二爻 사업성취 병(침착하면 吉)　五爻 금전거래관계(불길)

三爻 자손근심 임신변화(망동凶)　六爻 송사시비(여자주의)

운 기　책을 손에 들고 세월을 보내니 광명이 비추는 顯達된 人品이라 智惠가 豊富하며 사소한 난관은 극복해 나가기 어려운 난관을 무난히 돌파하고 항상 온후한 기세로 大業을 성취하는 운으로 昇進、合格、취직등의 경사가 생기는 길운이니 침착과 노력으로 신용을 얻는 처세로 전진 대길하리라。

신 수　춘三월은 처궁에 질병 근심있고 三월은 음식 체하며 하절은 재수 길하고 추절은 출행하면 길하고 八월은 구설 주의하고 동절은 자손 근심있고 관공직자는 승진한다。

八、六 地水師

坎水宮
七月卦

變卦	爻		
蒙	▅▅ ▅▅ 應	酉文	寅孫
坎	▅▅ ▅▅	亥兄	戌官
解	▅▅ ▅▅ 命	丑官	午才
升	▅▅ ▅▅ 世	午才	酉文
坤	▅▅▅▅▅	辰官	巳才
臨	▅▅ ▅▅ 身	寅孫	巳才

운 명 母先亡하며 大官大成한다。 壽命 五十七才後면 七十九歲운이다。

一爻 여자나 부하로 구설주의　　四爻 질병 금전근심 시비구설(안정하면吉)

二爻 질병 금전근심시비(친우주의)　　五爻 外國出行 직업변화(守舊吉)

三爻 거래주의(침착하면 귀인 있다)　　六爻 사업 성공 자손부탁(장해있다)

운 기 鷄鳴山 秋野月에 張良이가 玉피리 분이 초軍이 散散되는 格이다。 堅固한 意志로 抱負는 커서 大業을 成就하지만 內外不禍가 若起하여 서로 이별하는 괘상으로 남과 시비송사등의 운도 있으니 주의하고 만사는 인내와 침착하고 꾸준하게 노력하면 만난은 극복하게 되리라。

신 수 춘절 재수길하여 명진사해하고 여름은 원행하면 대길하고 추절은 부동산 매매 서류계약등에 재수있고 동절은 재수는 평탄하나 十一월은 처궁에 액이 있고 十二월은 구설수 있을 것이다。

八、七 地山謙

兌金宮 九月卦

艮　蹠　小過　坤　升　明夷

身 ▅ ▅	酉兄	寅才
世 ▅ ▅	亥孫	戌文
▅ ▅	丑文	午官
命 ▅▅▅	申兄	卯才
伏卯才 應 ▅ ▅	午官	亥孫
▅ ▅	辰文	卯才

운명　父先亡하며　三婚八字다。　壽命　七七歲後면　八七歲　운이다。

一爻　금전문제　변화　이사길　　四爻　취직변화（되지　않는다）

二爻　임신　자손근심（가내유경）　　五爻　退職　실패（守舊吉）

三爻　소식기다린다（친우조심）　　六爻　失敗운이다（不動態勢吉）

운기　大器晩成으로　琴　之榮에　餘慶을　두며　精神이　총명하여　文學　예술방면에　특수한　재질을　발하여　권세가　당당할　것이나　小人은　富豪에　名分을　招來하는　괘로　점차　발전하는　운세이다。　小人은　학교　중단수도　있으니　열의와　노력을　가중하여야　중도　좌절을　면하게　되리라。

신수　춘절　처자이별의　일이　있고　가정우환도　있기　쉬우며　하절은　구설수주의하고　추절은　재수　길하며　동절은　관공직자는　사직하라。　不然이면　官厄있다。

八、八 重地坤

坤土宮
十月卦

剝	比	預	謙	師	復
世		身	應		命
酉兄	亥孫	丑文	卯才	巳官	未官
寅才	戌文	午官	申兄	辰文	子孫

운 명 母先亡하며 大貴운이다。 壽命 八十三歲後면 九十三歲운이다。

一爻 소식 언제올까(인내길) 四爻 부동산 매매(인내길)

二爻 계약 이사수있다。 五爻 북쪽사람 동업길

三爻 자녀근심 여는 임신 六爻 임신 자녀근심(不正은敗)

운 기 子孫이 昌盛하고 富貴功名하는 卦像이다。 豊富한 智惠로써 德望이 높고 發展性이 良好하며 多小難關이 있어도 克服心이 많아 凡事를 能히 解決하나 웃사람의 지시대로 또는 사람을 믿고 사람을 따라서 동작하면 길하며 새로운 일을 시작하여도 동업이라면 성공되리라。

신 수 춘절은 원행하면 재수길하며 하절은 평탄하며 추절은 자손경사 아니면 횡재있고 동절은 관인과 언쟁 송사 주의하라。

제一장 작괘로 매월 운세해설

※ 一、一괘 1효 총설‖실력은 있어도 때가 안되였다。인내하여 때를 기다리라。

月	1효	月	2효
正月	이달의 운은 사사로운 일로 인하여 큰 액이 당두하리라。	正月	이달의 운은 호랑이를 밟아서 물으니 반드시 산해함을 본다。
二月	이달의 운은 밖에 나가서 성공하니 땅을 파서 금을 얻는다。	二月	이달의 운은 지나치면 넘치나니 꽃이 광풍을 만난 격이다。
三月	이달의 운은 길가는 사람이 소는 가져갔는데 재앙은 내가 받는다。	三月	이달의 운은 말은 이미 없어 졌으니 어떻게 원행을 할가。
四月	이달의 운은 고생을 다 하고 편안해 졌으니 먼저는 흉하였으나 뒤는 길하다。	四月	이달의 운은 이제야 좋은 말을 얻으니 능히 철리를 간다。
五月	이달의 운은 앞은 산이요 뒤는 바다이니 앞길이 나아가기 어렵다。	五月	이달의 운은 억업이 날로 새로와지니 도처에 춘풍격이다。
六月	이달의 운은 소인의 도가 넘치니 군자는 물러간다。	六月	이달의 운은 산이 높고 골짜기가 깊으니 똑바로 걸어가기 어렵다。
七月	이달의 운은 바다에 바람이 많으니 배를 타는 것은 불가하다。	七月	이달의 운은 목마른 용이 물을 얻으니 생기가 생긴다。
八月	이달의 운은 공연히 나아가지 말라。활동하면 손해가 있다。	八月	이달의 운은 음양이 화합하니 만물이 발생한다。
九月	이달의 운은 재앙과 허물이 연달아오나 결국은 반드시 해소된다。	九月	이달의 운은 율법으로 군사를 내니 싸울적마다 패한다。
十月	이달의 운은 사방으로 돌아다니며 경영하는 일이 뜻과 같이 된다。	十月	이달의 운은 각자 마음이 다르니 처음 시작은 있으나 끝이 없다。
十一月	이달의 운은 어름과 서리가 처음으로 오니 심신을 정하기 어렵다。	十一月	이달의 운은 두터운 땅에 물건이 실려 있으니 능히 만물을 용납한다。
十二月	이달의 운은 귀인이 아울러 일어나니 크게 그 뜻을 얻는다。	十二月	이달의 운은 비록 앞의 새는 잃었으나 나의 이익은 뒤에 있다。

※ 2효 총설‖웃사람의 도움을 얻어 행하면 길하다。

※ 3효 총설‖노력은 해도 큰 댓가는 없으니 주의하여 매사에 노력하라。

正月	이달의 운은 처음은 곤궁하였으나 뒤에는 넉넉하니 화기가 생긴다。
二月	이달의 운은 진퇴가 불안하니 스스로의 뜻을 정하지 못한다。
三月	이달의 운은 좋은 기회를 잃지 말라。 반드시 기쁜일이 있다。
四月	이달의 운은 큰 길에서 말을 달리니 봄바람에 뜻을 얻는다。
五月	이달의 운은 군사를 쓰지 말라。 힘껏 싸우는 것은 불가하다。
六月	이달의 운은 개과 천선을 하면 이롭지 않음이 없다。
七月	이달의 운은 땅 속에서 싹이 트니 늦게 빛이 난다。
八月	이달의 운은 사냥을 하는데 새가 없으니 어떻게 그 새를 얻을가。
九月	이달의 운은 성심껏 노력하면 반드시 끝에 가서는 길하다。
十月	이달의 운은 성심껏 노력하면 반드시 그 댓가를 받는다。
十一月	이달의 운은 윗 사람을 따르라。 처음은 곤란을 받으나 뒤에는 좋다。
十二月	이달의 운은 큰 과일을 먹지 말라。 그 속에 독이 있다。

※ 4호 총설‖망서리다 실패하니 속히 결정짓는 방법을 강구하라。

正月	이달의 운은 믿음으로써 뜻을 발하니 위아래가 돌아 온다。
二月	이달의 운은 날이 중천에 밝으니 천지가 빛난다。
三月	이달의 운은 진퇴를 능히 할 수 없으니 업을 바꿀 수이다。
四月	이달의 운은 여자의 천한 짓이 앞길을 어둡게 한다。
五月	이달의 운은 도로가 험난하니 뜻아닌 재앙이다。
六月	이달의 운은 명찬대천에 기도를 하면 성공한다。
七月	이달의 운은 자기의 분수를 알고 옛것을 잘지키면 항상 편안하다。
八月	이달의 운은 사사로운 물건이 집에 드니 오귀가 집에 가득하다。
九月	이달의 운은 일에 정상적인 것이 없으니 왕패한 도를 쓴다。
十月	이달의 운은 오직 음을 치는데 쓰나 그 짓이 빛나지 못한다。
十一月	이달의 운은 합구 무언을 하고 삼가하면 해롭지 않다。
十二月	이달의 운은 찬 골짜기에 봄이 돌아 왔으나 시기가 아직 이르다。

※ 5효 총설=좋은 운이 왔으니 때를 기다리지 말고 속히 진행하는 것으로 노력하라。

正月	이달의 운은 맹호의 세력이 다하니 여우와 산고양이가 침노한다。
二月	이달의 운은 새가 그물에 갇히니 가는 곳마다 이롭지 못하다。
三月	이달의 운은 지나치면 손해가 있는 것이니 분수밖의 것은 구하지 말라。
四月	이달의 운은 건조하고 수선을 하니 일이 많을 때다。
五月	이달의 운은 공연히 뛰니 불안하다。 활동하면 흉하고 가만이 있으면 길하다。
六月	이달의 운은 짙은 구름에서도 비가오지 않는 상이니 성사하기 어렵다。
七月	이달의 운은 가까운 것을 버리고 먼 것을 취하니 사리에 부당하다。
八月	이달의 운은 이제는 모든 것이 잘 되니 천지가 안정된다。
九月	이달의 운은 자신을 비교해 보면 윗사람을 따르면 기쁨이 있다。
十月	이달의 운은 성조하고 건축하니 이득이 사방에 있다。
十一月	이달의 운은 대지에 봄이 돌아오니 만물이 빛난다。
十二月	이달의 운은 봄철에 꽃이 피니 매사가 순탄하리라。

※ 6효 총설=운이 비색하니 인내하고 쉬도록 하라。

正月	이달의 운은 자기의 힘을 믿지 말라。 군사를 내면 크게 패한다。
二月	이달의 운은 삼품벼슬을 얻으니 상하가 성공한다。
三月	이달의 운은 질기기가 소가죽과 같으니 굳게 지키면 자연히 풀린다。
四月	이달의 운은 상하는 일이 많지 않으니 결국 칭찬하는 소리가 있다。
五月	이달의 운은 어룡이 물이 없으니 곤궁함이 생긴다。
六月	이달의 운은 울어서 불안하니 일에 번패됨이 많다。
七月	이달의 운은 구가가 왕성하니 내몸에도 영화가 있다。
八月	이달의 운은 말은 일을 감당치 못하면 침체됨을 면치 못한다。
九月	이달의 운은 모든 음이 사라졌으니 양기가 점차 창성한다。
十月	이달의 운은 기쁨과 슬픔이 교차하니 자손에게 액이 있다。
十一月	이달의 운은 용이 들에서 싸우니 그 핏빛이 현황하다。
十二月	이달의 운은 스스로 그 위치를 지키면 편안하기가 반석같다。

※ 一,二괘 1효 총설‖자기 고집부려서 손해보니 침착하게 하면 이득있었다。

※ 2효 총설‖남의 덕을 못받아도 성공한다。

월	1효	월	2효
正月	이달의 운은 노력없이 소득하는 것은 사리에 부당하다。	正月	이달의 운은 위태함을 알고 스스로 중지하면 별로 큰 액은 없다。
二月	이달의 운은 바른 법을 써서 잘다스리면 만인이 다 복종한다。	二月	이달의 운은 맹호의 세력이 다하니 여우와 산고양이가 침노한다。
三月	이달의 운은 그 높은 언덕을 오르려하나 삼년을 일어나지 못한다。	三月	이달의 운은 처음에는 곤궁하였으나 뒤에는 넉넉하니 화기가 생긴다。
四月	이달의 운은 소인이 낯을 가리고 흉계에 빠진다。	四月	이달의 운은 진퇴가 불안하니 스스로 뜻을 정하지 못한다。
五月	이달의 운은 집위에 또 집을 지으니 재물과 비단이 문에 들어온다。	五月	이달의 운은 좋은 기회를 놓지지 말라。 반드시 기쁜일이 있다。
六月	이달의 운은 기러기가 한번 날으니 물가에 점점 가까와 진다。	六月	이달의 운은 흩어지면 합쳐지는 것이니 다른 사람과 같이 일을 하라。
七月	이달의 운은 재물과 비단이 문에 들어오나 옳지 않은 것은 받지 말라。	七月	이달의 운은 군사를 쓰지말라。 힘써 싸우는 것이 불가하다。
八月	이달의 운은 높은 나무에 바람이 많으니 스스로 그 화를 취한다。	八月	이달의 운은 개과천선을 하면 이롭지 않음이 없다。
九月	이달의 운은 처음은 등천할 수 있으나 뒤에는 땅으로 들어간다。	九月	이달의 운은 땅 속에서 싹이 트니 늦게야 빛이 난다。
十月	이달의 운은 먼저는 울고 뒤에는 웃었으니 결국 좋은 일이 돌아온다。	十月	이달의 운은 사냥을 하는데 새가 없으니 새를 얻을수 없다。
十一月	이달의 운은 냇물을 건너는데 어려움이 있으니 어디로 가든 건너지 못한다。	十一月	이달의 운은 성심껏 노력하면 반드시 종말에 길함이 있다。
十二月	이달의 운은 경계하고 조심하라。 모든 일이 잘 되지 않는다。	十二月	이달의 운은 성심껏 노력하면 반드시 그 댓가를 받는다。

※ 3효 총설∥현실만 따를려고 추구하다 큰 실패한다。

正月	이달의 운은 말은 이미 없어졌으니 어떻게 언행을 할 것인가。
二月	이달의 운은 이제야 씩씩한 말을 얻으니 능히 천리를 간다。
三月	이달의 운은 이제야 큰 보물을 얻으니 하늘의 도움이다。
四月	이달의 운은 산은 높고 골짜기는 깊으니 전진하기가 어렵다。
五月	이달의 운은 목마른 용이 물을 얻으니 생기가 생긴다。
六月	이달의 운은 음양이 화합을 하니 만물이 발생한다。
七月	이달의 운은 율법으로 군사를 내면 싸우는 대로 패한다。
八月	이달의 운은 각자 마음이 다르니 처음 시작은 있으나 끝맺임이 없다。
九月	이달의 운은 두터운 땅에 나무를 심으니 만물이 능히 용납한다。
十月	이달의 운은 비록 앞에 있는 새를 잃었으나 나의 이익은 뒤에 있다。
十一月	이달의 운은 자기의 위치를 잘 지키면 편하기가 반석 같다。
十二月	이달의 운은 구름이 걷히고 맑은 하늘에 날이 밝다。

※ 4효 총설∥뜻하지 않은 사기당할 수니 주의하라。

正月	이달의 운은 덕업이 날로 새로와 지니 도처에서 찬양을 한다。
二月	이달의 운은 신체가 조금 상할 운이나 별로 큰 화는 없다。
三月	이달의 운은 이름뿐이고 실상은 없으니 빈 광주리만 받는다。
四月	이달의 운은 염소가 울타리를 뿔로 떠받으니 강한 것이 스스로 패한다。
五月	이달의 운은 사악을 제거하고 문을 여니 복이 들어온다。
六月	이달의 운은 대군이 출전을 하니 어려움을 알고 후퇴한다。
七月	이달의 운은 돌과 같이 굳게 앉았으니 재난이 침범치 못한다。
八月	이달의 운은 겉으로는 잘 되는 듯 하나 종결이 없다。
九月	이달의 운은 음이 반드시 양을 해치니 여란을 조심하라。
十月	이달의 운은 새가 그 집을 불 살르니 재난이 연달아 온다。
十一月	이달의 운은 밝음을 등지고 어두움을 향하니 심사가 불안하다。
十二月	이달의 운은 새가 날개를 상하니 삼일을 먹지 않는다。

※ 5효 총설‖위치는 웃사람격에 처해 있으니 위험한 시기이므로 매사를 주의하라。

※ 6효 총설‖자기 생각대로 하면 실패한다。

월	5효
正月	이달의 운은 지나치면 넘치는 것이니 꽃이 광풍을 만난 상이다。
二月	이달의 운은 오래지 않아 어려움을 벗어나니 시종 길하다。
三月	이달의 운은 깊은 골짜기에 갇혔으니 어둡고 어두어 밝지 못하다。
四月	이달의 운은 부처님께 공을 드리면 결국 어려움을 벗어난다。
五月	이달의 운은 부처님께 공을 드리면 가도가 태평하다。
六月	이달의 운은 물에 빠져도 죽지 않으니 속히 판단하면 이루어진다。
七月	이달의 운은 꽃을 꺾고져 하나 꺾으면 도리혀 해롭다。
八月	이달의 운은 갇혔던 새가 풀려 나오니 하늘은 높고 바다는 넓다。
九月	이달의 운은 남과 같이 일을 하면 능히 어려움을 넘긴다。
十月	이달의 운은 여우와 같은 의심이 풀리지 않으니 먼저는 안되나 뒤는 크다。
十一月	이달의 운은 위엄과 무력을 쓰지 않으면 어떻게 천하를 평정하나。
十二月	이달의 운은 대지에 봄이 돌아오니 고목이 봄을 만났다。

월	6효
正月	이달의 운은 형성이 땅에 비치니 송사에 불리하다。
二月	이달의 운은 적은 무리가 큰 것을 이루니 가히 영화를 본다。
三月	이달의 운은 소인이 득세하니 군자는 물러난다。
四月	이달의 운은 이익을 꾀하는데 뜻과 같으니 가면 경사가 있다。
五月	이달의 운은 곤궁한 액이 연달아 오니 큰 일을 하는 것은 불가하다。
六月	이달의 운은 마음은 비록 하늘을 찌를 듯하나 뜻대로 이루기 어렵다。
七月	이달의 운은 기러기가 평단한 가지에 앉으니 경영하는 일이 순성한다。
八月	이달의 운은 큰액이 당두하였으니 예방하는 것이 상책이다。
九月	이달의 운은 그 부족함을 보충하면 자연히 형통한다。
十月	이달의 운은 고목에 싹이 트는 상이니 늦게 좋은 일이 있다。
十一月	이달의 운은 싸움이 쉴 사이 없으니 천하가 시끄럽다。
十二月	이달의 운은 윗사람을 따르라。 처음은 곤궁하나 뒤에는 길하다。

※ 一, 三괘 1효 총설‖자기 주장대로 하지 말고 남의 말도 참고하면 무사하다。

正月	이달의 운은 날이 대지에 밝으니 함정에서 탈출한다。
二月	이달의 운은 믿음으로써 뜻을 발하니 상하가 모두 돌아온다。
三月	이달의 운은 호랑이를 밟아 사람을 무니 반드시 상함을 본다。
四月	이달의 운은 지나치면 넘치는 것이니 꽃이 광풍을 만난 상이다。
五月	이달의 운은 말은 이미 없어졌으니 어떻게 원행을 할가。
六月	이달의 운은 이제 씩씩한 말을 얻으니 능히 천리를 간다。
七月	이달의 운은 이제야 큰 보배를 얻으니 우연한 복이로다。
八月	이달의 운은 산이 높고 골짜기가 깊으니 앞으로 나아가기 어렵다。
九月	이달의 운은 목마른 용이 물을 얻으니 점차 생기가 난다。
十月	이달의 운은 음양이 화합을 하니 만물이 발생한다。
十一月	이달의 운은 율법으로써 군사를 내면 백전백패한다。
十二月	이달의 운은 각자 마음이 다르니 결말을 짓지 못한다。

※ 2효 총설‖同孫이나 남을 경계할 운이다。

正月	이달의 운은 길가는 사람이 소는 가져 갔는데 해는 내가 받는다。
二月	이달의 운은 어려운 고비가 다지났으니 이제부터는 잘 풀리겠다。
三月	이달의 운은 천하가 시끄러우니 나라를 옮기는 것이 좋다。
四月	이달의 운은 소인이 행세를 하니 군자는 물러나는 상이다。
五月	이달의 운은 강한 바람이 많으니 배타는 것은 불가하다。
六月	이달의 운은 공연히 나아가지 말라。 활동하면 손해가 있다。
七月	이달의 운은 재앙이 이어지니 매사가 잘되지 않는다。
八月	이달의 운은 사방으로 돌아다니니 사업이 뜻과 같이 된다。
九月	이달의 운은 추위가 닥치니 심신이 심란하다。
十月	이달의 운은 귀인 도와주니 크게 그 뜻을 얻는다。
十一月	이달의 운은 상하가 모두 응해주니 넓게 활동할 수 있다。
十二月	이달의 운은 장차 험한 땅에 나가니 그 힘이 배가 든다。

※ 3효 총설‖위험한 투기적인 면을 노력하지만 실패하니 주의하라。

正月	이달의 운은 복숭아 꽃이 만발하니 그 집도 마땅히 즐겁다。
二月	이달의 운은 기러기가 한번 날아서 물가에 가까와지는 상이다。
三月	이달의 운은 재물과 비단이 문에 드나 옳지 않은 것은 받지 마라。
四月	이달의 운은 높은 나무에 바람이 많으니 스스로 그 화를 취한다。
五月	이달의 운은 처음은 등천을 하니 뒤에는 땅으로 들어간다。
六月	이달의 운은 먼저는 울고 뒤에는 웃는 상이니 결국 좋게 된다。
七月	이달의 운은 출행을 하고 싶으나 어려움이 있으니 삼가함이 좋다。
八月	이달의 운은 경계하고 조심 하라。 모든 일이 되지 않는다。
九月	이달의 운은 대지에 봄이 돌아오니 고목도 봄을 만난다。
十月	이달의 운은 우물 물이 맑고 깨끗하니 안심하고 마시는 상이다。
十一月	이달의 운은 출전하여 대패를 하니 죽은 시체로 돌아온다。
十二月	이달의 운은 분수밖의 것은 탐하지 말고 오는 적을 막으라。

※ 4효 총설‖무리하게 하다 실패하니 인내하라。

正月	이달의 운은 출행하여 성공하니 땅을 파서 금을 얻는다。
二月	이달의 운은 높은 산에 나무를 심으니 적게 쌓아서 큰 것을 이룬다。
三月	이달의 운은 산에 나무를 심으니 적게 쌓아서 큰 것을 이룬다。
四月	이달의 운은 우뢰가 백리를 동하나 형태는 볼수 없는 상이다。
五月	이달의 운은 날으는 새가 소리를 남기는 상이니 화액이 연달아 난다。
六月	이달의 운은 밝음을 등지고 어둠을 향하니 심사가 불안하다。
七月	이달의 운은 모든 액이 물러가니 재앙은 사라지고 복이 온다。
八月	이달의 운은 늙은 부인이 신랑을 얻으니 망신할 운이다。
九月	이달의 운은 사방으로 적이니 실물이 두렵다。
十月	이달의 운은 타인을 믿지 말라。 믿는 도끼에 발을 상한다。
十一月	이달의 운은 대군이 출전을 하니 어려움을 알고 후퇴한다。
十二月	이달의 운은 나무를 붙잡고 고기를 구하니 허망한 일이 많다。

※ 5효 총설‖그동안 고생한 보람이 올때니 노력하라

※ 6효 총설‖한발 후퇴식으로 행하면 무사하다。

月	5효
正月	이달의 운은 소인이 복면을 하고 흉계에 빠진다。
二月	이달의 운은 장부로 인하여 아들을 잃는다。
三月	이달의 운은 심중에 경영하는바가 뜻이 외방에 있다。
四月	이달의 운은 다른 사람과 동업을 하면 능히 어려움을 벗어난다。
五月	이달의 운은 늙은 남자가 신부를 얻으니 낳아서 길으는 공이다。
六月	이달의 운은 지나치면 액이 있으나 여자라면 길하다。
七月	이달의 운은 그집에 들어갔으나 그 처를 보지 못한다。
八月	이달의 운은 결국 송사에 이기니 능히 원행출타할 수다。
九月	이달의 운은 부처님께 공을 드리면 결국 어려움에서 벗어난다。
十月	이달의 운은 그 길이 막힘을 알아 출행하지 않는다。
十一月	이달의 운은 하고 싶지도 않고 하기 싫지도 않으니 싸움에 이기지 못한다。
十二月	이달의 운은 두터운 땅에 물건을 실으니 만물을 능히 용납한다。

月	6효
正月	이달의 운은 위험이 앞에 있으니 가지 않아도 무슨 재앙인고。
二月	이달의 운은 기러기가 평탄한 가지에 앉은 상이니 일이 순조롭게 된다。
三月	이달의 운은 여자를 가까이 말라。 패가망신한다。
四月	이달의 운은 술 속에 가득 들어 있으니 충분히 먹을 수 있다。
五月	이달의 운은 윗사람을 따르라。 홀로하면 실패한다。
六月	이달의 운은 사물이 궁극에는 변하니 생기가 점차 새로와 진다。
七月	이달의 운은 적은 무리가 크게 이루니 영화를 본다。
八月	이달의 운은 변동할 수 이나 시기가 아직 이르다。
九月	이달의 운은 무력에도 굴하지 않으니 어리석은 듯 함이 길하다。
十月	이달의 운은 굶주린 자가 찬 바람을 만나니 설상에 가상격이다。
十一月	이달의 운은 대인이 나라를 다스리니 소인은 나라를 어지럽힌다。
十二月	이달의 운은 군사를 써서 육지에 오르니 하나도 거리낌이 없다。

※ 一四괘, 1효 총설‖자연히 소원성취되는 좋은 운이다。

正月	이달의 운은 걷는 길이 평단하니 편하기가 반석같다。
二月	이달의 운은 덕업이 날로 새로와지니 도처에서 좋아한다。
三月	이달의 운은 위태함을 알고 스스로 궁지하면 별로 큰액은 없다。
四月	이달의 운은 맹호의 세력이 다하니 여우와 산고양이가 침노한다。
五月	이달의 운은 처음은 곤궁하였으나 차차 풀리니 화기가 생긴다。
六月	이달의 운은 진퇴가 불안하니 스스로의 뜻을 정하지 못한다。
七月	이달의 운은 좋은 기회를 잃지 말라。 반드시 기쁜 일이 있다。
八月	이달의 운은 흩어지면 합치는 것이니 서서히 하면 유리하다。
九月	이달의 운은 군사를 쓰지 말라。 힘으로 싸우는 것이 불가하다。
十月	이달의 운은 개과 천선을 하면 이롭지 않음이 없다。
十一月	이달의 운은 땅속에서 삭이 텃으니 늦게야 빛이 난다。
十二月	이달의 운은 사냥을 하는데 새가 없으니 어디에서 새를 얻으랴。

※ 2효 총설‖욕심내지 않으면 성공한다。

正月	이달의 운은 지나친 일을 하므로 삼년을 고생한다。
二月	이달의 운은 소인이 복면을 하고 흉계에 빠진다。
三月	이달의 운은 집위에 또 집을 지으니 재물과 비단이 들어온다。
四月	이달의 운은 기러기가 한번 날아 물가에 가까와 진다。
五月	이달의 운은 재물과 비단은 들어오나 옳지 않은 것은 받지 마라。
六月	이달의 운은 높은 나무에 바람이 많으니 스스로 그 화를 취하는 상이다。
七月	이달의 운은 처음은 등천을 하나 뒤에는 땅으로 들어간다。
八月	이달의 운은 먼저는 울고 뒤에는 웃으니 결국 좋은 일이 돌아 온다。
九月	이달의 운은 냇물을 건너는데 어려움이 있으니 어디로 가도 건너지 못한다。
十月	이달의 운은 경계하고 조심하라。 모든 일이 되지 않는다。
十一月	이달의 운은 대지에 봄이 돌아오니 고목도 봄을 만난다。
十二月	이달의 운은 우물물이 맑고 깨끗하니 안심하고 마신다。

※ 3효 총설‖남에게 베푼다는 것이 도리여 해가 되니 주의하라。

正月	이달의 운은 천하가 시끄러우니 나라를 옮기는 것이 길하다。
二月	이달의 운은 소인이 행세를 하니 군자는 물러간다。
三月	이달의 운은 강하게 바람이 많으니 배를 타는 것은 불길하다。
四月	공연히 나아가지 말라。 활동하면 손해가 있다。
五月	이달의 운은 재앙이 끊어지지 않으니 군사를 내면 대패한다。
六月	이달의 운은 사방으로 돌아 다니나 경영하는 일은 뜻과 같이 된다。
七月	이달의 운은 어름과 서리가 처음오니 심신이 안정되지 않는다。
八月	이달의 운은 귀인이 동조를 하니 크게 그 뜻을 얻는다。
九月	이달의 운은 위 아래가 모두 순응하나 넓고 크게 포옹한다。
十月	이달의 운은 장차 험지에 나가게 되니 그 힘이 배가 든다。
十一月	이달의 운은 군사를써서 육지에 오르니 거리낌이 없다。
十二月	이달의 운은 범을 그리다가 잘 못되니 도리여 개가 된다。

※ 4효 총설‖저지른 일 없는데 당하는 운이다。

正月	이달의 운은 바른법을 잘 이용하면 모든 사람이 복종한다。
二月	이달의 운은 괴상하고 어긋져 합하지 못하나 뒤에는 크게 길하다。
三月	이달의 운은 혼담이 잇으니 앞길이 양양하다。
四月	이달의 운은 국왕이 어질지 못하니 충성된 말이 소용없다。
五月	이달의 운은 임무를 다하지 못하면 스스로 그 화를 취한다。
六月	이달의 운은 입을 다물고 말없이 조심하면 해가 없다。
七月	이달의 운은 사악을 제거하고 문을 열면 복이 온다。
八月	이달의 운은 제사를 잘 지내면 이내 그 복을 받는다。
九月	이달의 운은 그 덕을 닦지 않으면 패가 망신을 한다。
十月	이달의 운은 음식 장만 할 줄 알면 귀인의 덕을 이룬다。
十一月	이달의 운은 명산 대천에 기도를 드리면 성공한다。
十二月	이달의 운은 봄풀에 움이 돋으니 날로 달로 자란다。

※ 5효 총설=불의에 실패를 당한다 주의하라。

正月	이달의 운은 고생을 다했으니 길운이 돌아온다。
二月	이달의 운은 개혁할 시기이니 노력하면 성취한다。
三月	이달의 운은 천하가 시끄러운데 비바람이 끊이지 않는다。
四月	이달의 운은 자신에 비하여 윗사람을 따르는 것이 좋다。
五月	이달의 운은 술과 안주를 과식하면 도리어 곤액이 있다。
六月	이달의 운은 군자의 도가 오래 지속하니 소인은 물러간다。
七月	이달의 운은 기둥이 부러졌으니 보수함이 가하다。
八月	이달의 운은 물건이 결국에는 변함이 있으니 점차 생기가 난다。
九月	이달의 운은 부처님께 공을 드리면 결국 어려움에서 벗어난다。
十月	이달의 운은 황원한 험지에서 앞길을 찾기 어렵다。
十一月	이달의 운은 승진할 운이니 크게 그 뜻을 얻는다。
十二月	이달의 운은 성심껏 노력하면 반드시 끝에가서 길함이 있다。

※ 6효 총설=후퇴와 양보하는 자세로 나가라。

正月	이달의 운은 소인의 짓이나 대사를 하는데는 불가하다。
二月	이달의 운은 나라가 홍왕함을 보니 내몸도 영화를 입는다。
三月	이달의 운은 송사에서 이기지 못하고 집에 돌아와 쥐나 잡는다。
四月	이달의 운은 가뭄 뒤에 비가 내리니 만물이 생기가 난다。
五月	이달의 운은 개과 천선을 하면 화액을 면한다。
六月	이달의 운은 내 몸을 양보하여 공인 이루면 화액을 면한다。
七月	이달의 운은 사품벼슬을 얻으니 상하가 성공한다。
八月	이달의 운은 좋은 운이 돌아오니 오래지 않아 자연히 복구된다。
九月	이달의 운은 하늘이 도와서 계속 상승한다。
十月	이달의 운은 노력을 해도 공이 없으니 내 마음이 불쾌하다。
十一月	이달의 운은 극도로 세력이 다하니 나아갈 수가 없다。
十二月	이달의 운은 출전하여 대패하여 시체로 돌아올 운이다。

※ 一五괘、 1효 총설∥처음에는 되지만 나중은 실패온다

正月	이달의 운은 질기기가 소가죽 같으나 굳게 지키면 스스로 풀린다。
二月	이달의 운은 상한 것이 많지 않으니 결국 칭찬과 명예가 있다。
三月	이달의 운은 물고기와 용이 물을 잃으니 곤액 함은 당연하다。
四月	이달의 운은 용이 들에서 싸우니 그 피가 현황하다。 매사 불길운이다。
五月	이달의 운은 나라의 형세가 홍왕하니 내 몸에도 영화가 돌아온다。
六月	이달의 운은 맡은 일을 감당치 못하면 침체됨을 면치 못한다。
七月	이달의 운은 모든 음이 사라지니 양기가 점차 창성한다。
八月	이달의 운은 희비가 엇갈리니 자손에게 액이 있다。
九月	이달의 운은 울고 울어 편치 못하니 일에 번복이 많다。
十月	이달의 운은 그의 위치를 스스로 잘 지키면 편하기가 반석 같다。
十一月	이달의 운은 찬 골짜기에 봄이 돌아오나 시기는 아직 빠르다。
十二月	이달의 운은 진 흙땅에 빠지니 곤궁할 것은 당연하다。

※ 2효 총설∥도적과 거래하고 있으니 주의하라。

正月	이달의 운은 윗사람을 따라 행하라。 홀로 행하면 실패한다。
二月	이달의 운은 물건이 결국에는 변함이 있으니 생기가 점차 새로와 진다。
三月	이달의 운은 적은 무리로 큰 것을 이루니 가히 영화를 본다。
四月	이달의 운은 나무를 붙잡고 고기를 구하니 일에 허망함이 길하다。
五月	이달의 운은 무력으로 굴하지 않으니 어리석은 듯 함이 길하다。
六月	이달의 운은 굶주린 자가 찬 바람을 만나니 설상에 가상격이다。
七月	이달의 운은 대인이 나라를 다스리니 소인은 나라를 어지럽힌다。
八月	이달의 운은 군사를 써서 상륙을 하니 아무 거리낌이 없다。
九月	이달의 운은 변동할 수 이나 시기가 아직 이르다。
十月	이달의 운은 좋은 배필을 얻고져 하나 때를 기다려 행하라。
十一月	이달의 운은 가뭄 후에 단비가 내리니 만물이 생기가 새로와 진다。
十二月	이달의 운은 적은 일에는 길하나 큰 일에는 흉하다。

※ 3효 총설=마음은 크지만 실패한다。 인내하라。

正月	이달의 운은 삼품벼슬을 얻으니 위 아래가 모두 성공한다。
二月	이달의 운은 좋은 운세가 점차 돌아오니 오래지 않아 자연히 복구한다。
三月	이달의 운은 하늘이 도와주니 계속 상승한다。
四月	이달의 운은 노력을 하였으나 공이 없으니 내 마음은 편치 못하다。
五月	이달의 운은 극도로 쇠약해 지니 전진할 수가 없다。
六月	이달의 운은 출전하여 대패를 하니 죽은 사체로 돌아온다。
七月	이달의 운은 봄풍에 움이 돋으니 날로 달로 자란다。
八月	이달의 운은 그 힘을 덜지 않으면 나가면 성공을 한다。
九月	이달의 운은 큰 길에서 말을 달리니 춘풍에 뜻을 얻는다。
十月	이달의 운은 조상에게 공을 드리면 실로 그 복을 받는다。
十一月	이달의 운은 먼저는 울고 뒤에는 웃으니 결국 좋은 일이 있다。
十二月	이달의 운은 진미로 자봉을 하니 길함과 경사가 문에 든다。

※ 4효 총설=운을 남에게 빼앗겼으니 쉬운 운이다。

正月	이달의 운은 솥 속에 음식이 가득하니 배부르게 먹을 수 있다。
二月	이달의 운은 이제야 종들을 얻으니 자본과 재산이 넉넉하다。
三月	이달의 운은 그 나아감이 빠르면 그 물러남도 역시 빠르다。
四月	이달의 운은 우뢰가 뿌리에 진동하나 소리만 들리고 형태는 없다。
五月	이달의 운은 양이 장하여 급히 나아가니 강한 것이 먼저 부러진다。
六月	이달의 운은 양이 실하고 음이 허하니 이름뿐이고 실상은 없다。
七月	이달의 운은 고목에 싹이 트니 늦게야 빛이 난다。
八月	이달의 운은 대인이 호랑이로 변하니 문채가 밝다。
九月	이달의 운은 사방으로 적이니 실물할가 두렵다。
十月	이달의 운은 악을 쌓아 죄가 크니 귀를 자를 흉사이다。
十一月	이달의 운은 일양이 비로서 생기니 전도가 유망하다。
十二月	이달의 운은 찬 서리가 내리기 시작하니 심신이 안정되지 않는다。

※ 5효 총설‖사해팔방에 악인뿐이니 주의하라。

正月	이달의 운은 내몸을 버리고 인을 이루면 재앙과 액을 면한다。
二月	이달의 운은 그 집에 들어갔으니 그 집 부인이 보이지 않는다。
三月	이달의 운은 그 임무를 다하지 못하면 가는 곳마다 패한다。
四月	이달의 운은 아래로 구하는 혼인이 길하나 그 힘이 미치지 못한다。
五月	이달의 운은 급히 나아가면 성사를 하나 서서히 늦추면 때를 잃는다。
六月	이달의 운은 금판을 쓰고 옥띠를 두루니 경사도 있고 명예도 있다。
七月	이달의 운은 큰 것으로 인하여 작은 것을 잃는다。
八月	이달의 운은 그럴듯 그럴듯 하다가 궁지에 빠지게 된다。
九月	이달의 운은 비록 사지라 하지만 나아가면 어려움에서 벗어난다。
十月	이달의 운은 경중을 비교할 때 출행하는 것이 좋다。
十一月	이달의 운은 날이 따뜻하고 바람이 온화하니 백곡에 싹이 돋는다。
十二月	이달의 운은 세력이 상진하니 가는 곳마다 공이 있다。

※ 6효 총설‖수완은 있어도 운이 불길한 시기이다。

正月	이달의 운은 변화할 시기라 이루고져하나 달하지 못한다。
二月	이달의 운은 처음은 공궁하였으나 이제는 풀리니 화기가 점차 생긴다。
三月	이달의 운은 사사로운 일로 인하여 큰 액을 당하였다。
四月	이달의 운은 이제야 큰 보배를 얻었으니 이것은 하늘의 도움이리라。
五月	이달의 운은 소는 행인이 가져갔는데 해는 내가 받는다。
六月	이달의 운은 고생을 다 하였으니 이제는 모든 일이 잘 되겠다。
七月	이달의 운은 천하가 시끄러우니 나라를 옮기는 것이 좋겠다。
八月	이달의 운은 소인이 행세가 크니 군자는 물러간다。
九月	이달의 운은 밖으로 나가면 성공하고 땅을 파면 금을 얻는다。
十月	이달의 운은 공연히 나아가지 말라。 활동하면 손해가 있다。
十一月	이달의 운은 재앙이 그칠사이 없으니 군사를 내면 대패한다。
十二月	이달의 운은 사방으로 돌아다니니 경영하는 일이 뜻과 같이 된다。

※ 一六괘、 1효 총설‖하는 일마다 구설 손재뿐이니 주의하라

※ 2효 총설‖실패한 후에 일어날 것이다。

월	1효	월	2효
正月	이달의 운은 소인이 득세를 하니 군자는 물러간다。	正月	이달의 운은 개과천선을 하면 화액을 면한다。
二月	이달의 운은 계획하는 일이 뜻과 같으나 가는 곳마다 경사가 있다。	二月	이달의 운은 내 몸을 희생하고 어진 일을 하면 가히 재액을 면한다。
三月	이달의 운은 곤액이 연달아 오니 큰 일을 시작하는 것은 불가하다。	三月	이달의 운은 삼풍벼슬을 얻으니 위 아래 모두가 성공한다。
四月	이달의 운은 비록 마음은 하늘을 찌를듯 하나 뜻대로 이루기는 어렵다。	四月	이달의 운은 좋은 운세가 돌아오니 오래지 않아 자연히 복구된다。
五月	이달의 운은 기러기가 평단한 가지에 앉았으니 경영하는 일이 잘 된다。	五月	이달의 운은 하늘의 도움으로 막힘없이 잘 된다。
六月	이달의 운은 큰 액이 당두 하였으니 예방하는 것이 상책이다。	六月	이달의 운은 노력은 하여도 공이 없으니 내마음이 불쾌하다。
七月	이달의 운은 부족함을 보충하면 자연히 형통한다。	七月	이달의 운은 극도로 세력이 다하니 나아가지 못한다。
八月	이달의 운은 고목이 봄을 만났으니 늦게 빛이 난다。	八月	이달의 운은 출전하여 대패하니 시체로 돌아온다。
九月	이달의 운은 전투가 쉴사이 없으니 천하가 시끄럽다。	九月	이달의 운은 봄풍에 싹이 돋으니 날로 달로 자란다。
十月	이달의 운은 윗사람을 따라서 일하면 처음은 곤하나 뒤에는 크게 이롭다。	十月	이달의 운은 그 힘을 손상치 않고 꾸준히 나아가면 성공한다。
十一月	이달의 운은 날으는 새가 날개를 상하니 삼일을 먹지 않는다。	十一月	이달의 운은 큰 길에서 말을 달리니 봄바람에 뜻을 얻는다。
十二月	이달의 운은 비록 노력이 많으나 중도에서 좌절 된다。	十二月	이달의 운은 조상에게 공을 드리면 실로 그 복을 받는다。

※ 3효 총설‖육감적으로 행하라。유혹은 실패당한다。

正月	이달의 운은 작은 무리가 큰 것을 이루니 영화를 가히 보리라。
二月	이달의 운은 변동할 수이나 시기가 아직 이르다。
三月	이달의 운은 무력으로도 굴하지 않으니 어리석은 듯 함이 대길하다。
四月	이달의 운은 굶주린 자에 찬바람이 모라치니 설상에 가상격이로다。
五月	이달의 운은 대인이 나라를 다스리니 소인은 나라를 어지럽힌다。
六月	이달의 운은 군사를 써서 육지에 오르니 아무 거리낌이 없다。
七月	이달의 운은 나무로 인연하여 고기를 구하는 격이니 일에 허망함이 많다。
八月	이달의 운은 좋은 배필을 얻고져 하거든 때를 기다려 행하라。
九月	이달의 운은 평탄한 길을 걸으니 아주 편하다。
十月	이달의 운은 작은 일에는 길하고 큰 일에는 불길하다。
十一月	이달의 운은 그 높은 언덕을 오르려하나 삼년을 일어나지 못한다。
十二月	이달의 운은 노력없이 소득하는 것은 후일의 근심이 된다。

※ 4효 총설‖인내하면 좋은 결과가 온다。

正月	이달의 운은 가뭄후에 단비가 내리니 만물이 생기를 얻는다。
二月	이달의 운은 크게 밝은 것이 위에 있으니 반드시 큰 복을 받는다。
三月	이달의 운은 왕패한 난이 크게 이르나 처음은 곤란하나 뒤에는 좋게 된다。
四月	이달의 운은 그 덕을 닦지 않으면 패가 망신을 한다。
五月	이달의 운은 장구한 계획이 결국 이익을 얻을 것이다。
六月	이달의 운은 나를 도와주는 사람이 잇으니 위 아래가 모두 응한다。
七月	이달의 운은 그 재물을 상하니 잃은 뒤에 다시 얻는다。
八月	이달의 운은 길함과 경사가 아울러 오니 이것은 하늘의 도움이리라。
九月	이달의 운은 국왕이 어질지 못하니 충성스런 말이 쓸데 없다。
十月	이달의 운은 왕이 군사를 써서 그 나라를 바르게 다스린다。
十一月	이달의 운은 스스로 그 밝음을 상하니 문밖에 나가지 마라。
十二月	이달의 운은 냇물을 건너는데 어려움이 있으니 어디를 가도 건너지 못한다。

※ 5효 총설‖때가 왔으니 노력하면 성공된다。

正月	이달의 운은 물건이 궁극에는 변하는 것이니 생기가 점차 새롭다。
二月	이달의 운은 기둥이 부러졌으니 보수함이 가하다。
三月	이달의 운은 화목하여 기쁘니 가도가 태평하다。
四月	이달의 운은 사시사철 안정되어 있으니 형락을 기약한다。
五月	이달의 운은 작은 것으로 인하여 큰 것을 잃는다。
六月	우리가 동하여 비록 위태하나 스스로 지키면 무사하다。
七月	이달의 운은 가까운 것을 버리고 먼 것을 취하는 것은 사리에 부당하다。
八月	이달의 운은 황양한 황무지를 누가 개척할 것인가。
九月	이달의 운은 큰 바다를 건너고져하나 배가 새어서 건너기 어렵다。
十月	이달의 운은 시기가 아직 빠르니 예전대로 지키고 때를 기다리라。
十一月	이달의 운은 상할 것을 미리 알아서 화를 피해 멀리 가거라。
十二月	이달의 운은 잡초를 제거하니 오곡이 잘 자란다。

※ 6효 총설‖허세부리다가 손해보니 얌전하게 하라。

正月	이달의 운은 물건을 옮기기 어려우나 가는 곳마다 공이 있다。
二月	이달의 운은 말은 이미 없어 졌으니 어떻게 원행을 할 것인가。
三月	이달의 운은 노력없이 소득하는 것은 사리에 부당하다。
四月	이달의 운은 하늘의 도움으로 계속 상승한다。
五月	이달의 운은 그 높은 언덕을 오르려하나 삼년을 일어나지 못한다。
六月	이달의 운은 소인이 복면을 하고 흉계에 빠진다。
七月	이달의 운은 집위에 또 집을 지으니 비단과 재물이 문에 들어온다。
八月	이달의 운은 기러기가 한번날아 물가에 닿는다。
九月	이달의 운은 재물과 비단이 문에 들어 오나 옳지 못한것은 받지 마라。
十月	이달의 운은 높은 나무에 바람이 많으니 스스로 그 화를 취한다。
十一月	이달의 운은 처음은 등천을 하니 뒤에는 땅으로 들어간다。
十二月	이달의 운은 먼저는 울고 뒤에는 웃으니 결국 좋은 일이 돌아온다。

※ 一七괘、1효 총설‖친한 사람을 경계하라。손재있다。

正月	이달의 운은 여인을 가까이 말라。패가망신 수가 있다。
二月	이달의 운은 솥 속에 음식이 가득 들어있으니 충분히 먹을 수 있다。
三月	이달의 운은 윗 사람을 따르라。홀로 행하면 실패한다。
四月	이달의 운은 물건이 궁극에는 변하는 것이니 생기가 새로와 진다。
五月	이달의 운은 작은 무리가 크게 이루니 영화를 가히 본다。
六月	이달의 운은 변동할 수이나 시기가 아직 이르다。
七月	이달의 운은 무력으로 굴하지 않으니 어리석은 듯함 대길하다。
八月	이달의 운은 굶주린 자가 찬 바람을 만났으니 설상에 가상격이로다。
九月	이달의 운은 대인이 나라를 다스리니 소인은 나라를 어지럽힌다。
十月	이달의 운은 군사를 써서 육지에 오르니 아무 거리낌이 없다。
十一月	이달의 운은 나무를 인연하여 고기를 구하니 일에 허망함이 많다。
十二月	이달의 운은 좋은 배필을 얻고져 하거든 시기를 기다려 행하라。

※ 2효 총설‖남여관계 있으니 침착하게 하라。

正月	이달의 운은 어룡이 물을 잃으니 곤액함은 당연하다。
二月	이달의 운은 울고 울어 불안하니 일이 잘되지 않는다。
三月	이달의 운은 국가의 형세가 홍왕하니 내몸에도 영화가 있다。
四月	이달의 운은 맡은 일을 감당치 못하면 침체됨을 면치 못한다。
五月	이달의 운은 모든 음이 사라지니 양기가 점차로 창성하다。
六月	이달의 운은 기쁨과 슬픔이 교차되니 자손에게 액이 있다。
七月	이달의 운은 용이 들에서 싸우니 그 피가 혈황하다。
八月	이달의 운은 그의 위치를 스스로 지키면 반석같이 편하다。
九月	이달의 운은 찬 골짜기에 봄이 돌아왔으나 시기가 아직 이르다。
十月	이달의 운은 진흙땅에 빠지니 곤궁할 것은 당연하다。
十一月	이달의 운은 세력이 확대되니 가는 곳마다 공이 있다。
十二月	이달의 운은 고생을 다하였으니 이제는 활동만 하면 이익이 있다。

※ 3효 총설∥시운이 적당하지 않으니 때를 더 기다리라。

正月	이달의 운은 기러기가 평단한 가지에 앉아있는 상이니 경영사가 잘 된다。
二月	이달의 운은 대액이 당두 하였으니 예방하는 것이 상책이다。
三月	이달의 운은 그 부족함을 보충하면 자연히 형통한다。
四月	이달의 운은 고목에 싹이 돋으니 늦게야 빛이 난다。
五月	이달의 운은 싸움이 쉬지 않으니 천하가 시끄럽다。
六月	이달의 운은 윗 사람을 따라 일하라。처음은 곤궁하니 뒤에는 잘 된다。
七月	이달의 운은 새가 날개를 상하니 삼일을 먹지 않는다。
八月	이달의 운은 비록 노력은 많았으나 중도에서 좌절된다。
九月	이달의 운은 잡초를 제거하니 오곡이 무성하다。
十月	이달의 운은 주육으로 잔치하여 즐기니 경사가 났도다。
十一月	이달의 운은 개과천선을 하면 이롭지 않음이 없다。
十二月	이달의 운은 손해를 본 뒤에 이익이 오니 크게 그 뜻을 얻는다。

※ 4효 총설∥고집 부려서 손해 보니 주의하라。

正月	이달의 운은 상한 것이 많지 않으니 결국 칭찬을 받는다。
二月	이달의 운은 은인이 원수가 되니 화가 눈앞에 있다。
三月	이달의 운은 호랑이가 함정에 빠지니 하늘을 우러러 통곡을 한다。
四月	이달의 운은 배타는 곳에 가지 마라。수액이 두렵다。
五月	이달의 운은 일이 처음에는 잘 되었으나 열흘이 지나면 재앙이 생긴다。
六月	이달의 운은 그 밝음을 스스로 상하니 문밖에 나가지 마라。
七月	이달의 운은 자기의 처소를 잃지 않으면 득의하였음을 알겠다。
八月	이달의 운은 윗자리에 있으면서 교만하지 마라。그 권세가 오래 가지 못한다。
九月	이달의 운은 여자의 천한 짓이니 앞길이 암담하다。
十月	이달의 운은 귀신을 한차 실었으니 경영하는 일이 잘 되지 않는다。
十一月	이달의 운은 나를 도와주는 사람이 있으니 위 아래 모두가 응한다。
十二月	이달의 운은 율법으로써 군사를 내니 싸울 때마다 패한다。

※ 5효 총설=항상 양보하라。 그러면 성공된다。

正月	이달의 운은 마음은 비록 충천할 듯하나 내 뜻대로 이루기 어렵다。
二月	이달의 운은 가까운 것을 버리고 먼 것을 취하니 사리에 부당하다。
三月	이달의 운은 소와같이 유순하니 변혁할 시기이다。
四月	이달의 운은 큰 바다를 건너고저 하나 배가 새어서 건너기 어렵다。
五月	이달의 운은 어두운 밤에 서로 싸우니 위험할 것은 당연하다。
六月	이달의 운은 그 씩씩하던 세력을 잃으니 이길 승산이 없다。
七月	이달의 운은 날으는 새가 그물에 걸렸으니 가는 곳이 이롭지 못하다。
八月	이달의 운은 재앙이 부절하니 군사를 내면 크게 패한다。
九月	이달의 운은 사시사철 안정하니 형통하고 즐겁지 않겠는가
十月	이달의 운은 험한 함정에 드니 사방으로 사람은 없다。
十一月	이달의 운은 대인이 영전을 하니 천지의 덕이 합하였다。
十二月	이달의 운은 가뭄후에 단비가 내리니 만물의 생기가 새로와 진다。

※ 6효 총설=전과같은 위치도 있으면 무사하다。

正月	이달의 운은 문밖에 나가 다른 사람과 같이 일하니 전도가 유망하다。
二月	이달의 운은 집위에 또 집을 지으니 재물과 비단이 들어온다。
三月	이달의 운은 날이 밝으니 함정에서 탈출한다。
四月	이달의 운은 믿음으로써 뜻을 발하니 위아래 모두가 돌아온다。
五月	이달의 운은 호랑이를 밟아 사람을 물으니 반드시 상해함을 본다。
六月	이달의 운은 지나치면 넘치는 것이니 꽃이 광풍을 만난 상이다。
七月	이달의 운은 말은 이미 없어졌으니 어떻게 원행을 할 것인가。
八月	이달의 운은 순풍에 돛을 달고 돌아오니 소원을 성취하였다。
九月	이달의 운은 이제야 큰 보배를 얻으니 이것은 하늘의 도움이다。
十月	이달의 운은 산도 높고 골짜기도 깊으니 매사가 풀리지 않는다。
十一月	이달의 운은 목마른 용이 물을 얻으니 생기가 점점 새로와 진다。
十二月	이달의 운은 음양이 화합을 하니 만물이 발생한다。

※ 一八괘、 1효 총설‖남에 일에 가담말고 남과 동업하지 말라。

正月	이달의 운은 송사에 이기지 못하고 집에 돌아와 쥐나 잡는다。
二月	이달의 운은 가뭄 뒤에 단비가 내리니 만물이 생기가 난다。
三月	이달의 운은 개과천선을 하면 가히 화액을 면한다。
四月	이달의 운은 내몸을 회생하고 인으로 이루면 가히 화액을 면한다。
五月	이달의 운은 삼품 벼슬을 하니 상하 모두가 성공 하였다。
六月	이달의 운은 좋은 운이 점차 돌아오니 오래지 않아 스스로 복구된다。
七月	이달의 운은 하늘의 도움으로 계속 상승한다。
八月	이달의 운은 노력을 하여도 공이 없으니 내 마음이 불쾌하다。
九月	이달의 운은 극도로 세력이 다하니 나아가지를 못한다。
十月	이달의 운은 싸움에 나가 대패를 하니 죽은 시체로 돌아 온다。
十一月	이달의 운은 봄풀에 움이 돋으니 날로 달로 자란다。
十二月	이달의 운은 입을 다물고 말없이 조심하면 해롭지 않다。

※ 2효 총설‖때를 기다리면 결과는 좋을 것이다。

正月	이달의 운은 곤액이 연달아 오니 큰 일을 하기에는 불가 하다。
二月	이달의 운은 비록 마음은 충천할 듯 하나 내 뜻대로 되지 않는다。
三月	이달의 운은 기러기가 평탄한 가지에 앉아 있는 상이니 경영사가 순성한다。
四月	이달의 운은 큰 액이 당두하였으니 예방하는 것이 상책이다。
五月	이달의 운은 그 부족함을 보충하면 자연히 형통 한다。
六月	이달의 운은 고목에 싹이 돋으니 늦게 빛이 난다。
七月	이달의 운은 싸움이 쉬지 않으니 천하가 시끄럽다。
八月	이달의 운은 윗사람을 따르면 처음은 곤하나 뒤에는 이롭다。
九月	이달의 운은 날으는 새가 날개를 상하니 삼일을 먹지 않는다。
十月	이달의 운은 비록 노력은 많았으나 중도에서 좌절된다。
十一月	이달의 운은 악초를 제거하니 오곡이 무성하다。
十二月	이달의 운은 술과 안주로 잔치하여 즐기니 경사로구나。

※ 3효 총설=겉으로 좋은데 안으로는 나쁜짓 할려고 할 시기이니 주의하라

正月	이달의 운은 나라의 흥왕하는 형세를 보니 내 몸도 영화롭다。
二月	이달의 운은 많은 일을 감당치 못하면 침체됨을 면치 못한다。
三月	이달의 운은 모든 음이 사라지니 양기가 점차로 창성한다。
四月	이달의 운은 기쁨과 슬픔이 엇갈리니 자손에게 액이 있다。
五月	이달의 운은 용이 들에서 사우니 그 피가 현황하다。
六月	이달의 운은 그의 위치를 스스로 지키면 편하기가 반석 같다。
七月	이달의 운은 찬 골짜기에 봄이 돌아오니 시기가 아직 빠르다。
八月	이달의 운은 진흙땅에 빠지니 곤궁함을 가히알겠다。
九月	이달의 운은 세력이 커가니 가는 곳 마다 공이 있다。
十月	이달의 운은 금관을 쓰고 옥띠를 두르니 경사롭고 명예가 있다。
十一月	이달의 운은 음양이 화합을 하니 만물이 발생한다。
十二月	이달의 운은 도로가 평탄하니 마음대로 왕래한다。

※ 4효총설=운이 회복되여 좋게된다。

正月	이달의 운은 계획한 일이 뜻과 같으니 갈수록 경사가 있다。
二月	이달의 운은 날이 다숩고 바람이 온화하니 만물에 싹이 돋는다。
三月	이달의 운은 재앙과 허물이 연달아 오나 결국은 해소된다。
四月	이달의 운은 기둥이 부러졌으니 보수함이 가하다。
五月	이달의 운은 우뢰가 진동하여 무서우나 화가 몸에 미치지 않는다。
六月	이달의 운은 길운이 비로소 들어오니 전도가 유망하다。
七月	이달의 운은 내조가 있어도 이루지 못하니 모든 일이 분리하다。
八月	이달의 운은 음이 양을 치니 여색을 가까이 하지 마라。
九月	이달의 운은 염소가 울타리를 떠받으니 강장한것이 스스로 패한다。
十月	이달의 운은 길하고 이롭지 않음이 없으니 하늘이 도와준 복이다。
十一月	이달의 운은 양이 실하고 음이 허하니 이름뿐이고 실상은 없다。
十二月	이달의 운은 땅속에서 싹이 돋으니 늦게야 빛이 난다。

※ 5효 총설‖용기내서 노력하라。 못처럼 운이 왔다。

正月	이달의 운은 울고 울어 불안하니 일이 잘 되지 않는다
二月	이달의 운은 꽃을 꺾고져 하나 꺾으면 도리어 해가 된다。
三月	이달의 운은 집을 나가 벗을 사귀니 가는 곳마다 공이 있다。
四月	이달의 운은 아래로 구하는 혼인이 길하나 그 힘이 미치지 않는다。
五月	이달의 운은 믿음있게 노력하면 결국 이익을 얻는다。
六月	이달의 운은 달이 보름밤을 만나니 천하가 밝게 빛난다。
七月	이달의 운은 오래지 않아 어려움에서 벗어나니 먼저는 괴롭고 뒤에는 편하다。
八月	이달의 운은 용이 머리가 없으니 조화를 부리기 어렵다
九月	이달의 운은 비록 사지라고는 하나 계속 나아가면 어려움을 벗어난다。
十月	이달의 운은 우물물이 흐려서 먹지 못하니 버리고 돌아보지도 않는다。
十一月	이달의 운은 고목이 봄을 만나니 가지와 잎에 빛이 찬란하다。
十二月	이달의 운은 큰 길에서 말을 달리니 봄바람에 뜻을 얻는다。

※ 6효 총설‖노력의 결실이 되는 좋은 운이다。

正月	이달의 운은 노고를 생각지 않으면 겨우 성공한다。
二月	이달의 운은 천하가 시끄러우니 나라를 옮기는 것이 좋겠다。
三月	이달의 운은 평탄한 길을 걸으니 아주 편안하다。
四月	이달의 운은 덕업이 날로 새로와 지니 도처에서 기뻐한다。
五月	이달의 운은 위태함을 알고 스스로 중지하면 별로 큰 액은 없다。
六月	이달의 운은 맹호의 세력이 다하니 여우와 산고양이가 침노한다。
七月	이달의 운은 처음은 곤궁하였으나 뒤에는 잘되니 화기가 점차 생긴다。
八月	이달의 운은 진퇴가 불안하니 스스로의 뜻을 정하지 못한다。
九月	이달의 운은 좋은 기회를 잃지 마라。 반드시 기쁜 일이 있다。
十月	이달의 운은 흐터지면 합치는 것이니 서서히 하면 유리하다。
十一月	이달의 운은 군사를 쓰지말라。 힘으로 싸우는 것은 불가하다。
十二月	이달의 운은 삼인이 동행을 하다가 그 중 한사람이 없어졌다。

※ 二一괘、 1효 총설‖아차하는 순식간 손재 있으니 주의하라。

正月	이달의 운은 급하게 나아가면 성사하고 느리게 하면 실패한다。
二月	이달의 운은 금관을 쓰고 옥대를 두르니 경사롭고 명예스럽다
三月	이달의 운은 큰것으로 인하여 작은 것을 잃는다。
四月	이달의 운은 그럴듯 그럴듯 하다가 궁지에 봉착하고 만다。
五月	이달의 운은 아래로 구하는 혼인이 길하니 그 힘이 미치지 못한다。
六月	이달의 운은 경중을 비교할때 타처에 길함이 있다。
七月	이달의 운은 날이 따뜻하고 바람이 온화하니 백곡에 싹이튼다。
八月	이달의 운은 세력이 더욱 왕성하니 가는 곳마다 공이 있다。
九月	이달의 운은 스스로 영양을 취하니 길사와 경사가 문에 든다。
十月	이달의 운은 대지가 윤택하니 만물이 무성하다。
十一月	이달의 운은 음이 침노하니 양이 몰한다。 평상위에 부러진 다리가 있다。
十二月	이달의 운은 사방이 칼날 같으니 위태한 곳임을 알겠다。

※ 2효 총설‖매사를 주의하여야 한다。 운이 불길하다。

正月	이달의 운은 새가 그물에 걸렸으니 어디로 가도 이롭지 못하다。
二月	이달의 운은 재앙이 가고 복이 오니 반드시 경사가 있다。
三月	이달의 운은 사시절 안정하니 형락함을 가히 기약한다。
四月	이달의 운은 험한 함정에 들었으니 사방으로 보아도 사람은 없다。
五月	이달의 운은 대인이 영전을 하니 천지가 합덕을 하였다。
六月	이달의 운은 가뭄 나머지 단비가 내리니 만물의 생기가 왕성하다。
七月	이달의 운은 손해가 있은 뒤에 이익이 오니 크게 그 뜻을 얻는다。
八月	이달의 운은 이제야 씩씩한 좋은 말을 얻었으니 능히 천리를 간다。
九月	이달의 운은 형성이 명에 들었으니 관재구설을 조심하라。
十月	이달의 운은 사귀를 제거하니 나라에서 상을 받는다。
十一月	이달의 운은 주린자가 바람을 만났으니 설사에 가상격이로다。
十二月	이달의 운은 일신을 스스로 반성하면 화기가 점차 생긴다。

※ 3효 총설=구설모략 등 주의하고 손재수도 주의하라.

正月	이달의 운은 비록 사지라 하나 계속 나아가면 어려움을 벗어난다.
二月	이달의 운은 우물 물이 흐려서 먹지 못하니 버리고 돌아보지도 않는다.
三月	이달의 운은 고목이 봄을 만나니 가지와 잎에 빛이 찬란하다.
四月	이달의 운은 대도에서 말을 달리니 춘풍에 뜻을 얻는다.
五月	이달의 운은 도로가 평탄하니 마음대로 왕래한다.
六月	이달의 운은 세사람이 동행을 하다가 그중 한사람이 없어졌다.
七月	이달의 운은 위태함을 알고 미리 경계를 하고 전업을 굳게 지키라.
八月	이달의 운은 솥발이 부러졌으니 그 속에 음식이 모두 쏟아졌다.
九月	이달의 운은 노력은 하여도 공이 없으니 내마음은 불쾌하다.
十月	이달의 운은 기러기가 점점 언덕에 이르니 결국 길운을 얻는다.
十一月	이달의 운은 좌우에서 도와줌이 없으니 위아래를 잃는다.
十二月	이달의 운은 용이 들에서 싸우니 그 피빛을 보게된다.

※ 4효 총설=운은 있어도 힘이 없으니 남에 뒤에서 일하라.

正月	이달의 운은 그 씩씩한 세력을 잃으니 이길 계산이 없다.
二月	이달의 운은 곤한 용이 물을 얻으니 살꾀가 그 가운데 있다.
三月	이달의 운은 길하고 이롭지 않음이 없으니 하늘의 도움이다.
四月	이달의 운은 그 소가 코를 상하니 심신이 산란하다.
五月	이달의 운은 솥이 엎어졌으니 어느때나 복구할까.
六月	이달의 운은 앞에는 산이요 뒤에는 바다이니 앞길이 나아가기 어렵다.
七月	이달의 운은 이제야 종들을 얻으니 자본과 재산이 넉넉하다.
八月	이달의 운은 길성이 들어오니 가는 곳마다 공이 있다.
九月	이달의 운은 고목에 싹이 나니 점점 봄빛이 돌아온다.
十月	이달의 운은 재양과 허물이 연달아 오나 결국은 해소된다.
十一月	이달의 운은 곁의 사람의 해로 재앙과 화가 들어온다.
十二月	이달의 운은 눈앞에 풍년이 그림의 떡이다.

※5효 총설=가정 불화를 주의하라。 액운이 있다。

※6효 총설=매사불길하니 현실 그대로 지내는 운이다。

월	5효	월	6효
正月	이달의 운은 용이 그 머리가 없으니 조화를 부리기가 어렵다。	正月	이달의 운은 지나치면 손재가 있으니 분수 밖의 것을 구하지 말라。
二月	이달의 운은 호랑이를 밟아 사람을 무니 반드시 상해함을 본다。	二月	이달의 운은 건조하고 수선을 하니 일이 많을 때이다。
三月	이달의 운은 자기의 힘을 믿지말라。 군사를 내면 대패한다。	三月	이달의 운은 공연히 뛰어서 불안하니 활동하면 흉하고 가만 있으면 길하다。
四月	이달의 운은 삼품벼슬을 얻으니 상하 모두가 성공하였다。	四月	이달의 운은 짙은 구름에서도 비가오지 않는 상이니 성사하기 어렵다。
五月	이달의 운은 질기기가 소가죽 같으니 굳게 지키면 자연히 풀린다。	五月	이달의 운은 가까운 것을 버리고 먼것을 취하니 사리에 부당하다。
六月	이달의 운은 실수하는 일이 많지 않으니 결국 칭찬의 소리가 있다。	六月	이달의 운은 이제부터는 모두가 잘 되어 가니 천지가 안정이 된다。
七月	이달의 운은 어룡이 물을 일었으니 곤액할것은 당연하다。	七月	이달의 운은 자신을 비교할때 윗사람을 따르는 것이 기쁨이 있다。
八月	이달의 운은 울고 또 울어 불안하니 일이 잘 되지 않는다。	八月	이달의 운은 성조하여 세우니 이익이 사방에 있다。
九月	이달의 운은 나라의 음덕으로 내몸에도 영화를 입었다。	九月	이달의 운은 대지에 봄이 돌아오니 만물에 빛이 난다。
十月	이달의 운은 맡은일을 감당치 못하면 침체됨을 면치 못한다。	十月	이달의 운은 산이 높고 골짜기가 깊으니 엎어지고 넘어져 나아가기 어렵다。
十一月	이달의 운은 모든 음이 사라지니 양기가 점차 창성한다。	十一月	이달의 운은 큰 과일을 먹지 말라。 그 속에 독이 들어 있다。
十二月	이달의 운은 기쁨과 슬픔이 엇갈리니 자손에게 액이 있다。	十二月	이달의 운은 노력해도 공이 없으니 내 마음이 불쾌하다。

※ 二二괘、 1효 총설=남에 유혹에 현혹되지 않으면 길하다。

正月	이달의 운은 작은 것으로 인하여 큰 것을 잃는다。
二月	이달의 운은 우뢰가 동하여 비록 위태하나 자중하면 상함이 없다。
三月	이달의 운은 개혁할 시기라 노력하면 성취한다。
四月	이달의 운은 넓고 멀고 묵은 황무지를 누가 개척할 것인가。
五月	이달의 운은 큰 바다를 건너고져 하나 배가 새어서 건너기 어렵다。
六月	이달의 운은 시기가 아직 빠르니 옛것을 지키며 때를 기다리라。
七月	이달의 운은 상할것을 미리 알아서 화를 피해 멀리 가거라。
八月	이달의 운은 악초를 제거하니 오곡이 무성하다。
九月	이달의 운은 노력없이 얻는것은 뒷날의 근심거리다。
十月	이달의 운은 사람의 짓이 크게 왕패하니 십년을 쓰지 말라。
十一月	이달의 운은 시작은 있고 끝이 없으니 파종할 때로구나。
十二月	이달의 운은 비록 자본과 재물을 얻었으나 내 마음은 불쾌하다。

※ 2효 총설=매사를 성실히 하면 평탄할 운이다。

正月	이달의 운은 곧 어려운 고비를 벗어나니 길이 돌아온다。
二月	이달의 운은 가마귀와 까치가 깃을 잃었으니 어디로 향하여 갈것인가。
三月	이달의 운은 비록 사지라 할지라도 나아가면 어려움을 벗어난다。
四月	이달의 운은 우물 물이 탁하여 먹지 못하니 버리고 돌아보지도 않는다。
五月	이달의 운은 고목이 봄을 만나니 가지와 잎에 빛이 난다。
六月	이달의 운은 큰길에서 말을 달리는 상이니 춘풍에 뜻을 얻는다。
七月	이달의 운은 평탄한 도로를 마음대로 왕래한다。
八月	이달의 운은 세사람이 동행을 하다가 그중의 한사람이 없어졌다。
九月	이달의 운은 위태함을 알고 경계하여 전업을 굳게 지키라。
十月	이달의 운은 솟의 발이 불어졌으니 그 속의 음식이 다 쏟아졌다。
十一月	이달의 운은 노력은 하여도 공이 없으니 내 마음이 불쾌하다。
十二月	이달의 운은 기러기가 언덕에 가까와 지니 결국 길운을 얻는다。

※ 3효 총설‖정당한 일로 가면 매사 길하다。

正月	이달의 운은 사시절을 안정되면 가히 형락을 기약한다。
二月	이달의 운은 험한 곳에 들어가 사방을 둘러보나 사람은 없다。
三月	이달의 운은 대인이 영전을 하였으니 천지가 합덕을 한 것이다。
四月	이달의 운은 가믄 나머지 단비가 내리니 만물이 생기가 새로와 진다。
五月	이달의 운은 손해가 있은 뒤에 이익이 오니 크게 그 뜻을 얻는다。
六月	이달의 운은 이제야 좋은 말을 얻었으니 능히 천리를 갈 수 있다。
七月	이달의 운은 형성이 들어오니 관재 구설을 조심하라。
八月	이달의 운은 사귀를 제거하니 나라에서 상을 받았다。
九月	이달의 운은 주린자가 찬바람을 만났으니 설상에 가상격이다。
十月	이달의 운은 일신을 스스로 반성하면 화기가 생긴다。
十一月	이달의 운은 굴신을 자유롭게 못하니 심사가 산란하다。
十二月	이달의 운은 싸움이 쉬지 않으니 천하가 시끄럽다。

※ 4효 총설‖사욕을 버리면 재수 길하다。

正月	이달의 운은 달이 보름밤을 만나니 천하가 밝고 빛난다。
二月	이달의 운은 그 재물을 상하였으나 잃었다 다시 얻는다。
三月	이달의 운은 귀신을 한차 실었으니 경하는 일이 잘 되지 않는다。
四月	이달의 운은 재물을 쌓음이 산과 같으나 어린아이에게 해가 있다。
五月	이달의 운은 자진처리를 못하니 남의 제압을 받는다。
六月	이달의 운은 어두어서 전진하지 못하니 곤몽함은 당연하다。
七月	이달의 운은 크게 밝은것이 위에 있으니 반드시 큰 복을 받는다。
八月	이달의 운은 대인이 록을 얻으니 소인은 실패한다。
九月	이달의 운은 화재수가 명에 비치니 모든 일에 침체됨이 많다。
十月	이달의 운은 호랑이가 함정에 빠져서 하늘을 우러러 통곡을 한다。
十一月	이달의 운은 기회를 보아서 만들고 불리하면 곧 중지하라。
十二月	이달의 운은 빨리처리하면 실패하고 서서히 처리하면 유리하다。

※ 5효 총설=남에게 사기 당할 운이니 주의하라。

正月	이달의 운은 재앙은 가고 복이 오니 반드시 경사가 있다。
二月	이달의 운은 위태함을 알고 스스로 중지하면 별로 큰 액은 없다。
三月	이달의 운은 형성이 명에 비쳤으니 송사에 불리하다。
四月	이달의 운은 작은 무리가 큰것을 이루니 영화를 가히 본다。
五月	이달의 운은 소인이 득세를 하니 군자는 물러간다。
六月	이달의 운은 계획하는 일이 뜻과 같으니 갈수록 경사가 있다。
七月	이달의 운은 곤액이 연달아 오니 대사를 경영하는 것은 불가하다。
八月	이달의 운은 마음은 비록 충천할듯 하나 뜻대로 되지 않는다。
九月	이달의 운은 기러기가 편탄한 가지에 앉은 상이니 경영사가 순성한다。
十月	이달의 운은 대액이 당두하였으니 예방하는 것이 상책이다。
十一月	이달의 운은 그 부족함을 보충하면 자연히 형통한다。
十二月	이달의 운은 오귀가 숲에 가득하니 가신에게 기도를 올려라。

※ 6효 총설=매사에 주의하라。 운이 불길하다。

正月	이달의 운은 깊은 골짜기에 들어가니 어둡고 어두어 밝지 못하다。
二月	이달의 운은 부처님께 공을 드리니 필경에 어려움을 벗어난다。
三月	이달의 운은 부처님께 공을 드리니 가도가 태평하다。
四月	이달의 운은 빠져도 죽지 않으니 속히 탄단하면 이루어진다。
五月	이달의 운은 꽃을 꺾고져 하나 꺾으면 도리어 해가 된다。
六月	이달의 운은 갇혔든 새가 풀려나니 세상이 너무도 넓어 어리둥절하다。
七月	이달의 운은 다른 사람과 동업을 하면 능히 어려움을 돌파한다。
八月	이달의 운은 여우의 의심이 끊어지지 않으니 먼저는 안 되나 뒤에는 잘된다。
九月	이달의 운은 기러기가 언덕에 차차 이르니 결국 길함을 얻는다。
十月	이달의 운은 대지에 봄이 돌아오니 고목도 봄을 만난다。
十一月	이달의 운은 구름이 걷혀 하늘이 푸르니 날이 중천에 밝다。
十二月	이달의 운은 좌우에서도 도와줌이 없으니 위아래를 잃는다。

※ 二三괘、 1효 총설=시기상조이니 더 때를 기다리라。

正月	이달의 운은 어두운 밤에 서로 싸우니 위험할것은 당연하다。
二月	이달의 운은 그 씩씩한 세력을 잃었으니 이길 계산이 없다。
三月	이달의 운은 새가 그물에 걸렸으니 가는 곳이 이롭지 못하다。
四月	이달의 운은 재앙이 가고 복이 오니 반드시 경사가 있다。
五月	이달의 운은 사시절 안정하면 형락을 가히 기약한다。
六月	이달의 운은 험한 함정에 빠져서 사방을 둘러보아도 사람은 없다。
七月	이달의 운은 바른 법을 쓰면 만인이 다 복종을 한다。
八月	이달의 운은 가믄 나머지 비가 내리니 만물의 생기가 새로와 진다。
九月	이달의 운은 손해가 있은 뒤에 이익이 오니 크게 그 뜻을 얻는다。
十月	이달의 운은 이제야 좋은 말을 얻었으니 능히 천리를 갈 수 있다。
十一月	이달의 운은 형살이 명궁에 비쳤으니 관재와 구설을 조심하라。
十二月	이달의 운은 사귀를 제거하니 나라에서 상을 받는다。

※ 2효 총설=모든일이 실패수 있으니 주의하라。

正月	이달의 운은 큰 것으로 인하여 작은것을 잃었다。
二月	이달의 운은 그럴듯 그럴듯 하다가 궁지에 빠진다。
三月	이달의 운은 아래로 구하는 혼인이 길하나 그 힘이 미치지 않는다。
四月	이달의 운은 경중을 비교할때 다른 곳에 길함이 있다。
五月	이달의 운은 날이 다습고 바람이 온화하니 백곡에 싹이 튼다。
六月	이달의 운은 세력이 강성해지니 가는 곳마다 공이 있다。
七月	이달의 운은 스스로 영향을 취하니 길함과 경사가 들어온다。
八月	이달의 운은 대지가 윤택하니 만물이 무성하다。
九月	이달의 운은 음이 침범하니 양이 몰하고 평상위에 부러진 다리가 있다。
十月	이달의 운은 사방이 다 칼날 같으니 위험한 곳임을 알겠다。
十一月	이달의 운은 기쁨과 슬픔이 엇갈리니 자손에게 액이 있다。
十二月	이달의 운은 땀 흘리며 노력하니 반드시 그 대가를 받는다。

※ 3효 총설‖앞으로는 운이 오니 조금 더 기다리라。

正月	이달의 운은 큰 바다를 건너고져 하나 배가 새어서 건너기 어렵다。
二月	이달의 운은 아직 시기가 빠르니 옛것을 지키며 때를 기다리라。
三月	이달의 운은 그 상할것을 미리 알고 화를 피하여 멀리 가거라。
四月	이달의 운은 악초를 제거하니 오곡이 무성하다。
五月	이달의 운은 노력없이 얻은것은 후일의 근심이 된다。
六月	이달의 운은 사람의 짓이 크게 왕패하니 십년을 쓰지 말라。
七月	이달의 운은 시작은 있고 끝이 없으니 파종할 시기이다。
八月	이달의 운은 비록 자재는 얻었으나 내 마음은 불쾌하다。
九月	이달의 운은 고목에 움이 나니 때늦게 빛이 난다。
十月	이달의 운은 선후 모두 셋이니 경일이면 성사가 된다。
十一月	이달의 운은 여자를 취하여 쓰지 말라。 그 행실이 순하지 못하다。
十二月	이달의 운은 대인이 나라를 다스리니 소인은 나라를 어지럽힌다。

※ 4효 총설‖열심히 하면 되지만 그렇지 않으면 재수 없다。

正月	이달의 운은 금관을 쓰고 옥대를 두르니 경사롭고 명예롭다。
二月	이달의 운은 그의 처소를 잃지 않으면 뜻을 얻을 것은 당연하다。
三月	이달의 운은 왕이 군사를 써서 나라를 바로잡는다。
四月	이달의 운은 형액이 명에 비쳤으니 육중에 독이 들어 있다。
五月	이달의 운은 나그네가 당도할때 재앙과 근심이 침입한다。
六月	이달의 운은 덕을 베풀어 광명하니 천지가 안정된다。
七月	이달의 운은 은인이 원수가 되니 화가 바로 눈앞에 있다。
八月	이달의 운은 단비가 이미 지났으니 가지와 잎이 빛난다。
九月	이달의 운은 험중에 들어 있으나 물을 건너 멀리 떠나는것이 유리하다。
十月	이달의 운은 왕패한 난이 극히 크니 처음은 곤궁하나 뒤에는 잘 된다。
十一月	이달의 운은 어두어서 나아가지 못하니 곤몽함을 알겠다。
十二月	이달의 운은 아래로 손해하고 위로 이익이 있으니 기회를 봐서 행하라。

※5효 총설‖운이 길하니 노력하면 성공된다。

※6효 총설‖동업하면 성공된다。

월	5효
正月	이달의 운은 넓고 먼 황무지를 누가 개척할 것인가。
二月	이달의 운은 길가는 사람이 소는 가져갔는데 재앙은 내가 받는다。
三月	이달의 운은 위험이 앞에 있으니 어디간들 재앙이 없으랴。
四月	이달의 운은 기러기가 평탄한 가지에 앉은 상이니 경영하는 일이 잘 된다。
五月	이달의 운은 여자를 가까이 하지 말라。패가 망신을 한다。
六月	이달의 운은 송사에 이기지 못하고 집에 돌아와 쥐나 잡는다。
七月	이달의 운은 윗사람을 따르고 좇아라。홀로 행하면 실패한다。
八月	이달의 운은 용이 들에서 싸우니 그 피가 현황하다。
九月	이달의 운은작은 무리로 큰것을 이루니 영화를 가히 본다。
十月	이달의 운은 변동할 수 이나 시기가 아직 빠르다。
十一月	이달의 운은 무력으로도 굴하지 않으니 어리석은 듯 함이 대길하다。
十二月	이달의 운은 주린자가 찬바람을 만나니 설상에 가상격이로다。

월	6효
正月	이달의 운은 심중에 경영하는 일은 뜻이 외방에 있다。
二月	이달의 운은 다른 사람과 동업을 하면 능히 어려움을 돌파 할 수 있다。
三月	이달의 운은 늙은 남자가 신부를 얻으니 생육한 공이로다。
四月	이달의 운은 남자라면 액이 있고 여자라면 길하다。
五月	이달의 운은 굴신을 마음대로 못하니 심사가 산란하다。
六月	이달의 운은 결국 송사에서 능히 이기니 능히 해외로 여행할 수도 있다。
七月	이달의 운은 부처님께 공을 드리면 결국 어려움에서 벗어난다。
八月	이달의 운은 그 길이 막힘을 알면 집 밖에 나가지 말라。
九月	이달의 운은 하고 싶지도 않고 하기 싫지도 않으니 싸워서 이기지 못한다。
十月	이달의 운은 두터운 땅에 물건을 실으니 만물을 능히 용납한다。
十一月	이달의 운은 분수외의 것을 탐하지 말고 오는 적이나 막아라。
十二月	이달의 운은 그 바른도를 잃지 않으면 뒤에는 좋은 일이닥쳐 온다。

※二四괘、 1효 총설‖하는일 확대하는 좋은 운이다。

正月	이달의 운은 믿음있게 노력을 하면 끝에 가서는 반드시 이익을 얻는다。
二月	이달의 운은 달이 보름밤을 만났으니 천하가 밝고 빛난다。
三月	이달의 운은 곧 어려움에서 벗어나니 먼저는 괴롭고 뒤에는 편하다。
四月	이달의 운은 용이 그 머리가 없으니 조화를 부리기가 어렵다。
五月	이달의 운은 비록 사운이라고 할 수 있으나 어려움에서 벗어난다。
六月	이달의 운은 우물물이 흐려서 먹지 못하니 버리고 돌아보지도 않는다。
七月	이달의 운은 고목이 봄을 만나니 가지와 잎이 빛난다。
八月	이달의 운은 큰길에서 말을 달리니 춘풍에 뜻을 얻는다。
九月	이달의 운은 평탄도로에서 마음대로 왕래한다。
十月	이달의 운은 세사람이 동행을 하는데 그중 한사람이 없어졌다。
十一月	이달의 운은 위태함을 알고 능히 경계하고 그 전업을 굳게 지켜라。
十二月	이달의 운은 솟의 발이 부러져 그 속에 음식이 다 엎질어 졌다。

※2효 총설‖침착하게 냉정하게 하면 성공된다。

正月	이달의 운은 개혁할 때이니 노력하면 성취된다。
二月	이달의 운은 넓고 먼 황무지를 누가 개척할 것인가。
三月	이달의 운은 큰 바다를 건너고져 하나 배가 새어서 건너기 어렵다。
四月	이달의 운은 시기가 아직 빠르니 옛것을 지키며 때를 기다리라。
五月	이달의 운은 해가 서산에 저물어 나룻터에 다다랐으나 배가 없다。
六月	이달의 운은 악초를 제거하니 오곡이 무성하다。
七月	이달의 운은 노력없이 얻어지는 것은 후일에 근심거리가 된다。
八月	이달의 운은 사람의 짓이 크게 왕패하니 십년을 쓰지 말라。
九月	이달의 운은 시종이 분명하니 파종할 시기이다。
十月	이달의 운은 비록 자재를 얻었으나 내마음은 불쾌하다。
十一月	이달의 운은 고목에 움이 돋으니 때늦게 빛이 난다。
十二月	이달의 운은 먼저도 셋이요 뒤에도 셋이니 경일에 성사가 된다。

※3효 총설=타인의 협조 있으면 성공되는 운이다。

正月	이달의 운은 아래로 구하는 혼인이 길하나 그 힘이 미치지 않는다。
二月	이달의 운은 경중을 비교할때 타처에 길함이 있다。
三月	이달의 운은 날이 따시고 바람이 온화하니 백곡에 싹이 돋는다。
四月	이달의 운은 세력이 강력해지니 가는 곳마다 공이 있다。
五月	이달의 운은 스스로 영양을 취하니 경사가 문에 든다。
六月	이달의 운은 대지가 기름지니 만물이 무성하다。
七月	이달의 운은 음이 침범하니 양이 몰하고 평상위에는 부러진 다리가 있다。
八月	이달의 운은 사방이 칼날 같으니 위험한 곳임을 알겠다。
九月	이달의 운은 기쁨과 슬픔이 엇갈리니 자손에게 액이 있다。
十月	이달의 운은 땀흘리며 노력하니 반드시 그 댓가를 받는다。
十一月	이달의 운은 그 정도를 잃지 않으면 먼저는 안되었으나 뒤에는 잘된다。
十二月	이달의 운은 극도로 세력이 다하니 나아가지 못한다。

※4효 총설=인내하면서 처세하면 평탄하다。

正月	이달의 운은 위뢰가 동하여 무서우나 그 화가 몸에는 미치지 않는다。
二月	이달의 운은 내조해도 이루지 못하니 모든일이 불리하다。
三月	이달의 운은 악을 쌓아 죄가 크니 귀를 없앨 흉한 일이다。
四月	이달의 운은 서산에 날이 저물어 나루에 당도하였으나 배가 없다。
五月	이달의 운은 빨리 하고져 하나 되지 못하니 그 정당성을 스스로 지키라。
六月	이달의 운은 옆사람의 해로 그 화가 문에 들어온다。
七月	이달의 운은 날이 따뜻하고 바람이 온화하니 만물의 움이 돋는다。
八月	이달의 운은 송사하는 중에 길함이 있으니 반드시 그 이익을 얻는다。
九月	이달의 운은 솟귀를 혁신하니 음양이 화합을 한다。
十月	이달의 운은 그 나아가는 것이 빠르면 그 물러남도 빠르다。
十一月	이달의 운은 앞은 산이요 뒤에는 바다이니 앞길을 나아가기 어렵다。
十二月	이달의 운은 그 과실을 알지 못하면 갈수록 재앙을 범한다。

※5효 총설‖원행하면 길한 운이다。

正月	이달의 운은 그럴듯 그럴듯 하다가 궁지에 빠진다。
二月	이달의 운은 그 높은 언덕을 오르나 삼년을 일어나지 못한다。
三月	이달의 운은 빨리 하고져 하나 되지 않으니 스스로 그 정도를 지키라。
四月	이달의 운은 나라의 형세가 빛나니 내몸에도 영화를 입는다。
五月	이달의 운은 송사에 이기지 못하고 집에 돌아와 쥐나 잡는다。
六月	이달의 운은 가뭄뒤에 단비가 내리니 만물에 생기가 난다。
七月	이달의 운은 개과천선을 하면 가히 화액을 면한다。
八月	이달의 운은 내몸을 회생하여 인으로 이루면 재액을 면한다。
九月	이달의 운은 삼품벼슬을 얻으니 위아래가 모두 성공한다。
十月	이달의 운은 좋은 운세가 점차로 오니 곧 스스로 복구된다。
十一月	이달의 운은 하늘이 도와서 계속 잘 되어 간다。
十二月	이달의 운은 노력해도 공이 없으니 내 마음은 불쾌하다。

※6효 총설‖밑에 사람의 협조로 길한 운이다。

正月	이달의 운은 천하가 시끄럽고 비바람이 멋지를 않는다。
二月	이달의 운은 자신을 비교하면 윗사람을 좇는것이 좋다。
三月	이달의 운은 주육을 과식하면 도리어 곤액이 있다。
四月	이달의 운은 군자의 도가 오래가니 소인은 물러간다。
五月	이달의 운은 기둥이 불어졌으니 보수를 함이 가하다。
六月	이달의 운은 까마귀와 까치가 그것을 잃었으니 어디로 향하여 갈까。
七月	이달의 운은 건조하고 수선을 하니 일이 많을때다。
八月	이달의 운은 넓고 먼 험지에서 앞길을 찾기 어렵다。
九月	이달의 운은 승진할 운이니 그 뜻을 크게 얻는다。
十月	이달의 운은 성심껏 노력하면 반드시 끝에가서 길 함이 있다。
十一月	이달의 운은 범을 그리다가 잘 되지 않으니 반대로 개가 되었다。
十二月	이달의 운은 여자를 취하여 쓰지말라。 그 행실이 순하지 못하다。

※二五괘、 1효 총설＝자기힘 그대로 진행하면 실패없다。

正月	이달의 운은 공연히 뛰어서 편치 못하니 활동하면 좋지 않다。
二月	이달의 운은 짙은 구름에서도 비가 내리지 않는 상이니 성사하기는 어렵다。
三月	이달의 운은 가까운 것을 버리고 먼것을 취하니 사리에 부당하다。
四月	이달의 운은 비운이 끝나고 길운이 돌아오니 천하가 안정이 된다。
五月	이달의 운은 자신을 비교하면 윗사람을 쫓아야만 기쁨이 있다。
六月	이달의 운은 성조하고 건립을 하니 이익이 사방에 있다。
七月	이달의 운은 대지에 봄이 돌아오니 만물에 생기와 빛이난다。
八月	이달의 운은 위아래가 모두 응하니 과대하게 포옹된다。
九月	이달의 운은 큰 과일을 먹지마라。 그 속에 독이 들어있다。
十月	이달의 운은 굴신을 자유로이 못하니 심사가 산란하다。
十一月	이달의 운은 눈으로 보기에는 풍년이나 그림에 떡이다。
十二月	이달의 운은 힘을 다하여 담을 탔으니 그 피로가 풀리지 못했다。

※2효 총설＝횡재 등으로 이득이 생기는 운이다。

正月	이달의 운은 그 집에 들어갔으나 그처를 보지 못했다。
二月	이달의 운은 결국 송사에 이기니 해외여행을 할 수 있는 운이다。
三月	이달의 운은 부처님께 공을 드리면 결국 어려움에서 벗어난다。
四月	이달의 운은 그 길이 막힘을 알고 출행을 하지 마라。
五月	이달의 운은 하고 싶지도 않고 않하지도 못하니 싸워서 이기지 못한다。
六月	이달의 운은 두터운 땅에 물건을 실으니 능히 만물을 용납한다。
七月	이달의 운은 수신하고 제가를 하면 복록이 자연히 따른다。
八月	이달의 운은 그 정도를 잃지 않으면 뒤에는 잘 된다。
九月	이달의 운은 아래를 덜고 위를 더하니 기회를 보아서 하라。
十月	이달의 운은 이제야 본 남편을 만났으니 비록 위태하나 허물은 없다。
十一月	이달의 운은 산도 높고 골짜기도 깊으니 자빠지고 엎어져 나아가기 어렵다。
十二月	이달의 운은 덕을 만방에 베푸니 어진사람이 스스로 온다。

※3효 총설‖협조 못받는 운이니 적게 일하라。

正月	이달의 운은 건조하고 수선을 하니 일이 많을 때다。
二月	이달의 운은 넓고 먼 험한 곳에서 앞길을 찾기 어렵다。
三月	이달의 운은 승진할 운이니 크게 그 뜻을 얻는다。
四月	이달의 운은 성심껏 노력하면 끝에가서 길함이 있다。
五月	이달의 운은 범을 그리다 잘 되지 않으니 반대로 개가 되었다。
六月	이달의 운은 여자를 취하여 쓰지말라。 행실이 순하지 못하다。
七月	이달의 운온 율법으로 군사를 내면 싸움하다 패한다。
八月	이달의 운은 기회를 보아서 하고 사물의 이치를 명백하게 판단하라。
九月	이달의 운은 흐터지면누 합하는 것이니 다른사람과 동업을 하여라。
十月	이달의 운은 도화가 만발하니 마땅히 그 집도 즐겁다。
十一月	이달의 운은 사람의 짓이 크게 왕패하니 십년을 쓰지 말라。
十二月	이달의 운은 재앙이 끊어지지 않으니 군사를 내면 대패 한다。

※4효 총설‖위치가 무겁다。 침착히 하라。

正月	이달의 운은 남자라면 액이 있고 여자라면 길하다。
二月	이달의 운은 자기의 분수를 알고 옛것을 지키면 항상 편안하다。
三月	이달의 운은 능히 음식을 장만할 줄 알면 정주의 덕을 이룬다。
四月	이달의 운은 험한 처지에 놓여 있으니 해외로 여행함이 유리하다。
五月	이달의 운은 한기가 아직도 가시지 않으니 시기가 빠르다。
六月	이달의 운은 노력해서 공이 있으니 자중하면 길함을 얻는다。
七月	이달의 운은 날이 중천에 밝으니 천지가 빛난다。
八月	이달의 운은 반드시 큰 군사를 써서 천하를 주름 잡는다。
九月	이달의 운은 형성이 명에 비쳤으니 육중에 독이 있다。
十月	이달의 운은 혼담이 있으니 전도가 양양하다。
十一月	이달의 운은 덕을 베풀어 밝히고 빛나니 천지가 안정이 된다。
十二月	이달의 운은 음이 침범하니 양이 몰하고 평상위에는 부러진 다리가 있다。

※5효 총설‖남여 교재주의하고 인내하라 운이 약하다。

正月	이달의 운은 까막까치가 깃을 잃었으니 어디로 향하여 갈것인가。
二月	이달의 운은 윗사람을 따르라。 홀로 행하면 실패한다。
三月	이달의 운은 변화할 시기라 하고져 하나 잘되지 못한다。
四月	이달의 운은 경계하고 조심하라。 백사가 잘 되지 않는다。
五月	이달의 운은 사사로운 도로 인연하면 대액이 당두 하였다。
六月	이달의 운은 타처에 출행하여 성공하니 땅을 파서 금을 얻는다。
七月	이달의 운은 행인이 소를 가져갔는데 재앙은 내가 받는다。
八月	이달의 운은 고생을 다하였으니 이제부터는 길운이 온다。
九月	이달의 운은 천하가 시끄러우니 나라를 옮김이 길하다。
十月	이달의 운은 소인의 도가 오래가니 군자는 물러간다。
十一月	이달의 운은 강하게 바람이 많으니 배타는 것은 불가하다。
十二月	이달의 운은 공연히 나아가지 말라。 활동하면 손해가 있다。

※6효 총설‖공직자는 승진하는 운이다。

正月	이달의 운은 그 임무를 다하지 못하면 갈수록 실패를 한다。
二月	이달의 운은 비록 사지라고 하나 나아가면 어려움에서 벗어난다。
三月	이달의 운은 급히 나아가면 성사하니 느리면 실패한다。
四月	이달의 운은 금관을 쓰고 옥대를 두르니 경사롭고 명예롭다。
五月	이달의 운은 큰것으로 인하여 작은 것을 잃었다。
六月	이달의 운은 그럴듯 그럴듯 하다가 궁지에 빠진다。
七月	이달의 운은 아래로 구하는 혼인이 길하나 그힘이 미치지 않는다。
八月	이달의 운은 경중을 비교할때 타처에 길함이 있다。
九月	이달의 운은 날이 따뜻하고 바람이 온화하니 백곡에 싹이 난다。
十月	이달의 운은 세력이 강성해지니 가는 곳마다 공이 있다。
十一月	이달의 운은 스스로 영양을 취하니 길경이 문에 든다。
十二月	이달의 운은 대지가 윤택하니 만물이 무성하다。

※二六괘、1효 총설=인내하면 평탄하며 방심하면 손재온다。

正月	이달의 운은 부처님께 공을 드리면 가도가 태평하다。
二月	이달의 운은 물에 빠져도 죽지 않으니 속히 판단하면 성사한다。
三月	이달의 운은 꽃을 꺾고져 하나 꺾으면 도리어 해가 된다。
四月	이달의 운은 갇혔던 새가 풀려 나오니 천지가 넓고 넓어 어리둥절하다。
五月	이달의 운은 다른 사람 더불어 동업을 하면 어려움에서 헤어나리라。
六月	이달의 운은 여우와 같은 의심이 풀리지 않으나 먼저는 안되고 뒤는 크다。
七月	이달의 운은 위엄과 무력을 쓰지 않으면 어떻게 천하를 평정하겠는가。
八月	이달의 운은 대지에 봄이 돌아오니 고목도 봄을 만난다。
九月	이달의 운은 구름이 걷혀 하늘이 맑으니 중천에 해가 밝다。
十月	이달의 운은 좌우에서 도와줌이 없으니 위 아래로 잃는다。
十一月	이달의 운은 빨리하면 실패하고 느리게 하면 유리하다。
十二月	이달의 운은 까치가 그 집을 불사르니 어디로 향하여 갈고 막연하다。

※2효 총설=경거망동 하지말라。 손해 본다。

正月	이달의 운은 기둥이 부러졌으니 보수하는 것이 옳다。
二月	이달의 운은 오작이 그 깃을 잃으니 어디로 향하여 갈 것인가。
三月	이달의 운은 건조하고 수선을 하니 일이 많을 때다。
四月	이달의 운은 우뢰가 동하여 무서우나 화는 몸에 미치지 않는다。
五月	이달의 운은 승진할 운세라 크게 그 뜻을 얻는다。
六月	이달의 운은 성심껏 노력하면 반드시 종말에 길하다。
七月	이달의 운은 범을 그리다가 잘 안되니 반대로 개가 되었다。
八月	이달의 운은 여자를 채용하지 말라。 그 행실이 불순하다。
九月	이달의 운은 자기의 잘못을 모르고 나아가면 재앙을 범한다。
十月	이달의 운은 기회를 보아하고 사물의 이치를 밝게 판단하라。
十一月	이달의 운은 흐터지면 합하는 것이니 다른 사람과 함께 동업을 하라。
十二月	이달의 운은 도화가 만발하니 마땅히 그 집 또한 즐겁다。

※3효 총설‖매사불길하니 인내하면서 쉬면 길하다。

正月	이달의 운은 부처님께 공을 드리면 결국 어려움에서 벗어난다。
二月	이달의 운은 그 길이 막힘을 알고 출행을 하지말라。
三月	이달의 운은 하고싶지도 않고 행동되지 않으니 싸워서 이기지 못한다。
四月	이달의 운은 위아래를 비교할때 망동하면 도리어 해가 된다。
五月	이달의 운은 분수밖의 것을 탐하지 말고 오는 적을 막으라。
六月	이달의 운은 먼저는 곤하나 뒤는 크기 윗사람을 따라서 하라。
七月	이달의 운은 아랫것으로 위를 이롭게 하니 기회를 보아서 하라。
八月	이달의 운은 이제야 본 남편을 만나니 비록 위태하나 허물은 없다。
九月	이달의 운은 산도 높고 골짜기도 깊으니 자빠지고 엎어져 나아가기 어렵다。
十月	이달의 운은 덕을 만방에 베푸니 어진 사람이 스스로 온다。
十一月	이달의 운은 대지가 윤택하니 만물이 무성하다。
十二月	이달의 운은 피눈물이 연달아 흐르니 사지에서 생을 구한다。

※4효 총설‖자기본분을 망각하여서 손해본다。

正月	이달의 운은 군자의 도가 오래가니 소인을 물러간다。
二月	이달의 운은 개석과 같이 굳게 앉았으니 재란이 침입치 못한다。
三月	이달의 운은 타인을 믿지 말라。 믿은 도끼로 발을 상한다。
四月	이달의 운은 솟키를 혁신하니 음양이 화합을 한다。
五月	이달의 운은 상한말을 쫓지말라。 결국 험악함을 본다。
六月	이달의 운은 그 음임을 덜어버리면 전도가 밝고 빛난다。
七月	이달의 운은 육이 조금 상하였으나 별로 큰액은 없다。
八月	이달의 운은 스스로 그 해를 취하니 병은 있고 약은 없다。
九月	이달의 운은 해가 저물어서 나루에 당도하였으나 배가 없다。
十月	이달의 운은 구슬이 티끌속에 묻혔으니 그 빛을 볼 수가 없다。
十一月	이달의 운은 파랑새가 소식을 전하니 달밤에 가약이다。
十二月	이달의 운은 시종이 분명하니 파종할 시기이다。

※5효 총설=부하의 도움 있으면 성공된다。

正月	이달의 운은 결국은 송사에 이기니 능히 해외로 여행할 수 있다。
二月	이달의 운은 개과천선을 하면 가히 화액을 면한다。
三月	이달의 운은 물건을 옮기기 어려우나 갈수록 공이 있다。
四月	이달의 운은 말은 이미 없어졌으니 어떻게 원행을 할까。
五月	이달의 운은 노력없이 소득하는것은 사리에 부당하다。
六月	이달의 운은 바른법을 이용하면 모든 사람이 복종을 한다。
七月	이달의 운은 그 높은 언덕에 오르나 삼년을 일어나지 못한다。
八月	이달의 운은 소인이 복면을 하고 흉계에 빠진다。
九月	이달의 운은 집위에 또 집을 지으니 재물과 비단이 문에 든다。
十月	이달의 운은 기러기가 한번날아 물가에 가까와 진다。
十一月	이달의 운은 재물과 비단이 들어오나 옳지 못한것은 받지 마라。
十二月	이달의 운은 높은 나무에 바람이 많으니 스스로 그 화를 취한다。

※6효 총설=조조불안하다。 인내하라。

正月	이달의 운은 화목하고 기쁘니 가도가 태평하다。
二月	이달의 운은 사시절 안정하면 형락을 가히 기약한다。
三月	이달의 운은 작은것으로 인하여 큰것을 잃는다。
四月	이달의 운은 우뢰가 동하여 비록 위태하나 스스로 지키면 상함이 없다。
五月	이달의 운은 개혁할때라 노력하면 성취한다。
六月	이달의 운은 넓고 먼 황무지를 누가 개척할 것인가。
七月	이달의 운은 아름다운 배필을 얻고져 하면 때를 기다려 행하라。
八月	이달의 운은 시기가 아직 빠르니 옛것을 지키고 때를 기다리라。
九月	이달의 운은 그 상할것을 미리알고 화를 피하여 멀리 가거라。
十月	이달의 운은 악초를 제거하니 오곡이 무성하다。
十一月	이달의 운은 노력없이 얻어지는 것은 뒷날의 근심이 있다。
十二月	이달의 운은 사람의 짓이 크게 왕패하니 십년을 쓰지 말라。

※ 二七괘、 1효 총설‖변동 이사등 하는 운이다。

正月	이달의 운은 늙은남자가 부인을 얻으니 생육의 공이있다。
二月	이달의 운은 남자라면 액이 있고 여자라면 길하다。
三月	이달의 운은 그 집에 들어 갔으나 그 처자를 보지 못했다。
四月	이달의 운은 결국은 송사에 이기게 되니 능히 해외로 여행할 수 있다。
五月	이달의 운은 부처님께 공을 드리면 결국 어려움에서 벗어난다。
六月	이달의 운은 그 도가 막힘을 알고 출행을 하지 말라。
七月	이달의 운은 하고싶지도 않고 안하지도 못하니 싸워서 이기지 못한다。
八月	이달의 운은 두터운 땅에 물건을 실으니 능히 만물을 용납한다。
九月	이달의 운은 분수외의 것을 탐하지 말라。 오는적이나 막아라。
十月	이달의 운은 그 바름을 잃지 않으면 먼저는 안되었으나 뒤에는 잘 된다。
十一月	이달의 운은 아랫것을 덜어 위에 것을 이익되게 하니 기회를 봐서하라。
十二月	이달의 운은 이제 본 남편을 만났으니 비록 위태하나 허물은 없다。

※ 2효 총설‖실수로 손재있으니 주의하라。

正月	이달의 운은 가까운 것을 버리고 먼것을 취하니 사리에 부당하다。
二月	이달의 운은 이제 모든 일이 잘되니 천지가 안정된다。
三月	이달의 운은 자신을 비교할때 위를 따르는 것이 기쁨이 있다。
四月	이달의 운은 성조하고 건립을 하니 이익이 사방에 있다。
五月	이달의 운은 대지에 봄이 돌아오니 만물에서 빛이난다。
六月	이달의 운은 위 아래가 모두 응하니 넓고 크게 포용된다。
七月	이달의 운은 큰 과일을 먹지말라。 그 속에 독이 들어있다。
八月	이달의 운은 굴신을 자유로이 못하니 심사가 산란하다。
九月	이달의 운은 보기에는 풍년이나 그림에 떡이다。
十月	이달의 운은 힘을 다하여 담을 탔으니 피로가 풀리지 않았다。
十一月	이달의 운은 공연히 나아가지 말라。 활동하면 손해가 있다。
十二月	이달의 운은 목마른 말이 물을 얻으니 자연히 회색이 생긴다。

※3효 총설=근친자를 믿다가 손재있으니 주의하라。

正月	이달의 운은 다른 사람과 더불어 동업을 하면 어려운 일이 없어진다。
二月	이달의 운은 여우와 같은 의심이 풀리지 않으나 먼저는 안되고 뒤에는 크다。
三月	이달의 운은 위풍과 무기력을 쓰지 않으면 어떻게 천하를 평정하나。
四月	이달의 운은 대지에 봄이 돌아오니 고목에도 봄을 맞는다。
五月	이달의 운은 구름이 걷히고 하늘이 맑으니 해가 중천에 밝다。
六月	이달의 운은 좌우에서 도와주지 않으니 위아래 마저 잃는다。
七月	이달의 운은 빨리하면 실패하고 느리게하면 유리하다。
八月	이달의 운은 까치가 그깃을 불사르니 어디로 갈거나。
九月	이달의 운은 높은나무에 바람이 많으니 스스로 그 화를 취한다。
十月	이달의 운은 한마음으로 협력을 하면 그 이웃까지 잘 살게 된다。
十一月	이달의 운은 삼인이 동행을 하다가 그중 한사람이 없어졌다。
十二月	이달의 운은 목마른 용이 물을 얻으니 생기가 난다。

※4효 총설=남녀 교재로 패망하니 주의하라。

正月	이달의 운은 짙은 구름에서도 비가 오지 않는 상이니 성사하기 어렵다。
二月	이달의 운은 모든 액이 물러가고 복이 돌아온다。
三月	이달의 운은 새가 그 집을 불사르니 재난이 연달아 온다。
四月	이달의 운은 고목에 싹이트니 봄빛이 돌아온다。
五月	이달의 운은 나무를 붙들고 고기를 구하니 일에 허망함이 많다。
六月	이달의 운은 파랑새가 소식을 전하니 달밤에 가약이로다。
七月	이달의 운은 높은산에 나무를 심으니 적게 쌓아 크게 이룬다。
八月	이달의 운은 대인이 영달을 하면 상인은 재물을 얻는다。
九月	이달의 운은 그 소가 귀를 상하니 심신이 산란하다。
十月	이달의 운은 이름분이고 실상은 없으니 빈 광주리만 받는다。
十一月	이달의 운은 그 음해하는 사람을 덜어버리면 전도가 밝고 빛난다。
十二月	이달의 운은 형성이 명에 들어있으니 관재와 구설을 조심하라。

※5효 총설∥현재의 위치 그대로 지나면 매사길하다。

正月	이달의 운은 갇혔던 새가 풀려나와보니 세상은 넓고 또 넓고나。
二月	이달의 운은 소는 행인이 가져갔는데 재앙은 내가 받는다。
三月	이달의 운은 집을나와 다른 사람과 같이 하니 전도가 유망하다。
四月	이달의 운은 옥상에 또 집을 지으니 재물과 비단이 문에 든다。
五月	이달의 운은 대지에 날이 밝으니 함정에서 탈출한다。
六月	이달의 운은 믿음으로써 뜻을 발하니 상하 모두가 돌아온다。
七月	이달의 운은 범을 밟아 사람을 무니 반드시 상해함을 본다。
八月	이달의 운은 지나치면 넘치니 꽃이 광풍을 만난 상이다。
九月	이달의 운은 말은 이미 없어졌으니 어떻게 원행을 할 것인가。
十月	이달의 운은 이제 씩씩한 말을 얻었으니 능히 천리를 간다。
十一月	이달의 운은 이제 대보를 얻으니 하늘의 도움이다。
十二月	이달의 운은 산도 높고 골짜기도 깊으니 나아가기 어렵다。

※6효 총설∥외화내빈격이다。 침착히 하라。

正月	이달의 운은 소와같이 유순하니 변혁할 시기이다。
二月	이달의 운은 대해를 건너고져 하나 배가 새어서 건너기 어렵다。
三月	이달의 운은 어두운밤에 서로싸우니 위험함은 당연하다。
四月	이달의 운은 그 씩씩한 세력을 잃었으니 이길 승산이 없다。
五月	이달의 운은 새가 그물에 걸렸으니 어디로 가도 불리하다。
六月	이달의 운은 재앙은 가고 복이오니 반드시 경사가 있다。
七月	이달의 운은 사시절 안정하면 형락을 기약한다。
八月	이달의 운은 험한 함정에 빠져서 사방으로 둘러보아도 사람은 없다。
九月	이달의 운은 대인이 영전을 하니 천지가 합덕을 한다。
十月	이달의 운은 가문 나머지 단비가 내리니 만물의 생기가 새롭다。
十一月	이달의 운은 손해가 있은 뒤에 이익이 오니 그 뜻을 얻는다。
十二月	이달의 운은 좋은말을 얻었으니 능히 천리를 간다。

※二八괘、 1효 총설‖용기내면 성공된다。

正月	이달의 운은 주육을 과시하면 도리어 곤액이 있다。
二月	이달의 운은 군자의 도가 오래가니 소인은 물러간다。
三月	이달의 운은 기둥이 부러졌으니 보수를 하여야 한다。
四月	이달의 운은 까마귀와 까치가 그깃을 잃었으니 어디로 갈것인가。
五月	이달의 운은 건조하고 수선하니 다사한 때이다。
六月	이달의 운은 넓고 먼 험한 곳에서 앞길을 찾기 어렵다。
七月	이달의 운은 승진할 운이니 크게 그 뜻을 얻는다。
八月	이달의 운은 성심껏 노력하면 반드시 끝에가서는 길함이 있다。
九月	이달의 운은 범을 그리다가 되지 않으니 반대로 개가 된다。
十月	이달의 운은 여자를 취하여 쓰지말라。 그 행실이 순하지 못하다。
十一月	이달의 운은 자기의 허물을 알지못하고 나아가면 재앙을 범한다。
十二月	이달의 운은 기회를 보아서 하고 사물의 이치를 밝게 판단하라。

※2효 총설‖매사변경말고 지나면 좋은 운이다。

正月	이달의 운은 꽃을 꺾고져하나 꺾으면 도리어 해가 된다。
二月	이달의 운은 갇혔던 새가 풀려나오니 세상은 넓고 넓더라。
三月	이달의 운은 다른 사람과 동업을 하면 어려운 일은 없게된다。
四月	이달의 운은 여우와 같은 의심이 풀리지 않으나 먼저는 안되고 뒤는 크다。
五月	이달의 운은 위력과 무력을 쓰지않으면 어떻게 천하는 평정할까。
六月	이달의 운은 대지에 봄이 돌아오니 고목도 봄을 만난다。
七月	이달의 운은 구름이 걷혀 하늘이 맑으니 해가 중천에 밝다。
八月	이달의 운은 좌우에서 도움이 없으니 상하를 잃는다。
九月	이달의 운은 빠르면 실패하고 느리면 유리하다。
十月	이달의 운은 까치가 그 집을 불사르니 어디로 갈것인가。
十一月	이달의 운은 높은나무에 바람이 많으니 그 화를 스스로 취한다。
十二月	이달의 운은 한마음으로 힘을 합하면 이웃까지 잘살게 된다。

※3효 총설=방해자가 많으니 사람을 경계하라。

正月	이달의 운은 자신을 비교할때 윗사람을 따르는 것이 기쁘다。
二月	이달의 운은 성조하고 건립을 하니 이익이 사방에 있다。
三月	이달의 운은 대지에 봄이 돌아오니 만물에 빛이 난다。
四月	이달의 운은 율법으로 군사를 내면 싸움마다 패한다。
五月	이달의 운은 그 속에 독이 들어 있으니 큰과일은 먹지 말라。
六月	이달의 운은 굴신을 자유로이 못하니 심사가 산란하다。
七月	이달의 운은 보기에는 풍년이나 그림의 떡이다。
八月	이달의 운은 힘을 다하여 담을 탔으니 그 피로가 풀리지 않는다。
九月	이달의 운은 공연히 나아가지 말라。활동하면 손해다。
十月	이달의 운은 목마른 말이 물을 얻으니 회색이 생긴다。
十一月	이달의 운은 좋은 말 얻었으니 능히 천리를 간다。
十二月	이달의 운은 위태함을 알고 경계하며 전업을 굳게 지키라。

※4효 총설=신망얻는 기회이니 노력하면 성공된다。

正月	이달의 운은 물에 빠져도 죽지 않으니 속히 판단하면 이루어진다。
二月	이달의 운은 사악을 제거하고 문을여니 복이 온다。
三月	이달의 운은 오직 옵을 치려하나 그 도가 옳지 못하다。
四月	이달의 운은 화재수가 명에 비치니 모든 일에 침체됨이 많다。
五月	이달의 운은 발이 닳도록 돌아다녔으나 관재와 구설만 침래한다。
六月	이달의 운은 덕을 베풀어 밝고 빛나니 천지가 안정된다。
七月	이달의 운은 어긋진 일을 하는것은 합당치 않다。먼저는 안되나 뒤는 크다。
八月	이달의 운은 일에 두서가 없으니 수심이 끊이지 않는다。
九月	이달의 운은 재물을 쌓음이 산과 같으나 어린아이에게 해가 있다。
十月	이달의 운은 진퇴를 능히 못하니 변업할수다。
十一月	이달의 운은 노력하면 공이 있으니 자중해서 길함을 얻으라。
十二月	이달의 운은 위태함을 알아 경계하고 전업을 굳게 지키라。

※5효 총설‖외화내빈격이니 주의하라。

正月	이달의 운은 안되는 것이 끝나고 이제는 잘되니 천지가 안정이 된다。
二月	이달의 운은 말을타고 두번이나 혼인을 하니 두갈래 길의 형상이다。
三月	이달의 운은 노고를 생각지 않고 노력하면 겨우 성공을 한다。
四月	이달의 운은 천하가 시끄러우니 나라를 옮기는 것이 길하다。
五月	이달의 운은 걷는 길이 평탄하니 편안하기가 반석같다。
六月	이달의 운은 덕업이 날로 새로와 지니 도처에서 좋아한다。
七月	이달의 운은 위태함을 알고 스스로 중지하면 별로 큰 액은 없다。
八月	이달의 운은 맹호의 세력이 다하니 여우와 신고양이가 침노한다。
九月	이달의 운은 처음에는 곤궁하였으나 뒤에는 넉넉하니 화기가 생긴다。
十月	이달의 운은 진퇴가 불안하니 스스로의 뜻을 정하지 못한다。
十一月	이달의 운은 좋은 기회를 잃지마라。 반드시 기쁜일이 있다。
十二月	이달의 운은 흐터지면 합하는 것이니 다른 사람과 동업을 하라。

※6효 총설‖실패운이니 인내 주의하라。

正月	이달의 운은 출행하여 벗을 사귀니 가는 곳마다 성공이 있다。
二月	이달의 운은 아래로 구하는 혼인이 길하나 그 힘이 미치지 않는다。
三月	이달의 운은 믿음있게 노력을 하면 결국은 득리를 한다。
四月	이달의 운은 달이 보름밤을 만나니 천하가 밝고 빛난다。
五月	이달의 운은 곧 어려움을 벗어나니 먼저는 괴로왔지만 뒤에는 편안하다。
六月	이달의 운은 용의 머리가 없으니 조화를 부리지 못한다。
七月	이달의 운은 비록 사지라 하나 나아가면 어려움을 벗어난다。
八月	이달의 운은 우물물이 흐려서 먹지 못하니 버린 채 돌아보지도 않는다。
九月	이달의 운은 고목이 봄을 만나니 가지와 잎이 빛난다。
十月	이달의 운은 대도에서 말을 달리니 춘풍에 뜻을 얻는다。
十一月	이달의 운은 평탄한 도로에 마음대로 왕래한다。
十二月	이달의 운은 개과 천선을 하면 이롭지 않음이 없다。

※三一괘、1효 총설‖남에 사기당하고 쉽게 넘어갈 운이니 주의하라。 ※2효 총설‖운은 길한편이지만 인내하라。

월	1효	월	2효
正月	이달의 운은 날이 중천에 밝으니 천지가 빛난다。	正月	이달의 운은 그 소가 코를 상하였으니 심신이 살난하다。
二月	이달의 운은 반드시 큰 군사를 써서 천하를 석권한다。	二月	이달의 운은 이름뿐이고 실상은 없으니 빈 광주리만 받는다。
三月	이달의 운은 형액살이 운명에 비치니 건강에 병이 있다。	三月	이달의 운은 그 음해는 사람을 덜어버리면 전도가 밝고 빛난다。
四月	이달의 운은 혼담이 있어 길하니 전도가 양양하리라。	四月	이달의 운은 성공이 명에 비쳤으나 관재와 구설은 조심하라。
五月	이달의 운은 덕을 베풀어 밝고 빛나니 천지가 안정된다。	五月	이달의 운은 목마른 말이 물을 얻으니 자연히 기쁘다。
六月	이달의 운은 음이 침범하니 양이 약하고 앞길에는 부러진 다리가 있다。	六月	이달의 운은 이익이 앞에 있으니 먼곳에서 스스로 온 것이다。
七月	이달의 운은 덕을 만방에 베푸니 현인이 스스로 온다。	七月	이달의 운은 악을 쌓음이 산과 같으니 극도로 근심하게 된다。
八月	이달의 운은 우는 학이 그늘에 있으니 모자가 서로 화목한다。	八月	이달의 운은 재앙이 밖에서 오니 험한 구덩이에 빠진다。
九月	이달의 운은 노력없이 얻어지는 것은 후일의 근심이 된다。	九月	이달의 운은 험한 함정에 들었으니 사람이 없으니 어떻게 구원을 받나。
十月	이달의 운은 대인이 성공을 하니 소인에게는 화액이 온다。	十月	이달의 운은 만사에 어려움이 많으나 종말에는 조금 편안하다。
十一月	이달의 운은 경중을 비교할 때 타처에 길함이 있다。	十一月	이달의 운은 상하를 비교할때 공연히 움직이면 도리어 해가 된다。
十二月	이달의 운은 선악이 동반을 하니 일에 번복이 많다。	十二月	이달의 운은 대지에 봄이 돌아오니 만물이 생기가 난다。

※3효 총설‖아주 좋은 운이니 열심히 하라。

正月	이달의 운은 노력하면 공이 있으니 자중해서 길함을 건우라。
二月	이달의 운은 위태함을 알고 능히 경계하며 전업을 굳게 지키라。
三月	이달의 운은 좋은 기회를 잃지마라。 반드시 기쁜 일이 있다。
四月	이달의 운은 분수 외의 것을 탐하지 말라。 불의재앙이 있다。
五月	이달의 운은 손님을 공경하면 길한일이 점차 생긴다。
六月	이달의 운은 일에 정상됨이 없으니 축소를 써라。
七月	이달의 운은 우물물이 탁해서 먹지 못하니 버리고 보지도 않는 것이 길하다。
八月	이달의 운은 기둥을 세우되 무리는 하지 마라。
九月	이달의 운은 성패가 다단하니 어려운 때더라。
十月	이달의 운은 위력과 무력을 쓰지 않고 천하를 평정하나 근심은 있으리라。
十一月	이달의 운은 사람의 짓이 아니니 어찌 상하지 않겠는가。
十二月	이달의 운은 남과 같이 동업을 하면 반드시 그 해를 받는다。

※ 4효 총설‖왕성한 운이 총력으로 행하라。

正月	이달의 운은 대인이 영달을 하니 상인은 재물을 얻는다。
二月	이달의 운은 사사로운 일로 인하여 큰 액이 닥쳐 온다。
三月	이달의 운은 맹호의 세력이 다하니 여우와 산고양이가 침범한다。
四月	이달의 운은 새가 그물에 걸렸으니 어디로 가도 불리 하다。
五月	이달의 운은 지나치면 손해가 있으니 분수외의 것을 탐하지 말라。
六月	이달의 운은 건조하고 수선을 하니 일이 많을 시기이다。
七月	이달의 운은 공연히 뛰어서 불안하니 활동을 하면 불길하다。
八月	이달의 운은 늙은 여자가 신랑을 얻으니 망신할 운이다。
九月	이달의 운은 가까운 것을 버리고 먼것을 취하니 사리에 부당하다。
十月	이달의 운은 안되는 것이 끝나고 이제 잘되니 천지가 안정된다。
十一月	이달의 운은 자신을 비교하면 위사람을 따르는 것이 기쁘다。
十二月	이달의 운은 성조 건축을 하면 이익이 사방에 있다。

※5효 총설‖남을 멸시말고 인내하며 행하라。

正月	이달의 운은 진퇴가 능하지 못하니 직업을 바꿀 수로다。
二月	이달의 운은 여자가 천한 것이니 앞길이 암담하다。
三月	이달의 운은 도로가 험난하니 불의의 재앙이다。
四月	이달의 운은 명산 대천에 기도를 드리면 성공을 한다。
五月	이달의 운은 자기의 분수를 알고 옛것을 지키면 항상 편안하다。
六月	이달의 운은 사물이 집에돌아오니 오귀가 집에 가득하다。
七月	이달의 운은 배타는데 가지마라。 수액수가 두렵다。
八月	이달의 운은 오직 적을 치려하나 그 길이 빛나지는 못하다。
九月	이달의 운은 함구를 하고 말없이 조심을 하면 해는 없다。
十月	이달의 운은 찬 골짜기에 봄이 돌아왔으나 시기가 아직도 빠르다。
十一月	이달의 운은 비록 앞의 새는 잃었으나 나의 이익은 뒤에 있다。
十二月	이달의 운은 험할것을 알고 예방을 하면 액을 면한다。

※6효 총설‖사람에게 존경 받으며 성공하는 운이다。

正月	이달의 운은 밥솥이 엎어졌으니 어느때나 복구될까
二月	이달의 운은 앞은 산이요 뒤는 바다라 앞으로 나아가기 어렵다。
三月	이달의 운은 이제야 귀인을 얻으니 자본과 재산이 넉넉하다。
四月	이달의 운은 기운이 비치니 어디로 가도 공이 있다。
五月	이달의 운은 고목에 움이 돋으니 봄빛이 돌아 온다。
六月	이달의 운은 재앙과 허물이 연달아 오나 결국은 해소된다。
七月	이달의 운은 곁에 사람의 해로 재앙과 화가 닥쳐 온다。
八月	이달의 운은 보기에는 풍년이나 그림에 떡이다。
九月	이달의 운은 일신을 스스로 반성하면 화기가 점차 생긴다。
十月	이달의 운은 순풍에 돛을 달고 돌아와 보니 소원이 성취되였다。
十一月	이달의 운은 비교하면 머리가 없으니 심신이 산란하다。
十二月	이달의 운은 출행을 하면 불리하고 집에 있으면 무고하다。

※ 三二괘、 1효 총설‖상대자와 의견충돌 있으니 주의

正月	이달의 운은 사업이 조금 실패였으나 별로 큰 화는 없다。
二月	이달의 운은 스스로 그 해를 취하니 병은 있어도 약은 없다。
三月	이달의 운은 해가 저물어서야 나루에 다다랐으나 배가 없다。
四月	이달의 운은 옥이 티끌에 묻혀있으니 그 빛을 볼 수가 없다。
五月	이달의 운은 파랑새가 전한 소식은 달밤에 가약이로다。
六月	이달의 운은 시운이 분명하니 성공할 시기로구나。
七月	이달의 운은 도화가 만발하니 마땅히 그 집도 즐거우리라。
八月	이달의 운은 춘초가 싹트는 때다。 좋은 기회를 잃지 마라。
九月	이달의 운은 여우가 물을 건너니 그 머리가 젖는다。
十月	이달의 운은 사슴을 보고 쫓지마라。 숲속의 함정에 들어간다。
十一月	이달의 운은 시기가 빠르니 옛것을 지키며 때를 기다리라。
十二月	이달의 운은 수박을 껍질만 먹으니 그 맛을 알지 못한다。

※ 2효 총설‖일보후퇴식으로 하면 길하다。

正月	이달의 운은 재물을 쌓음이 산과 같으나 소아에게 해가 있다。
二月	이달의 운은 진퇴가 자유롭지 못하니 직업을 변동할 수 이다。
三月	이달의 운은 노력하면 공이 있으니 자중해서 길함을 걷우라。
四月	이달의 운은 위태함을 알고 경계를 하며 전업을 굳게 지키라。
五月	이달의 운은 한마음으로 협력을 하면 이웃까지도 넉넉하다。
六月	이달의 운은 분수외의 것을 탐하지 마라。 불의의 재앙이 있다。
七月	이달의 운은 손님에게 공경을 하면 길한 일이 점차로 생긴다。
八月	이달의 운은 일에 정상됨이 없으니 매사에 주의하라。
九月	이달의 운은 우물물이 흐려서 먹지 못하니 버리고 보지도 않는 것이 길하다。
十月	이달의 운은 기둥을 세우나 무리는 하지 말라。
十一月	이달의 운은 성패가 다단하니 어려운 시기이다。
十二月	이달의 운은 위력과 무력을 쓰지 않으면 천하가 시끄럽다。

※3효 총설‖오해받을 운이니 주의하라。

正月	이달의 운은 음해하는 사람을 덜어버리면 앞길이 밝고 빛난다。
二月	이달의 운은 성공운이 명에 들었으니 관재와 구설만 조심하라。
三月	이달의 운은 목마른 말이 물을 얻으니 기쁜 일이 생긴다。
四月	이달의 운은 이익이 목전에 있으나 먼곳에서 온 것이다。
五月	이달의 운은 악을 쌓음이 산과 같으니 극도로 신고하게 된다。
六月	이달의 운은 재앙이 밖에서 들어오니 험한 구렁이에 빠진 상이다。
七月	이달의 운은 험한 함정에 빠졌으나 사람이 없으니 어떻게 하나。
八月	이달의 운은 만사에 어려움이 많으나 종말에는 조금 안심이 된다。
九月	이달의 운은 상하를 비교하여 행동하면 도리여 해롭다。
十月	이달의 운은 대지에 봄이 돌아오니 만물에 빛이 난다。
十一月	이달의 운은 출행하면 불리하고 집에 있으면 무사하다。
十二月	이달의 운은 기러기가 높이 날으니 아무 거리낌이 없다。

※4효 총설‖남에게 배신당하니 주의하라。

正月	이달의 운은 일에 두서가 없으니 수심이 부절이다。
二月	이달의 운은 노력없이 소득하는 것은 사리에 부당하다。
三月	이달의 운은 지나치면 넘치나니 꽃이 광풍을 만난 상이다。
四月	이달의 운은 곧 어려움에서 벗어나게 되니 먼저는 곤궁하나 뒤는 넉넉하다。
五月	이달의 운은 깊은 골짜기에 들어가니 답답하고 밝지 못하다。
六月	이달의 운은 부처님께 공을 드리면 결국 어려움에서 벗어난다。
七月	이달의 운은 부처님께 공을 드리면 가도가 태평하다。
八月	이달의 운은 빠져도 죽지 않으니 속히 판단하면 성사할 운이다。
九月	이달의 운은 꽃을 꺾고져 하니 꺾으면 도리어 해가 된다。
十月	이달의 운은 갇혔던 새가 풀려나니 세상은 넓고 또 넓더라。
十一月	이달의 운은 다른 사람과 동업을 하면 능히 어려움을 벗어난다。
十二月	이달의 운은 여우와 같은 의심이 있어서 먼저는 안되고 뒤는 잘된다。

※5효 총설‖매사불성의 시기이다。

正月	이달의 운은 이름 뿐이고 실상은 없으니 빈광주리만 받는다。
二月	이달의 운은 양이 울타리를 떠받으니 잘 되든 것이 실패한다。
三月	이달의 운은 기러기가 한번 날아 물가에 가까와 진다。
四月	이달의 운은 사시절 안정하면 형락을 기약한다。
五月	이달의 운은 불상과 같이 굳게 앉았으니 재란이 침범치 못한다。
六月	이달의 운은 겉으로 좋으나 시작은 있고 끝이 없다。
七月	이달의 운은 음이 양을 반드시 해하니 여난을 조심하라。
八月	이달의 운은 재앙이 가고 복이오니 반드시 경사가 있다。
九月	이달의 운은 밝음을 등지고 어두움으로 향하니 심사가 불안하다。
十月	이달의 운은 새가 날개를 상하니 삼일을 먹지 않는다。
十一月	이달의 운은 성심 노력하면 반드시 그 대가를 받는다。
十二月	이달의 운은 위에서 응원이 없으니 자립하는데 어려움이 많다。

※6효 총설‖복잡한 일 오기전에 주의하라。

正月	이달의 운은 자진하여 할 능력이 없으니 남의 제압을 받는다。
二月	이달의 운은 어두어서 나아가지 못하니 곤궁함은 당연하다。
三月	이달의 운은 대운이 위에 있으니 반드시 큰 복을 받는다。
四月	이달의 운은 대인이 녹을 얻으니 소인은 실패한다。
五月	이달의 운은 화재수가 윤에 비치니 모든 일에 침체됨이 많다。
六月	이달의 운은 범이 함정에 빠져서 하늘을 우러러 통곡한다。
七月	이달의 운은 기회를 보아서 하고 불리하면 곧 중지하라。
八月	이달의 운은 빨리하면 실패하고 느리게하면 유리하다。
九月	이달의 운은 기러기가 오르는 상이니 결국 길운이 온다。
十月	이달의 운은 오귀가 숲에 가득하니 가신에 기도를 올려라。
十一月	이달의 운은 구조하여 주는 사람이 있으니 능히 어려움을 돌파한다。
十二月	이달의 운은 비교하여 보면 사람의 짓이 아니니 어찌 상하지 않겠는가。

※ 三三괘、1효 총설‖진퇴양난의 운이오니 주의하라。

正月	이달의 운은 높은산에 나무를 심으니 적게 쌓아 크게 이룬다。
二月	이달의 운은 대인이 영달을 하니 상인은 재물을 얻는다。
三月	이달의 운은 그 소가 코를 상하니 심신이 산란하다。
四月	이달의 운은 이름은 있고 실속은 없으니 빈광주리만 받는다。
五月	이달의 운은 음해하는 사람을 주의하면 전도가 광명하다。
六月	이달의 운은 나그네가 당도할때 재앙과 근심이 침입한다。
七月	이달의 운은 목마른 말이 물을 얻으니 회색이 난다。
八月	이달의 운은 이익이 눈앞에 있으나 먼곳에서 온다。
九月	이달의 운은 악을 쌓음이 산과 같으니 극도로 신고를 한다。
十月	이달의 운은 재앙이 밖에서 오니 험한 진흙땅에 빠졌다。
十一月	이달의 운은 험한 함정에 빠져 사방을 둘러보나 사람은 없다。
十二月	이달의 운은 만사가 다난하나 종말에는 조금 편안하다。

※ 2효 총설‖기회포착을 하라。때는 길하다。

正月	이달의 운은 재수없는 운이지만 별로 큰 화는 없다。
二月	이달의 운은 혼담이 있으면 전도가 양양하다。
三月	이달의 운은 덕을 베풀어 밝고 빛나니 천지가 안정이 된다。
四月	이달의 운은 음이 침범을 하니 남자는 여자를 주의하라。큰해있다。
五月	이달의 운은 덕을 만방에 베푸니 현인이 스스로 온다。
六月	이달의 운은 우는 학이 그늘에 있으나 모자가 서로 화목하다。
七月	이달의 운은 피눈물이 연달아 흐르니 사지에서 삶을 구한다。
八月	이달의 운은 대인이 성공하니 소인에게는 화액이 온다。
九月	이달의 운은 경중을 비교하면 타처가 유리하다。
十月	이달의 운은 선과 악이 함께오니 일에 번복이 많다。
十一月	이달의 운은 험한 길을 알고 예방하면 액을 면한다。
十二月	이달의 운은 하고 싶지도 않고 안하지도 못하니 싸워서 이기지 못한다。

※ 3효 총설‖정리에 들어가라。 운이 나쁘게 온다。

正月	이달의 운은 파랑새가 소식을 전하니 달밤에 가약이로다。
二月	이달의 운은 시종이 분명하니 파종을 할 시기이다。
三月	이달의 운은 도화가 만발하니 마땅히 그 집도 즐겁다。
四月	이달의 운은 춘초가 발아를 하니 좋은 기회를 잃지 마라。
五月	이달의 운은 여우가 물을 건너니 그 머리가 젖는다。
六月	이달의 운은 사슴을 보고 쫓지말라。 숲속의 함정에 빠진다。
七月	이달의 운은 시기가 아직 빠르니 옛것을 지키며 때를 기다리라。
八月	이달의 운은 수박을 껍질만 먹는 격이니 진실을 어찌 알 것인가。
九月	이달의 운은 위에서 응원이 없으니 자립하기 어렵다。
十月	이달의 운은 승진할 운이다。 크게 그 뜻을 얻는다。
十一月	이달의 운은 수액수가 두렵고 화재수 또한 조심하라。
十二月	이달의 운은 그피를 뿌리며 가니 화액이 스스로 멀리 간다。

※ 4효 총설‖화재、내난등 주의하라 불길하다。

正月	이달의 운은 반드시 대군을 써서 천하를 주름 잡는다。
二月	이달의 운은 대지에 날이 밝으니 함정에서 탈출한다。
三月	이달의 운은 소인이 복면을 하고 흉계에 빠진다。
四月	이달의 운은 큰것으로 인하여 작은것을 잃었다。
五月	이달의 운은 마음속에 경영하는 일은 뜻이 외방에 있다。
六月	이달의 운은 다른 사람과 동업을 하면 어려움을 겪지 않는다。
七月	이달의 운은 늙은 남자가 신부를 맞으니 생육의 공이다。
八月	이달의 운은 남자라면 액이 있고 여자라면 길하다。
九月	이달의 운은 그 집에 들어가서 그 처자를 보지 못하였다。
十月	이달의 운은 결국 송사에 이기니 능히 해외여행을 할 수 있다。
十一月	이달의 운은 부처님께 공을 드리면 결국 어려움에서 벗어난다。
十二月	이달의 운은 그 길이 막힘을 알고 출행하지 말라。

※5효 총설‖수하 사람에게 당하니 주의하라。

正月	이달의 운은 옥이 티끌에 묻혔으니 그 빛을 보지 못한다。
二月	이달의 운은 우뢰가 백리를 진동하나 소리뿐이고 형상은 없다。
三月	이달의 운은 날으는 새가 소리를 남기니 화액이 연달아 온다。
四月	이달의 운은 밝음을 등지고 어두움을 향하니 심사가 불안하다。
五月	이달의 운은 모든액이 물러가니 재앙은 사라지고 복이 온다。
六月	이달의 운은 늙은 여자가 신랑을 얻으니 망신할 운이다。
七月	이달의 운은 사방으로 도적이니 실물할가 두렵다。
八月	이달의 운은 타인을 믿지 말라 믿은 도끼에 발을 상하는 격이다。
九月	이달의 운은 입을 다물고 말없이 조심하면 해는 없다。
十月	이달의 운은 나무를 붙들고 고기를 구하니 허망한 일이 많다。
十一月	이달의 운은 장차 험지에 나가니 그 힘이 배가 든다。
十二月	이달의 운은 비교하여 보면 머리가 없으니 심신이 스스로 어지럽다。

※6효 총설‖앞뒤가 적합하게 하면 성공된다。

正月	이달의 운은 나그네가 당도할때 재앙과 근심이 침입한다。
二月	이달의 운은 기회를 보아서 하라。 불리하면 곧 중지하고。
三月	이달의 운은 은인이 원수가 되니 화가 눈앞에 있다。
四月	이달의 운은 단비가 이미 지났으니 가지와 잎이 빛난다。
五月	이달의 운은 험한 가운데 들어 있으니 원행 출타하는 것이 유리하다。
六月	이달의 운은 실패할 운이 크다。 처음은 곤궁하나 뒤에는 넉넉하다。
七月	이달의 운은 어두어서 나아가지 못하니 곤궁함은 당연하다。
八月	이달의 운은 아랫것을 덜어 윗것에 더하니 기회를 보아 하라。
九月	이달의 운은 땀흘려 노력을 하니 반드시 그대가를 받는다。
十月	이달의 운은 가산이 어지럽게 동하니 부부간에 불화가 생긴다。
十一月	이달의 운은 형옥살이 몸에 침입하였으니 삼년의 액운이다 불전에 기도하라。
十二月	이달의 운은 군사를 써서 상륙을 하니 하나도 거리끼는 것이 없다。

※三四괘、1효 총설‖직업변동하는 것이 길하다。

正月	이달의 운은 괴이하게 어긋나니 불합한다。먼저는 안되고 뒤에는 잘된다。
二月	이달의 운은 일에 두서가 없으니 수심이 부절이다。
三月	이달의 운은 재물을 쌓음이 산과 같으나 소아에게 해가 있다。
四月	이달의 운은 진퇴가 자유롭지 못하니 직업을 변동할 수다。
五月	이달의 운은 노력하면 공이 있으니 자중하여 길함을 얻으라。
六月	이달의 운은 위태함을 알고 경계를 하며 전업을 굳게 지키라。
七月	이달의 운은 한마음으로 협력을 하면 그 이웃까지 넉넉하여진다。
八月	이달의 운은 분수외의 것은 탐하지 말라。불의의 재앙이 있다。
九月	이달의 운은 오는 손을 공경하면 길한일이 차차 생긴다。
十月	이달의 운은 일에 정상됨이 없으니 엉뚱한 꾀를 쓴다。
十一月	이달의 운은 우물물이 흐려서 먹지 못하니 버리고 보지도 않는다。
十二月	이달의 운은 기둥을 세우나 무리는 하지 말라。

※2효 총설‖상대자는 모두 주의하라。악인들이다。

正月	이달의 운은 날이 저물어서야 나루에 닿았으니 배가 없구나。
二月	이달의 운은 옥이 티끌에 묻혔으니 그 빛을 보지 못한다。
三月	이달의 운은 파랑새가 소식을 전하니 달밤에 가약이로다。
四月	이달의 운은 우뢰가 처서 무서우나 몸에 화는 미치지 않는다。
五月	이달의 운은 도화가 만발을 하니 마땅히 그 집도 즐겁다。
六月	이달의 운은 봄풀이 발아하니 좋은 기회를 잃지 마라。
七月	이달의 운은 여우가 물을 건너니 그 머리가 젖는다。
八月	이달의 운은 사슴을 보고 쫓지말라。숲속의 함정에 빠진다。
九月	이달의 운은 시기가 빠르니 옛것을 지키고 때를 기다리라。
十月	이달의 운은 수박을 껍질만 먹으니 그 맛을 알지 못한다。
十一月	이달의 운은 위에서 응원이 없으니 자립하기 곤란하다。
十二月	이달의 운은 숭진할 운이라 그 뜻을 크게 얻는다。

※3효 총설‖운수평탄하나 주의 또 주의하라。

正月	이달의 운은 덕을 베풀어 밝고 빛나니 천지가 안정된다。
二月	이달의 운은 음이 침범하니 양이 망하고 부러진 다리는 바위위에 있다。
三月	이달의 운은 덕을 만방에 베프니 현인이 스스로 찾아 온다。
四月	이달의 운은 우는 학이 그늘에 있으니 모자가 화목을 한다。
五月	이달의 운은 피눈물이 연달아 흐르니 사지에서 생을 구한다。
六月	이달의 운은 대인이 성공을 하니 소인에게는 화액이 온다。
七月	이달의 운은 경중을 비교할때 타처가 유리하다。
八月	이달의 운은 선악을 동반하니 일에 번복이 많다。
九月	이달의 운은 험한것을 알고 예방하면 액을 면한다。
十月	이달의 운은 하고 싶지도 않고 안하지도 못하니 싸워서 이기지 못한다。
十一月	이달의 운은 우물물을 먹지 못하는 상이나 노력하면 복을 받는다。
十二月	이달의 운은 무기인 도끼가 없어졌으니 적을 어떻게 막을가。

※4효 총설‖노력에 대가는 온다。

正月	이달의 운은 스스로 그 해로움을 취하니 병이나도 약이 없다。
二月	이달의 운은 평탄 길을 걸으니 편안하기가 반석 같구나。
三月	이달의 운은 고생을 다하면 기쁨이 오니 먼저는 흉하였으니 뒤에는 길하다。
四月	이달의 운은 개혁할 시기라 노력하면 성취된다。
五月	이달의 운은 천하가 시끄러우니 비바람도 끊이지 않는다。
六月	이달의 운은 자신을 비교할때 윗사람을 따르는 것이 기쁜 일이 있다。
七月	이달의 운은 주식을 과식하면 도리어 곤액을 받는다。
八月	이달의 운은 군자의 도가 오래지속되니 소인은 물러간다。
九月	이달의 운은 기둥이 부러졌으니 보수를 하여야 다시 정상이 된다。
十月	이달의 운은 까마귀와 까치가 그 집을 잃었으니 어디로 향하여 갈가。
十一月	이달의 운은 건조하고 수선을 하니 일이 많은 시기이다。
十二月	이달의 운은 멀고 험한 곳에서 앞길을 찾기 어렵다。

※ 5효 총설＝평탄한 운이 도달하였도다。

正月	이달의 운은 혼인의 말이 있으니 전도가 양양하다。
二月	이달의 운은 국왕이 어질지 못하니 충성된 말이 소용이 없다。
三月	이달의 운은 그 맡은바 임무를 다하지 못하면 스스로 그 화를 취한다。
四月	이달의 운은 입을 다물고 말없이 조심하면 해는 없다。
五月	이달의 운은 사악을 제거하고 문을 열으니 복이 온다。
六月	이달의 운은 제사를 잘 모시면 곧 그 복을 받는다。
七月	이달의 운은 그덕을 닦지 않으면 패가 망신을 한다。
八月	이달의 운은 음식을 잘 장만할 줄 알면 정주의 덕을 성취한다。
九月	이달의 운은 명산 대천에 기도를 올리면 성공한다。
十月	이달의 운은 춘초가 발아를 하니 날로 달로 자란다。
十一月	이달의 운은 우물물이 맑고 깨긋하니 안심하고 마신다。
十二月	이달의 운은 성패가 많으니 어려운 때이다。

※ 6효 총설＝흉한 운이오니 주의하라。

正月	이달의 운은 빨리 하고저 하나 되지 않으니 그 바람을 스스로 지키라。
二月	이달의 운은 곁의 사람의 해로 재앙이 들어 온다。
三月	이달의 운은 날이 따뜻하고 바람이 조용하니 만물이 발아를 한다。
四月	이달의 운은 송사중에 길함이 있으니 반드시 그 이익을 걷우라。
五月	이달의 운은 매사를 혁신을 하니 음양이 화합을 한다。
六月	이달의 운은 그 나아감이 빠르면 물러나는 것이 역시 빠르다。
七月	이달의 운은 앞은 산이요 뒤는 바다이니 전진하기 어렵다。
八月	이달의 운은 자기의 과실을 알지못하고 나아가면 재앙을 범한다。
九月	이달의 운은 앞뒤가 모두 산이니 나중에 성사가 된다。
十月	이달의 운은 기러기가 반석위에 앉아있는 상이니 음식먹기가 편하다。
十一月	이달의 운은 우물집이 완성된 상이니 반드시 성공한다。
十二月	이달의 운은 수액수가 두렵고 화재수 또한 조심하라。

※三五괘、 1효 총설‖직업변동할 시기이다。

正月	이달의 운은 이제 종들을 얻었으니 자본과 재산이 풍족하다。
二月	이달의 운은 길성이 비쳤으니 가는 곳마다 공이 있다。
三月	이달의 운은 고목에 움이나니 봄빛이 차차돌아온다。
四月	이달의 운은 재앙과 허물이 연달아 오나 결국 해소된다。
五月	이달의 운은 곁에 사람의 해로 재앙과 화액이 들어온다。
六月	이달의 운은 보기에는 풍년이나 그림의 떡이다。
七月	이달의 운은 자기의 일신을 반성하면 화기가 점차 생긴다。
八月	이달의 운은 순풍에 돛을 달고 돌아오니 소원을 성취하였다。
九月	이달의 운은 비교하여 보면 머리가 없으니 심신이 스스로 어지럽다。
十月	이달의 운은 출행하면 불리하고 집에 있으면 무고하다。
十一月	이달의 운은 성조건축을 하니 이익이 사방에 있다。
十二月	이달의 운은 크게 탐하면 손해가 있으니 현상을 유지하라。

※2효 총설‖생각대로 되지 않으니 주의하라。

正月	이달의 운은 험한 곳에 들어 있으나 물건너 멀리가면 유리하다。
二月	이달의 운은 실패할 운이 크게 이르나 처음은 곤궁하고 뒤에는 넉넉하다。
三月	이달의 운은 어두어서 나아가지 못하나 곤궁함은 지났다。
四月	이달의 운은 아래를 덜고 위를 더하니 기회를 보아서 하라。
五月	이달의 운은 땀흘려 노력을 하니 반드시 그 대가를 받는다。
六月	이달의 운은 가산이 어지럽게 동하니 부분간에 불화를 한다。
七月	이달의 운은 형옥살이 침신을 하니 삼년의 액운이다。
八月	이달의 운은 군사를 써서 상륙을 하니 아무 거리낌이 없다。
九月	이달의 운은 그 길이 막힘을 알고 집에서 나가지 않는다。
十月	이달의 운은 이제야 병을 고쳤으니 기쁘고 경사롭다。
十一月	이달의 운은 말을 타고 혼인을 하니 두갈래길의 상이다。
十二月	이달의 운은 날이 다습고 바람이 온화하니 백곡이 발아한다。

※3효 총설=마음데로 노력하라 운은 길하다。

正月	이달의 운은 앞은 산이요 뒤는 바다이니 앞길을 나아가기 어렵다。
二月	이달의 운은 자기의 허물을 모르고 나아가면 재앙을 범한다。
三月	이달의 운은 앞뒤 모두 산이니 경일에 성사가 된다。
四月	이달의 운은 기러기가 반석에 앉은 상이니 재수 편안하다。
五月	이달의 운은 우물 집이 왕성된 상이니 반드시 공이 있다。
六月	이달의 운은 수액수가 두렵고 화재수 또한 조심하라。
七月	이달의 운은 텅비고 먼 험한 곳에서 앞길을 찾기 어렵다。
八月	이달의 운은 노력은 하여도 공이 없으니 타인을 믿지말라。
九月	이달의 운은 가는 자를 쫓지 말라 칠일이면 되돌아 온다。
十月	이달의 운은 그 상할것을 미리알고 화를 피하여 멀리 가라。
十一月	이달의 운은 사슴을 보고 쫓지 말라。 숲속의 함정에 빠진다。
十二月	이달의 운은 이익은 다하고 손해가 오니 곤한용이 물을 잃은 상이다。

※4효 총설=좋은 것 같아도 주의하라。 흉운이다。

正月	이달의 운은 비는 많이 나렸으니 지엽이 빛난다。
二月	이달의 운은 굳기가 소가죽 같으나 굳게 지키면 자연히 풀린다。
三月	이달의 운은 몸을 희생하며 인으로 대하면 재액을 면한다。
四月	이달의 운은 그집에 들어갔으나 부인이 보이지 않는다 손재운이다。
五月	이달의 운은 그 임무를 다하지 못하면 갈수록 실패한다。
六月	이달의 운은 비록 사지라 하나 나아가면 어려움에서 벗어난다。
七月	이달의 운은 급히 나아가면 성사하나 느리면 실패한다。
八月	이달의 운은 금관을 쓰고 옥대를 두르니 경사롭고 명예롭다。
九月	이달의 운은 큰것으로 인하여 작은 것을 잃는다。
十月	이달의 운은 될듯 그럴듯 하다가 궁지에 빠진다。
十一月	이달의 운은 아래로 구하는 혼인은 길하나 그 힘이 미치지 않는다。
十二月	이달의 운은 경중을 비교하면 타처가 유리하다。

※5효 총설‖웃사람의 조언으로 일을 하면 좋다。

正月	이달의 운은 그 나아감이 빠르면 물러남도 역시 빠르다。
二月	이달의 운은 사방으로 적이니 실물할가 두렵다。
三月	이달의 운은 양이 힘차서 급히 나가니 강한 것이 먼저 부러진다。
四月	이달의 운은 양이 실하고 음이 허하니 이름 뿐이고 실상은 없다。
五月	이달의 운은 곤한용이 물을 얻으니 재수가 그 속에 있다。
六月	이달의 운은 대인이 범으로 변하니 문채가 밝다。
七月	이달의 운은 우뢰가 백리에 진동하니 소리 뿐이고 형상은 보이지 않는다。
八月	이달의 운은 악을 쌓아 죄가 커져서 귀를 멸할 흉사다。
九月	이달의 운은 귀인이 비로서 생기니 전도가 유망하다。
十月	이달의 운은 얼음과 폭설이 내리니 심신이 안정되지 않는다。
十一月	이달의 운은 작은 일은 길하고 큰 일은 불길하다。
十二月	이달의 운은 속히 판단을 하면 이루고 그렇지 않으면 때를 잃는다。

※6효 총설‖인내하면 매사길할 것이다。

正月	이달의 운은 한기가 아직 가시지 않으니 시기가 빠르다。
二月	이달의 운은 노력하면 공이 있으니 자중해서 길함을 거두라。
三月	이달의 운은 해가 중천에 밝으니 천지가 빛난다。
四月	이달의 운은 반드시 대군을 써서 천하를 주름잡는다。
五月	이달의 운은 형액이 명에 비치니 직업에 손해 있다。
六月	이달의 운은 구조하여 주는 사람이 있으니 능히 어려움을 돌파한다。
七月	이달의 운은 덕을 베풀어 광명하니 천지가 안정된다。
八月	이달의 운은 음이 침범하니 양은 몰하고 평상 위에는 부러진 다리가 있다。
九月	이달의 운은 덕을 만방에 베푸니 현인이 자연히 온다。
十月	이달의 운은 우는 학이 그늘에 있으니 모자가 서로 화목한다。
十一月	이달의 운은 피눈물이 연달아 흐르니 사지에서 생을 구한다。
十二月	이달의 운은 대인은 성공하는데 소인은 화액을 당한다。

※三六괘、 1효 총설‖시기상조이다。 때를 기다리라

正月	이달의 운은 대명이 위에 있으니 반드시 대복을 받는다。
二月	이달의 운은 대인은 득록을 하나 소인은 실패한다。
三月	이달의 운은 화재수가 명에 비쳤으니 모든일에 침체됨이 많다。
四月	이달의 운은 범이 함정에 빠져서 크게 통곡을 한다。
五月	이달의 운은 기회를 보아서 하라 불리하면 곧 중지하고
六月	이달의 운은 빠르면 실패하고 느리면 유리하다。
七月	이달의 운은 기러기가 언덕에 가까우니 결국 길운을 얻는다。
八月	이달의 운은 상하를 비교할때 망동하면 도리어 해가 된다。
九月	이달의 운은 구조하여 주는 사람이 있으니 능히 어려움을 돌파한다。
十月	이달의 운은 사람의 짓이 아니니 어찌 상하지 않겠는가。
十一月	이달의 운은 여우와 같은 의심이 끊기지 않으나 먼저는 안되고 뒤에는 잘된다。
十二月	이달의 운은 경영하는 일을 개혁하는 것이 유길하다。

※ 2효 총설‖현재는 불길이나 후는 길하다。

正月	이달의 운은 매사를 혁신하니 음양도 화합을 한다。
二月	이달의 운은 그 나아감이 빠르면 그 물러남도 역시 빠르다。
三月	이달의 운은 앞은 산이요 뒤는 바다이니 앞길을 나아가기 어렵다。
四月	이달의 운은 자기의 과실을 모르고 나아가면 재앙이 닥쳐온다。
五月	이달의 운은 앞뒤가 모두 산이니 매사에 인내하여 행하라。
六月	이달의 운은 기러기가 반석에 앉으니 마시고 먹는 것이 편안하다。
七月	이달의 운은 소원이 완성되었으니 반드시 성공이 있다。
八月	이달의 운은 수액수가 두렵고 화재수도 조심하라。
九月	이달의 운은 깊은 산 험지에서 앞길을 찾기가 어렵다。
十月	이달의 운은 노력해도 공이없으니 타인을 믿지 말라。
十一月	이달의 운은 가는 자를 쫓지마라 칠일이면 되돌아 온다。
十二月	이달의 운은 그 상할것을 미리알고 화를 피하여 멀리 가라。

※3효 총설‖열심히 하라。운은 약하다。

正月	이달의 운은 어두어서 나아가지 못하니 불길함을 알겠다。
二月	이달의 운은 아래를 덜고 위를 더하니 기회를 보아서 하라。
三月	이달의 운은 땀흘려 노력을 하니 반드시 그 댓가를 받는다。
四月	이달의 운은 가산이 어지럽게 동하니 부부가 불화를 한다。
五月	이달의 운은 형옥살이 침신을 하니 삼년의 액운이다。
六月	이달의 운은 우물을 파놓고 먹지 못하나 노력하면 그 복을 받는다。
七月	이달의 운은 그길이 막힘을 알고 문밖에 나가지 않는다。
八月	이달의 운은 이제야 병을 고쳤으니 기쁨이 있고 경사가 있다。
九月	이달의 운은 말을 타고 두번 장가를 가니 기로의 상이다。
十月	이달의 운은 날이 따시고 바람이 온화하니 백곡이 만발할 상이다。
十一月	이달의 운은 대인은 성공을 하나 소인은 화액이 닥쳐온다。
十二月	이달의 운은 수신하고 제가를 하면 복록이 자연히 따른다。

※4효 총설‖총노력할 시기임을 명심하라。

正月	이달의 운은 송사중에 길함이 있으니 반드시 그 이익을 얻는다。
二月	이달의 운은 소인이 득세를 하니 군자는 은퇴를 한다。
三月	이달의 운은 만물이 결국에는 변하는 것이니 생기가 새로와 진다。
四月	이달의 운은 기둥이 부러졌으니 보수를 하여야 한다。
五月	이달의 운은 화목하고 기쁘니 가도가 태평하다。
六月	이달의 운은 사시사철 안정되면 형락을 기약한다。
七月	이달의 운은 작은것으로 인하여 큰것을 잃었다。
八月	이달의 운은 우뢰가 동하여 비록 위태하나 스스로 지키면 괜찮다。
九月	이달의 운은 가까운 것을 버리고 먼것을 취하니 사리에 부당하다。
十月	이달의 운은 넓고 먼 황무지를 누가 개척을 할것인가。
十一月	이달의 운은 대해를 건너고져 하나 배가 새어서 건너지 못한다。
十二月	이달의 운은 시기가 빠르니 옛것을 지키며 때를 기다리라

※ 5효 총설∥근친자에 협조있으면 성공된다。

正月	이달의 운은 왕패한 난이 크게 이르니 처음은 곤궁하나 뒤는 넉넉하다。
二月	이달의 운은 그덕을 닦지 않으면 패가 망신을 한다。
三月	이달의 운은 장구한 계획이라야 결국은 득리를 한다。
四月	이달의 운은 구조하여 주는 사람이 있으니 상하가 서로 응한다。
五月	이달의 운은 그 재화를 없앴으나 잃은 뒤에 다시 얻는다。
六月	이달의 운은 길함과 경사가 함께오니 하늘의 도움이다。
七月	이달의 운은 국왕이 어질지 못하여 충언이 쓸데없다。
八月	이달의 운은 왕이 군사를 써서 나라를 바로 잡는다。
九月	이달의 운은 그 밝음을 스스로 상하니 집을 나가 나그네길을 떠난다。
十月	이달의 운은 냇물을 건너는데 어려움이 있으니 어디로 가도 못건넌다。
十一月	이달의 운은 조상에게 공을 드리면 실로 그 복을 받는다。
十二月	이달의 운은 비록 험지에 있으나 결국 길운을 얻는다。

※ 6효 총설∥건강은 나쁘지만 주의하라。

正月	이달의 운은 상한 말을 쫓지 말라 결국 험악한 끝을 본다。
二月	이달의 운은 그 음해하는 사람을 덜어버리면 앞길이 빛난다。
三月	이달의 운은 육이 조금 상하였으나 별로 큰 화는 없다。
四月	이달의 운은 스스로 그 해를 취하니 병이 있어도 약이 없다。
五月	이달의 운은 해가 저물어서야 나루에 당도하였으나 배가 없구나。
六月	이달의 운은 옥이 티끌에 묻혔으니 그 빛을 보지 못한다。
七月	이달의 운은 파랑새가 소식을 전하니 달밤에 가약이다。
八月	이달의 운은 시종이 분명하니 파종할 시기이다。
九月	이달의 운은 도화가 만발하니 마땅히 그 집도 즐겁다。
十月	이달의 운은 좋은 운이 차차 돌아오니 곧 복구된다。
十一月	이달의 운은 여우가 물을 건너나 그 머리가 젖는다。
十二月	이달의 운은 사슴을 보고 쫓지마라 숲속의 함정에 빠진다。

※三七괘、 1효 총설‖뜻밖에 손재오니 ※2효 총설‖반흉반길의 운이 된다。
항상 주의하라

월	1효	2효
正月	이달의 운은 은인이 원수가 되니 화가 눈앞에 있다。	이달의 운은 고목에 움이 돋으니 점차 봄빛이 돌아온다。
二月	이달의 운은 단비는 이미 지났으나 지엽이 빛난다。	이달의 운은 재앙과 허물이 연달아 오나 결국은 해소된다。
三月	이달의 운은 험중에 들어있으니 멀리 여행하는 것이 유리하다。	이달의 운은 곁에 사람의 해로 재앙과 화가 닥쳐온다。
四月	이달의 운은 완패한 난이 지대하나 처음은 곤궁하였으나 뒤에는 넉넉하다。	이달의 운은 보기에는 풍년이니 그림의 떡이로구나。
五月	이달의 운은 어두어서 나아가지 못하니 모든 일을 중지하라。	이달의 운은 일신을 반성하니 화기가 생긴다。
六月	이달의 운은 보기에는 풍년이나 그림의 떡이다。	이달의 운은 순풍에 돛을 달고 돌아오니 소원을 성취한다。
七月	이달의 운은 땀흘려 노력을 하니 반드시 그 댓가를 받는다。	이달의 운은 비교할때 머리가 없으니 심신이 스스로 어지럽다。
八月	이달의 운은 가산이 어지럽게 동하니 부부간에 불화를 한다。	이달의 운은 출행을 하면 불리하나 집에 있으면 무고하다。
九月	이달의 운은 형옥살이 침신을 하니 삼년의 재앙이다。	이달의 운은 성조하고 건립을 하니 이익이 사방에 있다。
十月	이달의 운은 우물을 파놓고 먹지 않으니 노력하면 그 복을 받는다。	이달의 운은 크게 탐하면 손해가 있으니 현상을 유지하라。
十一月	이달의 운은 그길이 막힘을 알고 출행을 하지 않는다。	이달의 운은 속히 판단을 하면 이루어지나 그렇지 않으면 실패를 한다。
十二月	이달의 운은 이제야 병을 치료하였으니 기쁘고 경사롭다。	이달의 운은 대인이 영전을 하니 천지가 합덕을 한다。

※3효 총설‖이별 화재 등을 주의할 운이다。

正月	이달의 운은 기회를 보아서 하고 불리하면 곧 중지하라。
二月	이달의 운은 빠르면 실패하고 느리게 하면 유리하다。
三月	이달의 운은 기러기가 언덕에 있으니 결국 길운을 얻는다。
四月	이달의 운은 오귀가 숲에 가득하니 가신에게 기도를 올려라。
五月	이달의 운은 구조하여주는 사람이 잇으니 능히 어려움을 돌파한다。
六月	이달의 운은 비교해 보면 사람의 짓이 아니니 역시 상하지 않겠는가。
七月	이달의 운은 여우와 같은 의심이 끊어지지 않으나 먼저는 안되고 뒤는 잘된다。
八月	이달의 운은 경영하는 일을 개혁하는 것이 길하다。
九月	이달의 운은 비록 험지에 있으나 결국 길함을 얻는다。
十月	이달의 운은 고목이 봄을 만나니 지엽이 빛난다。
十一月	이달의 운은 일에 정상됨이 없으면 왕패한 도를 쓴다。
十二月	이달의 운은 궁극에는 재앙이 생기니 닭이 어떻게 등천할 것이냐。

※4효 총설‖男女교재로 근심하는 운이다。

正月	이달의 운은 길성이 비쳤으니 가는 곳마다 공이 있다。
二月	이달의 운은 여인을 가까이 하지말라。 패가망신을 한다。
三月	이달의 운은 마음은 비록 충전할 듯하나 뜻대로 되지 않는다。
四月	이달의 운은 가까운 것을 버리고 먼것을 취하니 사리에 부당하다。
五月	이달의 운은 소와 같이 유순하니 변혁할 것이다。
六月	이달의 운은 대해를 건너고져 하나 배가 새어서 건너기 어렵다。
七月	이달의 운은 어두운 밤에 서로 싸우니 위험을 느낀다。
八月	이달의 운은 그 장세를 잃었으니 이기지 못한다。
九月	이달의 운은 새가 그물에 들었으니 어디로 가도 불리하다。
十月	이달의 운은 재앙은 가고 복이 오니 반드시 경사가 있다。
十一月	이달의 운은 사시사철 안정하면 형락함을 기약한다。
十二月	이달의 운은 험한 함정에 빠졌으나 사방으로 사람이 없다。

※5효 총설||욕심 버려라。 평탄하리라。

正月	이달의 운은 호랑이가 함정에 빠지니 하늘을 우러러 통곡을 한다。
二月	이달의 운은 배타는 곳을 가지마라。 수액수가 두렵다。
三月	이달의 운은 일이 처음은 길하였으나 열흘이 지나니 재앙이 생긴다。
四月	이달의 운은 그 밝음을 스스로 상하고 집을 나간다。
五月	이달의 운은 자기의 처소를 잃지 않으면 뜻을 얻는다。
六月	이달의 운은 윗자리에 있으면서 교만하지 마라。 그 권세가 오래가지 못한다。
七月	이달의 운은 여자의 천한 짓이니 전도가 막막하다。
八月	이달의 운은 귀신을 한차 실었으니 경영하는 일을 완수키 어렵다。
九月	이달의 운은 나를 도와주는 사람이 있으니 상하가 서로 응한다。
十月	이달의 운은 율법으로 군사를 내면 싸움마다 패배를 한다。
十一月	이달의 운은 고진감래이니 활동을 하면 이익을 본다。
十二月	이달의 운은 말을 타고 두번 장가드니 두갈래의 상이다。

※6효 총설||화재 여자관계 주의하라。

正月	이달의 운은 눈은 높고 솜씨는 낮으니 때를 기다리면 빛이 난다。
二月	이달의 운은 파랑새가 소식을 전하니 달밤에 가약이다。
三月	이달의 운은 그 처소를 잃지 않으면 확실하게 성공한다。
四月	이달의 운은 대인이 영달을 하니 상인은 재물을 얻는다。
五月	이달의 운은 그 소가 코를 상했으니 몸과 마음이 혼란하다。
六月	이달의 운은 여우가 물을 건너니 그 머리가 젖는다。
七月	이달의 운은 음해하는 그 사람을 덜어 버리면 전도가 광명하다。
八月	이달의 운은 형성이 명에 비쳤으니 관재와 구설을 조심하라。
九月	이달의 운은 목마른 말이 물을 얻으니 기쁨이 자연히 생긴다。
十月	이달의 운은 이익이 눈 앞에 있으니 먼곳에서 온 것이다。
十一月	이달의 운은 악을 쌓음이 산과 같으니 극히 어려우리라。
十二月	이달의 운은 재앙이 밖으로부터 오니 진흙구렁에 빠진 형상이다。

※三八괘、 1효 총설‖서서히 행하면 평탄하다。 ※2효 총설‖꾸준히 하면 성공된다。

月	1효	月	2효
正月	이달의 운은 날이 따뜻하고 바람이 온화하니 만물이 발아를 한다。	正月	이달의 운은 화재수가 명에 비치니 모든 일에 침체됨이 많다。
二月	이달의 운은 송사중에 길함이 있으니 반드시 그 이로움을 거두어 들이다。	二月	이달의 운은 호랑이가 함정에 빠져서 하늘을 우러러 통곡을 한다。
三月	이달의 운은 솟귀를 혁신하니 음양이 화합을 한다。	三月	이달의 운은 기회를 보아서 하고 불리하면 곧 중지하라。
四月	이달의 운은 그 나아감이 빠르면 그 물러남도 빠르다。	四月	이달의 운은 빠르면 실패하고 느리게 하면 유리하다。
五月	이달의 운은 앞은 산이요 뒤는 바다이니 앞길을 나아가기 어렵다。	五月	이달의 운은 기러기가 언덕에 오느니 종말에는 길운을 얻는다。
六月	이달의 운은 자기의 과실을 알지 못하고 나아가면 화액을 당한다。	六月	이달의 운은 오귀가 숲에 가득하니 가신에게 기도를 드리라。
七月	이달의 운은 앞 뒤로 삼이니 경일에 성사가 된다。	七月	이달의 운은 구조하여주는 사람이 있으니 능히 어려움을 돌파한다。
八月	이달의 운은 기러기가 반석에 앉았으니 마시고 먹는 것이 편안하다。	八月	이달의 운은 비교하여보면 사람의 짓이 아니니 역시 상하지 않겠는가。
九月	이달의 운은 정사가 완성되었으니 반드시 성공이 있으리라。	九月	이달의 운은 여우와 같은 의심이 풀리지 않으나 먼저는 안되고 뒤는 잘된다。
十月	이달의 운은 수액수가 두렵고 화재수도 조심하라。	十月	이달의 운은 경영하는 일을 개혁하는 것이 길하다。
十一月	이달의 운은 넓고 먼 험지에서 앞길을 찾기 어렵다。	十一月	이달의 운은 비록 험지에 있으나 종말에는 반드시 득길을 한다。
十二月	이달의 운은 노력하여도 공이 없으니 타인을 믿지 마라。	十二月	이달의 운은 고목이 봄을 만나니 지엽이 빛난다。

※ 3효 총설‖지금부터 좋은 운이므로 노력하라。

正月	이달의 운은 곁에 사람의 해로 재앙과 화액이 닥쳐온다。
二月	이달의 운은 보기에는 풍년이나 그림에 떡이다。
三月	이달의 운은 일신을 반성하면 화기가 생긴다。
四月	이달의 운은 순풍에 돛을 달고 돌아오니 소원을 성취한다。
五月	이달의 운은 비교하여보면 머리가 없으니 심신이 스스로 어지럽다。
六月	이달의 운은 출행을 하면 불리하나 집에 있으면 무고하다。
七月	이달의 운은 성조하고 건립을 하니 이익이 사방에 있다。
八月	이달의 운은 크게 탐하면 손해가 있으니 현상을 유지하라。
九月	이달의 운은 속히 판단하면 성사가 되고 그렇지 않으면 실패를 한다。
十月	이달의 운은 대인이 영전을 하니 천지가 합덕을 한다。
十一月	이달의 운은 재앙이 밖으로부터 오니 험한 진흙땅에 빠진다。
十二月	이달의 운은 소인이 득세를 하면 군자는 해를 받는다。

※ 4효 총설‖항상 사람을 경계하라。

正月	이달의 운은 대인이 득록을 하니 소인은 실패한다。
二月	이달의 운은 송사에 이기지 못하고 집에 돌아와 쥐나 잡는다。
三月	이달의 운은 울고 울어 불안하니 일에 번패됨이 많다。
四月	이달의 운은 꽃을 꺾고저하니 꺾으면 도리어 해가 된다。
五月	이달의 운은 출행하여 벗을 사귀니 가는 곳마다 공이 있다。
六月	이달의 운은 아래로 구하는 혼인이 길하나 그 힘이 미치지 않는다。
七月	이달의 운은 믿음있게 노력을 하니 종말에는 반드시 득리를 한다。
八月	이달의 운은 달이 보름밤을 만났으니 천하를 밝게 비춘다。
九月	이달의 운은 곧 어려움에서 벗어나니 먼저는 안되고 뒤에는 잘된다。
十月	이달의 운은 용이 머리가 없으니 조화를 부리지 못한다。
十一月	이달의 운은 비록 사지라고는 하나 나아가면 어려움을 벗어난다。
十二月	이달의 운은 우물물을 먹지 못하니 버리고 돌아보지도 않는다。

※5효 총설‖직업전환하며 주의하라。

正月	이달의 운은 재앙과 허물이 연달아 오나 결국은 해소된다。
二月	이달의 운은 기둥이 부러졌으니 보수를 하여야 한다。
三月	이달의 운은 우뢰가 진동하여 두려우나 화는 몸에 미치지 않는다。
四月	이달의 운은 태양이 비로소 생하니 전도가 유망하다。
五月	이달의 운은 안에서 도와도 이루지 못하니 모든 일이 불리하다。
六月	이달의 운은 음이 양을 치니 여자를 가까이 하지 마라。
七月	이달의 운은 염소가 울타리를 떠받으니 강장한 것이 먼저 부러진다。
八月	이달의 운은 길하여서 이롭지 않은 것이 없으니 하늘의 도움이리라。
九月	이달의 운은 양이 실하고 음이 허하니 이름 뿐이고 실상은 없다。
十月	이달의 운은 땅속에서 발아하니 때늦게 빛이 난다。
十一月	이달의 운은 주식으로 잔치하여 즐기니 경사났도다。
十二月	이달의 운은 가는 자를 쫓지 마라。 칠일이면 되돌아 온다。

※6효 총설‖착수전에 검토하면 길하다。

正月	이달의 운은 발이 닳도록 출행하였으나 관재와 구설만 침래한다。
二月	이달의 운은 덕을 베풀어 밝고 빛나니 천지가 안정된다。
三月	이달의 운은 괴이하고 어긋치어 불합을 하니 먼저는 안되고 뒤는 크다。
四月	이달의 운은 일에 두서가 없으니 수심이 그치지 않는다。
五月	이달의 운은 재물을 산과 같이 쌓았으나 소아에게 해가 있다。
六月	이달의 운은 진퇴가 자유롭지 못하니 직업을 바꿀 수이다。
七月	이달의 운은 노력을 하면 공이 있으니 자중해서 길함을 얻으라。
八月	이달의 운은 위태함을 알고 능히 경계하며 전업을 굳게 지키라。
九月	이달의 운은 한마음으로 힘을 합하면 그 이웃까지도 넉넉해진다。
十月	이달의 운은 분수밖의 것을 탐하지 마라。 불의의 재앙이 있다。
十一月	이달의 운은 오는 손님을 공경하면 길한 일이 점차 생긴다。
十二月	이달의 운은 일에 정상됨이 없으면 왕패한 도를 쓴다。

※四、一괘 1효 총설‖운기가 길하게 왔으니 노력하라。

月	운세
正月	이달의 운은 마음부터 용기가 나는 달이다。
二月	이달의 운은 여자와 동업만은 하지 말라。손재 있으리라。
三月	이달의 운은 귀인이 있으니 협조적으로 하면 매사 길하다。
四月	이달의 운은 여행하면 건강운이 불길하니 여행주의하라。
五月	이달의 운은 남녀 교재로 손해보니 교재주의하라。
六月	이달의 운은 물가에 가면 물귀신이 덤벼서 물에 빠진다。
七月	이달의 운은 산신에 기도 하면 만사 길하다。
八月	이달의 운은 고집 부려서 손해 보니 성격을 주의하라。
九月	이달의 운은 물건을 사고 파는데 주의하라。속는다。
十月	이달의 운은 금전거래 주의하라。손재 있다。
十一月	이달의 운은 밤길 다니면 몸 다친다。
十二月	이달의 운은 객지에 가면 교통사고 당한다。

※2효 총설‖사람을 믿어야 되지만 이번만은 믿지 말라。

月	운세
正月	위장병오니 건강관리에 주의하라。
二月	이달의 운은 부모나 혹은 웃사람과 언쟁주의하라。
三月	이달의 운은 매사를 인내하면 이득있다。
四月	이달의 운은 마음을 근실하게 갖으면 길하다。
五月	이달의 운은 투기심은 없어야 된다。불연이면 손재 있다。
六月	이달의 운은 지나친 욕심을 부리다가 크게 손해 있다。
七月	이달의 운은 높은 산에 가지 말라。낙상수있기 쉽다。
八月	이달의 운은 언쟁 송사는 주의하라。진다。
九月	이달의 운은 부동산 계약하면 이득있다。
十月	이달의 운은 남에 말을 하지 말라。구설있다。
十一月	이달의 운은 고집 부리면 손해 있다。
十二月	이달의 운은 원행하면 이득있다。

※3효 총설‖투기심은 평생을 망치게 하리라。

正月	이달의 운은 나를 도우는 사람이 있으니 위 아래가 서로 응한다。
二月	이달의 운은 율법으로써 군사를 내 백전백패한다。
三月	이달의 운은 속히 판단하면 성사하고 그렇지 못하면 시기를 잃는다。
四月	이달의 운은 말을 타고 두번 혼인하니 기로에 서 있는 상이다。
五月	이달의 운은 극도로 궁하고 재앙이 생기니 닭이 어떻게 등천을 하까
六月	이달의 운은 부부간에 뜻이 맞지 않으니 집안이 시끄럽다。
七月	이달의 운은 이제야 씩씩한 말을 얻으니 능히 천리를 간다。
八月	이달의 운은 대호의 세력이 다 하니 여우와 산고양이가 침노한다。
九月	이달의 운은 가산이 어지러이 동하니 부부간에 불화한다。
十月	이달의 운은 군음이 모두 사라지니 양기가 점차 창성한다。
十一月	이달의 운은 기러기가 육지에 오르니 사리에 부당하다。
十二月	이달의 운은 구조하여 주는 사람이 있으니 어려움을 돌파한다。

※4효 총설‖매사를 침착히 하면 평안하리라。

正月	이달의 운은 음이 양을 치니 여색을 가까이 말라。
二月	이달의 운은 작은 것으로 인하여 큰 것을 잃는다。
三月	이달의 운은 재앙은 가고 복이 오니 반듯이 경사가 있다。
四月	이달의 운은 위태함을 알고 자제하면 별로 큰 액은 없다。
五月	이달의 운은 형성이 명에 비치니 송사에 불리하다。
六月	이달의 운은 작은 것으로 큰 것을 만드니 영화를 볼 것이다。
七月	이달의 운은 소인이 득세하면 군자는 물러간다。
八月	이달의 운은 이익을 도모함이 뜻과 같으니 가면 경사가 있다。
九月	이달의 운은 소인이 득세하면 군자는 물러간다。
十月	이달의 운은 마음은 비록 하늘을 찌를 듯하나 뜻대로 되기는 어렵다。
十一月	이달의 운은 기러기가 평탄한 가지에 앉았으니 경영하는 바가 손탄하다。
十二月	이달의 운은 큰 액이 앞에 당하였으니 예방하는 것이 상책이다。

※5효 총설‖노력해도 머리가 아프니 인내하라。

正月	이달의 운은 귀신을 차에 가득 실었으니 경영하는 일이 잘되지 않는다。
二月	이달의 운은 재물을 산과 같이 쌓았으나 어린아이에게 해가 있다。
三月	이달의 운은 스스로 나아가지 못하니 다른 사람의 제압을 받는다。
四月	이달의 운은 어두어서 나아가지 못하니 곤몽함을 알겠다。
五月	이달의 운은 크게 밝음이 위에 있으니 반듯이 큰 복을 받는다。
六月	이달의 운은 대인이 녹을 얻으니 소인은 실패를 한다。
七月	이달의 운은 화재수가 명에 비치니 모든 일에 침체됨이 없다。
八月	이달의 운은 호랑이가 함정에 빠져서 하늘을 우러러 통곡을 한다。
九月	이달의 운은 기회를 봐서 하고 불리하면 곧 중지하라。
十月	이달의 운은 급히 처리하면 실패하고 느리게 처리하는 것이 유리하다。
十一月	이달의 운은 기러기가 점차 언덕에 오르니 결국 길운을 얻는다。
十二月	이달의 운은 오귀가 숲 속에 가득하니 가신에게 기도를 드려라。

※6효 총설‖매사불길하니 주의하라。

正月	이달의 운은 음양이 비로서 화합하니 만물이 화생한다。
二月	이달의 운은 사시 사철 편하고 조용하니 형락할 것이다。
三月	이달의 운은 돌과 같이 굳게 앉아 있으니 재난이 침범하지 못한다。
四月	이달의 운은 겉으로는 좋게 보이나 시작뿐이고 끝맺음이 없다。
五月	이달의 운은 음이 반드시 양을 해치니 여자를 조심하라。
六月	이달의 운은 새가 그 깃을 불살았으니 재란이 연달아 온다。
七月	이달의 운은 밝음을 등지고 어두움을 향하니 심사가 불안하다。
八月	이달의 운은 새가 날개를 상했으니 삼일을 먹지 않는다。
九月	이달의 운은 성심껏 노력하니 반드시 그 댓가를 받는다。
十月	이달의 운은 위에서 응원하지 않으니 자리하기에 어려움이 많다。
十一月	이달의 운은 기러기 높이 날으니 아무것도 거리낌이 없다。
十二月	이달의 운은 봄바람에 뜻을 얻으니 경영하는 일이 뜻에 따른다。

※四二괘、 1효 총설‖신규에 손대지 않으면 손해없다。 ※2효 총설‖현상유지에 노력하라。 만사 평탄하리라。

月	1효
正月	이달의 운은 용이 물을 얻으니 살꾀가 그 속에 있다。
二月	이달의 운은 대인이 범으로 변하니 문채가 밝다。
三月	이달의 운은 우뢰가 백리를 동하나 소리뿐이고 형상은 없다。
四月	이달의 운은 악을 쌓아 죄가 크니 귀를 없앨 흉합이다。
五月	이달의 운은 태양이 비로소 생하니 전도가 유망하다。
六月	이달의 운은 얼음과 첫서리가 내리니 심신이 안정되지 않는다。
七月	이달의 운은 작은 일에 길함이 있고 큰 일에는 흉합이 있다。
八月	이달의 운은 빨리 처단하면 이루어지고 그렇지 않으면 때를 잃는다。
九月	이달의 운은 이익은 끝나고 손해가 오니 곤한 용이 물을 잃은 상이다。
十月	이달의 운은 여자를 취하여 쓰지마라。 행실이 순하지 못하다。
十一月	이달의 운은 소인의 짓이 길어 가니 군자는 물러 간다。
十二月	이달의 운은 신선이 길을 인도하니 나아가면 공이 있다。

月	2효
正月	이달의 운은 여자의 천한 짓이니 앞길이 암담하다。
二月	이달의 운은 귀신을 한차 실었으니 경영사가 잘 되지 않는다。
三月	이달의 운은 나를 도와주는 사람이 있으니 상하가 서로 응한다。
四月	이달의 운은 율법으로써 군사를 내니 싸움마다 패전을 한다。
五月	이달의 운은 고진감래하니 활동하면 이익을 본다。
六月	이달의 운은 말을 타고 두번 장가가니 두갈래의 형상이다。
七月	이달의 운은 궁극에는 재앙이 생기니 닭이 어떻게 등천을 하는냐。
八月	이달의 운은 부부간에 뜻이 맞지 않으니 가택이 어지럽게 동한다。
九月	이달의 운은 이제 씩씩한 말을 얻으니 능히 천리를 간다。
十月	이달의 운은 대인이 영달을 하니 소인을 재앙이 생긴다。
十一月	이달의 운은 가산이 어지럽게 동하니 부부간에 불화를 한다。
十二月	이달의 운은 군음이 사라지니 양기가 점차 찬성한다。

※3효 총설=모든 일을 확실히 하면 성공한다。

正月	이달의 운은 양이 실하고 음이 허하니 이름뿐이고 실상은 없다。
二月	이달의 운은 지중에서 발아를 하니 때 늦게 빛이 난다。
三月	이달의 운은 우뢰가 동하여 비록 위태하나 스스로 지키면 상함이 없다。
四月	이달의 운은 가는 사람을 쫓지 말라。 칠일이면 되돌아 온다。
五月	이달의 운은 소인이 득세를 하니 군자는 해를 받는다。
六月	이달의 운은 혹 노래하고 혹 우니 스스로의마음을 정하지 못한다。
七月	이달의 운은 우물물이 탁해서 먹지 못하니 버리고 보지도 않는다。
八月	이달의 운은 군왕을 도와주는 사람이 없으니 나라잃는 근심이다。
九月	이달의 운은 기러기가 반석에 앉았으니 마시고 먹는 것이 편안하다。
十月	이달의 운은 위풍과 무력을 쓰지 않고 어떻게 천하를 평정하느냐。
十一月	이달의 운은 가산이 난동을 하니 부부간에 불화를 한다。
十二月	이달의 운은 비교하면 머리가 없으니 심신이 자연히 어지럽다。

※4효 총설=매사를 안전하게 하면 성공한다。

正月	이달의 운은 윗자리에 있으면서 교만하지 마라。 그 권세가 오래가지 못한다。
二月	이달의 운은 급히 나아가면 성사를 하나 느리면 실패를 한다。
三月	이달의 운은 용이 그 머리가 없으니 조화를 부리기 어렵다。
四月	이달의 운은 호랑이를 밟아 사람을 무르니 반드시 상해함을 본다。
五月	이달의 운은 자기의 힘을 어긋지지 않고 군사를 내나 크게 패한다。
六月	이달의 운은 삼품 벼슬을 얻으니 상하가 성공한다。
七月	이달의 운은 기러기가 반석에 앉으니 마시고 먹는 것이 편안하다。
八月	이달의 운은 상하는 바가 많지 않으니 결국 칭찬의 소리가 있다。
九月	이달의 운은 물고기와 용이 물을 잃으니 곤란함을 가진다。
十月	이달의 운은 울고 울어 불안하니 일에 번패됨이 많다。
十一月	이달의 운은 나라의 홍성하는 빛을 보니 내 몸에도 영화를 입는듯하다。
十二月	이달의 운은 맡은 일을 감당하지 못하면 침제됨을 면치 못한다。

※5효 총설‖모든 면에 욕심없게 하면 무사하다。

正月	이달의 운은 찬기운이 제거되지 못하였으니 시기가 빠르다。
二月	이달의 운은 소가 코를 상하였으니 몸과 마음이 산란하다。
三月	이달의 운은 손이 없어졌으니 어느때나 복구될 것인가。
四月	이달의 운은 앞은 산이요 뒤는 바다라 앞길을 나아가기 어렵다。
五月	이달의 운은 이제야 종들을 얻으니 자본과 재물이 넉넉하다。
六月	이달의 운은 길성이 문에 드니 가는 곳마다 공이 있다。
七月	이달의 운은 대지가 윤택하니 만물이 무성하다。
八月	이달의 운은 재앙과 허물이 연달아오니 결국은 해소된다。
九月	이달의 운은 곁의 사람의 해로 재앙과 화액이 들어 온다。
十月	이달의 운은 보기에는 풍년이나 그림의 떡이다。
十一月	이달의 운은 일신을 스스로 반성을 하면 화기가 점차 생긴다。
十二月	이달의 운은 순풍에 돛을 달고 돌아오니 소원이 성취된다。

※6효 총설‖비색하니 조심조심 하라。

正月	이달의 운은 도로가 험난하니 불의의 재앙이 있다。
二月	이달의 운은 건조하고 수선을 하니 일이 많을 때다。
三月	이달의 운은 자기의 분수를 알아서 옛것을 지키면 항상 편안하다。
四月	이달의 운은 사사로운 물건이 집에 들어오니 오귀가 집에 가득하다。
五月	이달의 운은 배타는 데를 가지 마라。 수액수가 두렵다。
六月	이달의 운은 오직 읍을 치나 그 짓이 아름답지 못하다。
七月	이달의 운은 입을 다물고 말없이 조심하면 해는 없다。
八月	이달의 운은 찬골짜기에 봄이 돌아오니 시기가 아직 빠르다。
九月	이달의 운은 비록 앞의 새는 잃었으나 내 이익은 뒤에 있다。
十月	이달의 운은 험할 것을 알고 예방을 하면 액을 면한다。
十一月	이달의 운은 다른 사람과 동업을 하면 반드시 그 해를 받는다。
十二月	이달의 운은 기러기가 육지에 앉았으니 사리에 부당하다。

※四三괘　1효 총설∥매사에 인내 침착하면 성공된다。

※2효 총설∥오해가 많으니 침착하게 하라。

月	1효	月	2효
正月	이달의 운은 자기의 위치를 잃지 않으면 뜻 얻음을 가히 안다。	正月	이달의 운은 우뢰가 백리를 진동하나 소리는 있어도 형태는 없다。
二月	이달의 운은 윗자리에 있으면서 교만하지 말라。그 권세가 오래가지 못한다。	二月	이달의 운은 악을 쌓아 죄가 크니 귀를 떼어버릴 흉한 일이다。
三月	이달의 운은 여자의 천한 짓이 앞길을 어둡게 한다。	三月	이달의 운은 태양이 비로소 생기니 전도가 유망하다。
四月	이달의 운은 귀신을 한차 실었으니 경영하는 바를 수행키 어렵다。	四月	이달의 운은 찬 서리가 처음 내리니 심신을 정하지 못한다。
五月	이달의 운은 나를 도우는 사람이 있으니 위 아래가 서로 응한다。	五月	이달의 운은 작은 일에 길하고 큰 일에 흉하다。
六月	이달의 운은 율법으로 군사를 내니 백전백패한다。	六月	이달의 운은 빨리 판단하면 성사되고 그렇지 않으면 시기를 잃는다。
七月	이달의 운은 고생을 다 하였으니 활동하면 이익을 본다。	七月	이달의 운은 이익이 끝나고 ·손해가 오니 곤한 용이 물을 잃은 격이다。
八月	이달의 운은 말을 타고 두번 장가드니 두갈래 길의 상이다。	八月	이달의 운은 망신살이 명에 비치니 그 집의 절도를 잃는다。
九月	이달의 운은 극히 궁하고 재앙이 생기니 닭이 어떻게 하늘을 오르랴。	九月	이달의 운은 소인의 도가 길어가니 군자는 물러간다。
十月	이달의 운은 부부간에 뜻이 맞지 않으니 집안이 어지러이 동한다。	十月	이달의 운은 선인이 앞길을 인도하니 나아가면 공이 있다。
十一月	이달의 운은 이제야 좋은 말을 얻으니 능히 천리를 간다。	十一月	이달의 운은 순풍에 돛을 달고 돌아오니 소원성취한다。
十二月	이달의 운은 대호의 세력이 다하니 여우와 산고양이가 침노한다。	十二月	이달의 운은 무력으로도 굴하지 않으니 어린듯함이 길하다。

※ 3효 총설=현상유지로 지내면 만사 길하리라。

正月	이달의 운은 스스로가 밝음을 상하니 집에서 나간다。
二月	이달의 운은 냇물을 건너는데 어려움이 있으니 어디로 가도 건너지 못한다。
三月	이달의 운은 조상에게 공을 드리면 그 복을 받는다。
四月	이달의 운은 비록 험한 곳에 있으나 종말에는 반드시 길하다。
五月	이달의 운은 수신하고 제가를 하고 있으면 복록이 스스로 따른다。
六月	이달의 운은 천구가 해를 끼치니 흉사가 앞에 있다。
七月	이달의 운은 기러기가 한번 날으니 물가에 가까와 진다。
八月	이달의 운은 대인이 영달하니 소인은 재앙이 생긴다。
九月	이달의 운은 오귀가 숲에 가득하니 가신에게 기도를 드려라。
十月	이달의 운은 하늘이 도와 주니 계속 상승한다。
十一月	이달의 운은 상하가 모도 응하니 대사를 능히 도모한다。
十二月	이달의 운은 형살이 몸에 침노하니 삼년의 액이다。

※ 4효 총설=남의 말도 들어서 행하면 길하다。

正月	이달의 운은 대인이 범으로 변하니 문체가 밝다。
二月	이달의 운은 어두운 밤에 서로 싸우니 위험함은 당연하다。
三月	이달의 운은 거치른 황무지를 누가 개척할 것인가。
四月	이달의 운은 행인이 소를 가져 갔는데 재앙은 내가 받는다。
五月	이달의 운은 위험이 눈 앞에 있으니 어디간들 재앙이 없을가。
六月	이달의 운은 기러기가 평탄한 가지에 앉으니 경영하는 일이 순성된다。
七月	이달의 운은 여자를 가까이 말라。 패가망신한다。
八月	이달의 운은 솥 속에 가득 들어있으니 진미를 능히 먹을 수 있다。
九月	이달의 운은 윗 사람을 따르라。 홀로 하면 실패한다。
十月	이달의 운은 물건이 궁하면 변동이 있어 점차 생기가 새롭다。
十一月	이달의 운은 작은 것으로 큰 것을 만드니 영화를 본다。
十二月	이달의 운은 변동할 수이나 시기가 아직 이르다。

※5효 총설‖매사 진퇴양난이니 인내하라。

正月	이달의 운은 왕이 군사를 써서 그 나라를 바로 잡는다。
二月	이달의 운은 형액살이 명에 비치니 육중에 독이 있다。
三月	이달의 운은 나그네가 당도할 때 재앙과 근심이 침입한다。
四月	이달의 운은 기회를 보아서 하라。 불리하면 곧 중지하라。
五月	이달의 운은 은인이 원수가 되니 화가 눈앞에 있다。
六月	이달의 운은 단비가 이미 지났으니 가지와 잎이 빛이 난다。
七月	이달의 운은 험한 곳에 들어 있으나 냇물을 건너는 것이 유리하다。
八月	이달의 운은 왕래한 난이 크게 오니 처음은 곤하고 뒤에는 크다
九月	이달의 운은 어두어서 나아가지 못하니 곤하고 회미하다。
十月	이달의 운은 아래는 덜고 위를 더하니 기회를 보아서 하라。
十一月	이달의 운은 땀을 흘리며 노력을 하면 반드시 그 댓가를 받는다。
十二月	이달의 운은 가산이 어지러이 동하니 부부간에 불화한다。

※6효 총설‖과거를 잊는 길은 성공의 길이다。

正月	이달의 운은 호랑이가 함정에 빠져서 하늘을 우러러 통곡한다。
二月	이달의 운은 밝음을 등지고 어둠을 향하니 심사가 불안하다。
三月	이달의 운은 모든 액이 물러나니 재앙은 사라지고 복이 온다。
四月	이달의 운은 늙은 여자가 신랑을 얻으니 망신할 운이다。
五月	이달의 운은 사방으로 돌아봐도 적들뿐이니 실패할가 두렵다。
六月	이달의 운은 타인을 믿지 말라。 믿는 도끼에 발을 상한다。
七月	이달의 운은 대군이 출전을 하니 어려움을 알고 후퇴한다。
八月	이달의 운은 나무를 붙들고 생선을 구하니 일에 허망함이 많다。
九月	이달의 운은 장차 험지에 나가니 그 힘이 배가 든다。
十月	이달의 운은 위 아래를 비교할 때 공연히 동하면 도리어 해가 된다。
十一月	이달의 운은 그 피를 뿌리며 가니 해액이 스스로 멀리 간다。
十二月	이달의 운은 매사 경영하는 바가 바람 앞에 등불이다。

四四괘、※ 1효 총설＝좋은 일이 생길 ※2효 총설＝뜻밖에 손해오니 주의하라。운이다。

월	1효	월	2효
正月	이달의 운은 내조하여도 성사치 못하니 모든 일이 불리하다。	正月	이달의 운은 국왕이 어리석으니 충성스런 말이 쓸데가 없다。
二月	이달의 운은 음이 양을 치니 여색을 가까이 말라。	二月	이달의 운은 왕이 군사를 써서 그 나라를 바로 잡는다。
三月	이달의 운은 염소가 울타리를 떠받으니 강한 것이 패한다。	三月	이달의 운은 스스로 고 밝음을 상하니 집에서 나가지 말라。
四月	이달의 운은 길한 것이 이롭지 않음이 없으니 하늘이 도왔도다。	四月	이달의 운은 냇물을 건너는데 어려움이 있으니 어디로 가도 건너지 못한다。
五月	이달의 운은 양이 실하고 음이 허하니 이름은 있으나 실상은 없다。	五月	이달의 운은 조상에게 공을 드리면 실로 그 복을 받는다。
六月	이달의 운은 땅속에서 싹이트니 늦게야 빛이 난다。	六月	이달의 운은 비록 험지에 있으나 종말에는 반드시 길하다。
七月	이달의 운은 술과 안주로 잔치하여 즐기니 경사가 문에든다。	七月	이달의 운은 수신 제가를 하면 복록이 스스스로 따른다。
八月	이달의 운은 가는 자를 쫓지 말라。 칠일이면 되돌아온다。	八月	이달의 운은 친구가 해를 끼치니 흉한 일이 눈 앞에 있다。
九月	이달의 운은 소인이 득세하니 군자는 해를 받는다。	九月	이달의 운은 기러기가 한번 날아 물가에 가까와 진다。
十月	이달의 운은 혹 노래하고 혹 우니 스스로의 마음을 정하지 못한다。	十月	이달의 운은 아래로 구하는 혼인은 길하나 그 힘이 미치지 못한다。
十一月	이달의 운은 진퇴가 불안하니 스스로의 뜻을 정하지 못한다。	十一月	이달의 운은 오귀가 숲에 가득하니 가신에게 기도를 드려라。
十二月	이달의 운은 군왕을 두지 못하니 나라를 잃을가 근심이다。	十二月	이달의 운은 하늘이 도와주니 한길로 발전한다。

※ 3효 총설‖신병이 급히 오니 조심하라。

正月	이달의 운은 양기가 한줄기 비로소 비치니 앞길이 유망하다。
二月	이달의 운은 찬 서리가 처음으로 내리니 몸과 마음을 정하지 못한다。
三月	이달의 운은작은 일은 길하고 큰 일은 흉하다。
四月	이달의 운은 빨리 판단하면 성사하나 그렇지 않으면 때를 잃는다。
五月	이달의 운은 이익이 끝나고 손해가 오니 곤한 용이 물을 잃은 격이다。
六月	이달의 운은 망신살이 명에 비치니 그 집의 절도를 잃는다。
七月	이달의 운은 소인도가 길으니 군자는 물러간다。
八月	이달의 운은 선인이 길을 인도하니 나아가면 공이 있다。
九月	이달의 운은 순풍에 돛을 달고 돌아오니 소원을 성취한다。
十月	이달의 운은 무력에 굴복하지 않으니 어리석은듯함이 대길하다。
十一月	이달의 운은 매사를 경영하는 바가 바람앞에 등불같다。
十二月	이달의 운은 정사를 완성하였으니 반드시 성공한다。

※ 4효 총설‖원숭이 행세는 실패의 근원이다。

正月	이달의 운은 길사와 경사가 아울러 오니 하늘이 도와준다。
二月	이달의 운은 믿음으로서 노력을 하면 결국은 반드시 두리를 한다。
三月	이달의 운은 그런가 그런가 했더니 궁지에 빠지고 말았다。
四月	이달의 운은 높은 언덕에 올랐으니 삼년이나 일어나지 못한다。
五月	이달의 운은 소인의 도는 큰 일에 불가하다。
六月	이달의 운은 나라의 광채를 보니 몸에 영화가 있다。
七月	이달의 운은 송사에 이기지 못하고 집에 올아와 쥐나 잡는다。
八月	이달의 운은 가문 뒤에 단비가 내리니 만물이 생기를 얻는다。
九月	이달의 운은 개과천선을 하면 화액을 면한다。
十月	이달의 운은 내 몸을 양보하고 인내로서 이루면 재앙과 액을 면한다。
十一月	이달의 운은 삼품 벼슬을 얻으니 위 아래가 성공한다。
十二月	이달의 운은 좋은 운이 점차 돌아오니 오래지 않아 스스로 복구한다。

※ 5효 총설‖열심한 자는 성공한다。

正月	이달의 운은 악을 쌓아 죄가 크니 귀를 잘릴 흉한 일이다。
二月	이달의 운은 날이 저물어 나루터에 당도하였으나 배가 없다。
三月	이달의 운은 빨리 하고져하나 힘이 달하지 못하고 스스로 그 바름을 지키라。
四月	이달의 운은 곁의 사람의 해로 재화가 문에 든다。
五月	이달의 운은 날이 따뜻하고 바람이 온화하니 만물이 발아한다。
六月	이달의 운은 송사 중에 길함이 있으니 반드시 이익을 거둔다。
七月	이달의 운은 솟귀를 고치니 음양이 화합한다。
八月	이달의 운은 나아감이 빠르면 물러남도 역시 빠르다。
九月	이달의 운은 기회를 보아서 하고 불리하면 곧 중지하라。
十月	이달의 운은 자기의 과실을 알지 못하면 갈수록 재앙이 있다。
十一月	이달의 운은 선삼 후삼일이니 경일에 성공한다。
十二月	이달의 운은 기러기가 반석에 앉으니 음식이 불안하다。

※ 6효 총설‖운이 약하니 인내로 지내라。

正月	이달의 운은 자기의 임무를 다하지 못하면 스스로 화를 취한다。
二月	이달의 운은 입을 다물고 말을 하지 말라。 조심을 하면 해가 없다。
三月	이달의 운은 사악을 제거하고 문을 열면 복이 온다。
四月	이달의 운은 제사를 잘 모시면 곧 그 복을 받는다。
五月	이달의 운은 자신의 덕을 닦지 않으면 패가망신을 한다。
六月	이달의 운은 음식을 장만(조리)할 줄 알면 정주의 덕을 이룬다。
七月	이달의 운은 명산대천에 기도하면 성공한다。
八月	이달의 운은 봄풀이 싹트니 날로 달로 자란다。
九月	이달의 운은 우물 물이 깨끗하고 맑으니 안심하고 마신다。
十月	이달의 운은 성패가 많으니 어려운 때드라。
十一月	이달의 운은 자기의 무기인 도끼를 잃었으니 오는 적을 어떻게 막을가。
十二月	이달의 운은 위 아래가 모두 응하고 있으니 능히 대사를 도모한다。

四五괘

※ 1효 총설‖분수에 맞게 행하면 무사하다。

正月	이달의 운은 자기의 분수를 알아 옛것을 지키면 항상 편안하다。
二月	이달의 운은 사사로운 물건이 집에 드니 오귀가 집에 가득하다。
三月	이달의 운은 배타는데 가지 말라。 수액수가 두렵다。
四月	이달의 운은 오직 그 읍을 치나 그 도가 빛나지 못한다。
五月	이달의 운은 입을 다물고 말없이 조심하면 해롭지 않다。
六月	이달의 운은 찬 골짜기에 봄이 돌았으나 아직 시기가 이르다。
七月	이달의 운은 비록 앞에 있는 새는 잃었으나 나의 이익은 뒤에 있다。
八月	이달의 운은 험함을 알고 미리 예방하면 그 해를 받는다。
九月	이달의 운은 남과 같이 일을 하니 반드시 그 해를 받는다。
十月	이달의 운은 기러기가 육지에 오르는 것은 사리에 부당하다。
十一月	이달의 운은 맡은 일을 감당치 못하면 침체됨을 면치 못한다。
十二月	이달의 운은 수신하고 제가하면 집 밖에 나가지 말라。

※ 2효 총설‖실패수 있으니 주의하라。

正月	이달의 운은 사방으로 적이니 실물할가 두렵다。
二月	이달의 운은 타인을 믿지 말라。 믿는 도끼에 발을 상한다。
三月	이달의 운은 대군이 출전을 하니 어려움을 알고 후퇴한다。
四月	이달의 운은 나무를 붙들고 생선을 구하니 일에 허망함이 많다。
五月	이달의 운은 장차 험지에 나가니 그 힘이 배가 든다。
六月	이달의 운은 위 아래를 비교할 때 공연히 동하면 도리어 해롭다。
七月	이달의 운은 그 피를 뿌리며 가니 해액이 자연히 멀리 간다。
八月	이달의 운은 경영하는 모든 일이 바람 앞에 등불이다。
九月	이달의 운은 변동할 수이나 아직 시기가 이르다。
十月	이달의 운은 호랑이를 밟아서 비록 위태하나 치지 않으면 물지 않는다。
十一月	이달의 운은 이익이 눈앞에 있으니 먼 곳에서 스스로 온다。
十二月	이달의 운은 강하게 바람이 많으니 배를 타는 것은 불가하다。

※ 3효 총설‖경거망동하다가 실패한다。 총설‖부부 불화 주의하라。

正月	이달의 운은 명산대천에 기도를 드리면 성공한다。
二月	이달의 운은봄풍에 싹이 트니 날로 달로 자란다。
三月	이달의 운은 우물 물이 깨끗하고 맑으니 안심하고 마신다。
四月	이달의 운은 승패가 많으니 어려운 때이다。
五月	이달의 운은 자기의 무기인 도끼를 잃었으니 오는 적을 어떻게 막을가。
六月	이달의 운은 위와 아래가 모두 응하니 능히 큰 일올 도모한다。
七月	이달의 운은 좋은 운이 점차 돌아오니 오래지 않아 스스로 복구한다。
八月	이달의 운은 위는 비고 아래는 넓으니 진퇴를 정하지 못한다。
九月	이달의 운은 분수외의 것은 탐하지 말라。 불의의 재앙이 있다。
十月	이달의 운은 재물과 비단이 문에 들어오나 옳지 않은 것은 받지 말라。
十一月	이달의 운은 천구가 해를 끼치니 흉사가 눈 앞에 있다。
十二月	이달의 운은 피눈물이 연달아 흐르니 사지에서 생을 구한다。

正月	이달의 운은 늙은 부인이 신랑을 얻으니 망신할 운이다。
二月	이달의 운은 공연히 뛰어 불안하니 활동하면 흉하고 가만이 있으면 길하다。
三月	이달의 운은 까마귀와 공작이 그깃털을 잃으니 어디로 향하여 갈 것인가。
四月	이달의 운은 윗 사람을 따르라。 홀로 행하면 실패한다。
五月	이달의 운은 문밖에서 사람들과 같이 하니 전도가 유망하다。
六月	이달의 운은 처음은 곤궁하였으나 뒤에는 잘 되니 화기가 점점 생긴다。
七月	이달의 운은 사사로운 일에 관계되어 대액이 당두한다。
八月	이달의 운은 밖에 나가 성공하니 땅을 파서 금을 얻는다。
九月	이달의 운은 행인이 소를 가져갔는데 재앙은 내가 받는다。
十月	이달의 운은 괴로움을 다 겪었으니 이제는 좋아 진다。
十一月	이달의 운은 천하가 시끄러우니 나라를 옮기는 것이 길하다。
十二月	이달의 운은 소인의 짓이 길어지니 군자는 물러간다。

※5효 총설=현상유지는 만사 평탄하리라。

正月	이달의 운은 음식을 잘 장만하면 정주의 덕을 이룬다。
二月	이달의 운은 협중에 들어있으나 냇물을 건너면 유리하다。
三月	이달의 운은 한기가 아직 가시지 않으니 시기가 아직 이르다。
四月	이달의 운은 노력하면 공이 있으니 자중해서 길함을 거두어라。
五月	이달의 운은 날이 중천에 밝으니 천지가 빛난다。
六月	이달의 운은 반드시 큰 군자를 써서 천하를 주름잡는다。
七月	이달의 운은 형액살이 명에 비치니 육중에 독이 있다。
八月	이달의 운은 두번 혼인하는데 길하니 앞길이 순탄하다。
九月	이달의 운은 덕을 베푸름이 빛나고 밝으니 천지가 안정하된다。
十月	이달의 운은 음이 침노하니 양은 몰한다。 상위에 부러진 다리가 있다。
十一月	이달의 운은 덕을 만방에 베푸니 어진 사람이 자연히 온다。
十二月	이달의 운은 우는 학이 그늘에 있으니 모자가 서로 화목한다。

※6효 총설=신용을 얻는 편에서 노력하라。

正月	이달의 운은 씩씩한 양기가 급히 나아가니 강자가 먼저 부러진다。
二月	이달의 운은 양이 실하고 음이 허하나 이름은 있으나 실상은 없다。
三月	이달의 운은 곤한 용이 물을 얻으니 살꾀가 그 속에 있다。
四月	이달의 운은 대인이 범으로 변하이 문채가 밝다。
五月	이달의 운은 우뢰가 백리에 동하나 소리는 들리나 형태는 보이지 않는다。
六月	이달의 운은 악을 쌓아 죄가 크니 귀를 없앨 흉한 일이다。
七月	이달의 운은 일양이 비로소 생하니 전도가 유망하다。
八月	이달의 운은 찬 서리가 처음으로 오니 심신을 정하지 못한다。
九月	이달의 운은 작은 일에는 길하고 큰 일에는 흉하다。
十月	이달의 운은 빨리 판단하면 공이 있고 그렇지 않으면 때를 잃는다。
十一月	이달의 운은 이익이 끝나고 손해가 오니 곤한 용이 물을 잃은 격이다。
十二月	이달의 운은 망신살이 명에 비치니 그 집의 절도를 잃었다。

四六괘※ 1효 모든 일이 해결되고 앞으로 희망찬 운이 온다。

正 月	이달의 운은 돌과 같이 굳게 않아 있으니 재란이 침범하지 못한다。
二 月	이달의 운은 겉으로는 잘하는 듯 하나 시작은 해 놓고 끝맺음이 없다。
三 月	이달의 운은 기둥이 부러지니 보수를 하여야 한다。
四 月	이달의 운은 새가 그 깃을 불사르니 재란이 연달아 온다。
五 月	이달의 운은 밝음을 등지고 어두움으로 향하니 심사가 불안하다。
六 月	이달의 운은 새가 날개를 상하니 삼일 동안을 먹지 않는다。
七 月	이달의 운은 성심껏 노력하면 반드시 그 댓가를 받는다。
八 月	이달의 운은 위에서 응원이 없으니 자립하는데 곤란이 많다。
九 月	이달의 운은 기러기가 높이 날으니 어디로 가도 거리낌이 없다。
十 月	이달의 운은 춘풍에 뜻을 얻으니 경영하는 일이 마음과 같다。
十一月	이달의 운은 대액이 당두하니 예방하는 것이 상책이다。
十二月	이달의 운은 앞으로 나아가고져 하나 그 힘이 부족하다。

※2효 총설‖나쁜 액이 스스로 물러나니 길하다。

正 月	이달의 운은 그 덕을 닦지 않으면 패가하고 망신한다。
二 月	이달의 운은 음식을 잘 장만할 줄 알면 정주의 덕을 이룬다。
三 月	이달의 운은 명산대천에 기도하면 성공한다。
四 月	이달의 운은 봄풀에 싹이 돋으니 날로 달로 자란다。
五 月	이달의 운은 우물물이 맑고 깨끗하니 안심하고 마신다。
六 月	이달의 운은 승패가 많으니 어려운 때다。
七 月	이달의 운은 자기의 무기인 도끼를 잃었으니 오는 적을 어떻게 막을가。
八 月	이달의 운은 위 아래가 모두 응하니 능히 큰 일을 도모한다。
九 月	이달의 운은 좋은 운이 점차 돌아오니 오래지 않아 스스로 복구한다。
十 月	이달의 운은 위는 비고 아래는 넓으니 진퇴를 정하지 못한다。
十一月	이달의 운은 분수외의 것을 탐하지 말라。 불의의 재앙이 있다。
十二月	이달의 운은 재물과 비단이 문에드나 옳지 않은 것은 받지 말라。

※ 3효 총설‖도적을 불러 들이니 스스로 화를 취하게 된다。

正月	이달의 운은 출전하여 대패하니 시체로 돌아온다。
二月	이달의 운은 나무를 붙들고 생선을 구하니 일에 허망함이 많다。
三月	이달의 운은 부처님께 기도 드리면 결국 어려움에서 벗어난다。
四月	이달의 운은 위 아래를 비교할 때 공연히 발동하면 도리여 해를 받는다。
五月	이달의 운은 땀 흘려 노력하면 반드시 그 댓가를 받는다。
六月	이달의 운은 경영하는 모든 일이 바람앞에 등불과 같다。
七月	이달의 운은 극도로 궁핍하니 재앙이 생긴다。 닭이 어떻게 등천을 할 것인가。
八月	이달의 운은 호랑이를 밟아서 비록 위태하나 치지 않으면 물지 않는다。
九月	이달의 운은 맡은 일을 감당치 못하면 침체됨을 면치 못한다。
十月	이달의 운은 강하게 바람이 많으니 배를 타는 것은 불가하다。
十一月	이달의 운은 망신살이 명에 비치니 그 집의 절도를 잃는다。
十二月	이달의 운은 여우가 강물을 건느니 그 머리가 젖는다。

※ 4효 총설‖매사를 인내하고 사랑에 마음을 간직하라。

正月	이달의 운은 제사를 잘 모시면 곧 구복을 받는다。
二月	이달의 운은 부천님께 공을 드리면 가도가 태평하다。
三月	이달의 운은 결국 송사에 이기니 능히 큰 냇물도 건넌다。
四月	이달의 운은 개과 천선을 하면 가히 화액을 면한다。
五月	이달의 운은 물건을 옮기기 어려우니 가면 공이 있다。
六月	이달의 운은 말은 이미 없어졌으니 어떻게 원행을 할까。
七月	이달의 운은 노력하지 않고 얻어지는 것은 사리에 부당하다。
八月	이달의 운은 바른 법을 이용하면 만인이 모두 굴복한다。
九月	이달의 운은 그 높은 언덕에 오르니 삼년 동안이나 일어나지 못한다。
十月	이달의 운은 소인이 낮을 가리고 흉계에 빠진다。
十一月	이달의 운은 집 위에 또 집을 지으니 재물과 비단이 문에 든다。
十二月	이달의 운은 기러기가 한번 날아 물가에 가까와 진다。

※5효 총설‖남에 운을 빌려라。운이 없다。

正月	이달의 운은 타인을 믿지 말라。믿는 도끼에 발을 상한다。
二月	이달의 운은 솟귀를 혁신하니 음양이 화합한다。
三月	이달의 운은 상한 말을 쫓지 말라。결국 험악함을 본다。
四月	이달의 운은 그 음인을 덜면 앞길에 광명이 있다。
五月	이달의 운은 몸이 조금 상하였으나 별로 큰 화는 없다。
六月	이달의 운은 재물과 비단이 문에 드나 옳지 않는 것은 받아 들이지 말라。
七月	이달의 운은 해가 저물어서 나루터에 다랐으나 배가 없다。
八月	이달의 운은 옥이 티끌 속에 묻혔으니 그 빛을 보지 못한다。
九月	이달의 운은 파랑새가 소식을 전하니 달밤에 아름다운 약속이다。
十月	이달의 운은 시종이 분명하니 파종할 시기이다。
十一月	이달의 운은 복숭아 꽃이 만발하니 마땅이 그 집도 즐겁다。
十二月	이달의 운은 자가의 분수를 알아서옛것을 지키면 늘 편안하다。

※6효 총설‖앞으로 운이 길하게 되니 노력하라。

正月	이달의 운은 장구한 계획이 결국은 드리를 한다。
二月	이달의 운은 나를 도와 주는 사람이 있으니 위 아래가 서로 응한다。
三月	이달의 운은 그 재물을 상하니 잃은 뒤에 다시 얻는다。
四月	이달의 운은 길사와 경사가 아울러 일어나니 하늘의 도움이다。
五月	이달의 운은 국왕이 어질지 못하니 충성된 말이 쓸데 없다。
六月	이달의 운은 왕이 군사를 써서 그 나라를 바로 잡는다。
七月	이달의 운은 자기의 밝음을 상하니 집에서 나가게 된다。
八月	이달의 운은 냇물을 건너는데 어려움이 있으니 어디로 가도 건너지 못한다。
九月	이달의 운은 조상에게 공을 드리면 실로 그 복을 받는다。
十月	이달의 운은 비록 험지에 있으니 필경에는 반드시 길함을 얻는다。
十一月	이달의 운은 수신하고 제가 하면 자연히 복록이 따른다。
十二月	이달의 운은 친구가 해를 끼치니 흉사가 앞에 있다。

四七괘 ※1효 총설‖운이 약하니 인내하며 생활하여야 한다。 ※2효 총설‖사랑을 갖이고 행하면 성공된다。

正月	이달의 운은 모든 액이 물러가니 재앙은 사라지고 복이 온다。
二月	이달의 운은 늙은 여자가 신랑을 얻으니 망신할 운이다。
三月	이달의 운은 사방으로 적이니 실물 할가 두렵다。
四月	이달의 운은 타인을 믿지 말라。 믿는 도끼에 발을 상한다。
五月	이달의 운은 대군이 출전을 하니 어려움을 알고 후퇴한다。
六月	이달의 운은 나무를 붙들고 생선을 구하니 일에 허망함이 많다。
七月	이달의 운은 장차 험지에 나아가니 그 힘이 배가 든다。
八月	이달의 운은 위아래를 비료할 때 망동하면 도리어 해를 본다。
九月	이달의 운은 그 피를 뿌리며 가니 해액이 자연히 물러난다。
十月	이달의 운은 경영하는 모든 일이 바람 앞에 등불이다。
十一月	이달의 운은 변동할 수이나 시기가 아직 빠르다。
十二月	이달의 운은 호랑이를 밟아 사람을 물으니 반드시 상해함을 본다。

正月	이달의 운은 배타는 데를 가지 말라。 수액수가 두렵다。
二月	이달의 운은 분수 외의 것을 탐하지 말라。 오는 적이나 막아라。
三月	이달의 운은 입을 다물고 말없이 조심을 하면 해롭지 않다。
四月	이달의 운은 찬 골짜기에 봄이 돌아왔으나 아직 시기가 빠르다。
五月	이달의 운은 비록 앞에있는 새는 잃었으나 나의 이익은 뒤에 있다。
六月	이달의 운은 험할 것을 미리 방지하면 액을 면할 것은 당연한 일이다。
七月	이달의 운은 다른 사람과 같은 일을 하면 반드시 그 해를 받는다。
八月	이달의 운은 기러기가 육지에 오르는 것은 사리에 부당하다。
九月	이달의 운은 맡은 일을 감당치 못하면 침체됨을 면치 못한다。
十月	이달의 운은 수신하고 제가하며 문밖에 나가지 말라。
十一月	이달의 운은 우는 학이 그늘에 있으니 모자가 서로 화목하다。
十二月	이달의 운은 이제야 큰 보배를 얻었으니 이것은 하늘의 도움이다。

※3효 총설=남에 모함에 빠지기 쉬우니 주의하라。

正月	이달의 운은 밝음을 등지고 어두움으로 향하니 심사가 불안하다。
二月	이달의 운은 새가 날개를 상하였으니 삼일을 먹지 않는다。
三月	이달의 운은 성심껏 노력을 하니 반드시 그 댓가를 받는다。
四月	이달의 운은 위에서 응원하지 않으니 자립하는데 곤란이 많다。
五月	이달의 운은 기러기가 높이 날으니 아무것도 꺼리끼는 것이 없다。
六月	이달의 운은 봄바람에 뜻을 얻으니 경영하는 바가 뜻과 같이 된다。
七月	이달의 운은 대액이 당두하였으나 예방하는 것이 상책이다。
八月	이달의 운은 전진하고져 하나 그 힘이 부족하다。
九月	이달의 운은 봄풍에 움이 돋으니 좋은 기회를 잃지 말라。
十月	이달의 운은 좋은 기회를 잃지 말라。 반드시 기쁜일이 있다。
十一月	이달의 운은 혹 노래하고 혹 우니 스스로의 마음을 정하지 못한다。
十二月	이달의 운은 악을 쌓음이 산과 같으니 어렵고 궁핍함이 극심하다。

※4효 총설=사람을 무시하다 큰 해를 당하리라。

正月	이달의 운은 사사로운 물건이 집에 들어오니 오귀가 집에 가득하다。
二月	이달의 운은 늙은 사나이가 부인을 얻으니 이것을 생육한 공이다。
三月	이달의 운은 갇혔던 새가 문밖에 나가니 하늘은 높푸르고 바다는 광활하다。
四月	이달의 운은 물고기와 용이 물을 잃으니 그 곤액을 알만하다。
五月	이달의 운은 문밖에 나아가 다른 사람과 같이하니 전도가 유망하다。
六月	이달의 운은 집위에 또 집을 지으니 재물과 비단이 문에 든다。
七月	이달의 운은 대지에 날이 밝으니 함정에서 벗어난다。
八月	이달의 운은 믿음으로써 뜻을 발하니 위아래가 모두 돌아온다。
九月	이달의 운은 호랑이를 밟아 사람을 물으니 반드시 상해함을 본다。
十月	이달의 운은 지나치면 넘치나니 꽃이 광풍을 만난 격이다。
十一月	이달의 운은 말은 이미 없어졌으니 어떻게 원행을 할가。
十二月	이달의 운은 이제야 힘센 말을 얻었으니 능히 천리를 간다。

※5효 총설=위치는 높으지만 사랑을 못 받으니 주의하라。

正　月	이달의 운은 새가 그깃털을불사르니 재란이 연달아 온다。
二　月	이달의 운은 고목에 움이 나니 점차 봄빛이 돌아온다。
三　月	이달의 운은 눈은 높고 솜씨는 낮으니 때를 기다리면 빛이 난다。
四　月	이달의 운은 파랑새가 소식을 전하니 달밤에 아름다운 기약이다。
五　月	이달의 운은 높은 산에 나무를 심으니 적은 것을 쌓아 큰 것을 이룬다。
六　月	이달의 운은 대인이 영달하니 높은 사람은 재물을 얻는다。
七　月	이달의 운은 그 소가 코를 상했으니 몸과 마음이 산란하다。
八　月	이달의 운은 이름은 있고 실상은 없으니 곧 빈광주리만 받는다。
九　月	이달의 운은 음인을 덜어 버리면 전도가 밝게 빛나리라。
十　月	이달의 운은 형살이 명에 드니 관재 구설을 조심하라。
十一月	이달의 운은 목마른 말이 물을 얻으니 자연히 기쁜 빛이 난다。
十二月	이달의 운은 이익이 눈 앞에 있으니 먼곳에서 스스로 온다。

※6효 총설=욕심내면 형액당할 수니 허욕은 내지 말 운이다。

正　月	이달의 운은 일이 처음은 길하나 열흘이 지나면 재앙이 생긴다。
二　月	이달의 운은 스스로 그 밝음을 상하니 집을 나간다。
三　月	이달의 운은 자기의 처소를 잃지 않으면 뜻 얻음을 알리라。
四　月	이달의 운은 복숭아꽃이 활짝 피었으니 마땅히 그 집도 즐겁다。
五　月	이달의 운은 여자의 천한 짓이니 전도가 막막하다。
六　月	이달의 운은 귀신을 한차 실었으니 경영하는 일에 어려움이 따른다。
七　月	이달의 운은 나를 도와주는 사람이 있으니 위 아래가 서로 응한다。
八　月	이달의 운은 율법으로써 군사를 내니 싸우는대로 패한다。
九　月	이달의 운은 고생을 다하였으니 이제는 활동하면 이익을 본다。
十　月	이달의 운은 말을 타고 두번 장가를 드니 기로에 서 있는 상이다。
十一月	이달의 운은 극도로 궁핍하여 재앙이 생기니 닭이 어떻게 등천할 것인가。
十二月	이달의 운은 부부간에 서로 뜻이 맞지 않으니 집안이 어지러이 동한다。

四八괘

※1효 총설‖마음대로 안되니 인내라라。

正月	이달의 운은 사사로운 악을 제거하고 문을 열면 복이 온다。
二月	이달의 운은 제사를 잘 모시면 곧 그 복을 받는다。
三月	이달의 운은 그 덕을 닦지 않으면 패가망신을 한다。
四月	이달의 운은 음식을 잘 장만할 줄 알면 정주의 덕을 이룬다。
五月	이달의 운은 명산대천에 기도하면 성공한다。
六月	이달의 운은 봄풀에 싹이 돋으니 날로 달로 자란다。
七月	이달의 운은 우물물이 깨끗하고 맑으니 안심하고 마신다。
八月	이달의 운은 성패수가 많으니 어려운 때다。
九月	이달의 운은 자기의 무기인 도끼를 상하였으니 오는 적을 어떻게 막을가。
十月	이달의 운은 위 아래가 모두 응하니 큰 일을 능히 도모 할 수이다。
十一月	이달의 운은 좋은 운이 차차 돌아오니 오래지 않아 스스로 복구한다。
十二月	이달의 운은 위는 비고 아래는 넓으니 진퇴를 정하지 못한다。

※2효 총설‖힘과 자기를 생각하며 일을 행하면 실패없다。

正月	이달의 운은 음이 반드시 양을 해치니 여자를 조심하라。
二月	이달의 운은 새가 그깃털을 불살으니 재란이 연달아 온다。
三月	이달의 운은 밝음을 등지고 어두움으로 향하니 심사가 불안하다。
四月	이달의 운은 새가 날개를 상하고 삼일을 먹지 않는다。
五月	이달의 운은 성심껏 노력하면 반드시 그 댓가를 받는다。
六月	이달의 운은 위에서 응원함이 없으니 자립하기에는 곤란하다。
七月	이달의 운은 기러기가 높이 날으니 무엇이든지 거리낌이 없다。
八月	이달의 운은 봄바람에 뜻을 얻으니 경영하는 일이 마음과 같이 된다。
九月	이달의 운은 대액이 당두하였으니 예방하는 것이 상책이다。
十月	이달의 운은 전진하고져하나 그 힘이 부족하다。
十一月	이달의 운은 봄풀에 싹이 돋으니 좋은 기회를 잃지 마라。
十二月	이달의 운은 좋은 기회를 잃지 마라。 반드시 기쁜 일이 있다。

※3효 총설‖매사에 주의하라。 남에 구설 듣는다。

正月	이달의 운은 입을 다물고 말없이 조심하면 해롭지 않다。
二月	이달의 운은 찬 골자기에 봄이 돌아왔으나 시기가 아직 빠르다。
三月	이달의 운은 비록 앞에 있는 새는 잃었으나 나의 이익은 뒤에 있다。
四月	이달의 운은 순풍에 돛을 달고 돌아오니 소원을 성취한다。
五月	이달의 운은 남과 같이 일을 하면 반드시 그 해를 받는다。
六月	이달의 운은 기러기가 육지에 오르는 것은 사리에 부당하다。
七月	이달의 운은 맡은 일을 감당치 않으면 침체됨을 면치 못한다。
八月	이달의 운은 수신하고 제가하며 문밖에 나가지 말라。
九月	이달의 운은 우는 학이 그늘에 있으니 모자가 서로 화목한다。
十月	이달의 운은 이제야 큰 보배를 얻었으니 하늘의 도움이다。
十一月	이달의 운은 부부간에 뜻이 맞지 않으니 집안이 시끄럽다。
十二月	이달의 운은 오는 손님을 공경하면 길한 일이 점차 생긴다。

※4효 총설‖자기 한 일은 책임지도록 하라。

正月	이달의 운은 외면으로는 춘풍처럼 좋으나 시작은 있으나 끝맺음이 없다。
二月	이달의 운은 술과 음식을 과식하면 도리어 곤액이 있다。
三月	이달의 운은 안되는 것이 끝나고 큰 것이 오니 천지가 안정된다。
四月	이달의 운은 곤액이 연달아오니 큰일 하기에는 불가하다。
五月	이달의 운은 노고를 생각지 않으면 겨우 성공한다。
六月	이달의 운은 천하가 시끄러우니 나라를 옮기는 것이 길하다。
七月	이달의 운은 걷는 일이 평탄하니 편안하기가 반석같다。
八月	이달의 운은 덕업이 날로 새로와지니 도처에서 찬양한다。
九月	이달의 운은 위태함을 알고 스스로 중지하면 별로 큰 액이 없다。
十月	이달의 운은 맹호의 세력이 다하니 여우와 산고양이가 침노한다。
十一月	이달의 운은 처음은 곤하고 뒤는 크니 화기가 점차 생긴다。
十二月	이달의 운은 진퇴가 불안하니 스스로의 뜻을 정하지 못한다。

※5효 총설‖매사 뜻과 같이 되지 않으니 인내하라。

正月	이달의 운은 오직 읍을 치나 그 도가 빛나지 못하다。
二月	이달의 운은 그 위치를 스스로 지키면 안전하기가 반석 같다。
三月	이달의 운은 발 뒤축이 달아지도록 출행을 하나 관재구설만 침노한다。
四月	이달의 운은 덕을 베풂이 광명하니 천지가 안정된다。
五月	이달의 운은 어긋짐을 타사 합하지 못하니 먼저는 안되고 뒤는 크다。
六月	이달의 운은 일에 두서가 없으니 수심이 끊이지 않는다。
七月	이달의 운은 재물을 쌓음이 산과 같으나 어린 아이에게 해가 있다。
八月	이달의 운은 진퇴가 불능이니 직업을 바꿀 수이다。
九月	이달의 운은 수고하면 공이 잇으니 자중하여 길함을 걷우어 들이라。
十月	이달의 운은 맡은 일을 감당치 못하면 침체됨을 면치 못한다。
十一月	이달의 운은 한마음 한 뜻으로 협력을 하면 이웃까지 잘 살게 된다。
十二月	이달의 운은 분수밖의 것을 탐하지 말라。 불의 재앙이 있다。

※6효 총설‖남여 교재관계 주의 구설이 있다。

正月	이달의 운은 우뢰가 진동하여 무서우나 화가 몸에 미치지 않는다。
二月	이달의 운은 태양이 비로소 생하니 전도가 유망하다。
三月	이달의 운은 내조에도 이루지 못하니 모든 일이 불리하다。
四月	이달의 운은 음이 양을 치니 여색을 가까이 말라。
五月	이달의 운은 염소가 뿔로 울타리를 떠받으니 강한 것이 자패한다。
六月	이달의 운은 길함이 이롭지 않음이 없으니 하늘의 도움이다。
七月	이달의 운은 양이 실하고 음이 허하니 이름만 있고 실상은 없다。
八月	이달의 운은 땅 속에서 싹이 트니 늦게야 빛이 난다。
九月	이달의 운은 술과 안주로 잔치하여 즐기니 경사로다。
十月	이달의 운은 가는 자를 쫓지 말라。 칠일이면 되돌아 온다。
十一月	이달의 운은 소인이 득세하니 군자는 해를 받는다。
十二月	이달의 운은 혹 노래하고 혹 우니 스스로의 마음을 정하지 못한다。

五一괘※1효 총설‖매사 부진한 운이니 인내대길 ※2효 총설‖마음을 온화하게 갖이면 대길하다。

월	1효
正月	이달의 운은 분수밖의 일을 탐내지 말라。 뜻밖의 재앙이 온다。
二月	이달의 운은 재물이 문에 드니 의로운 것이 아니면 먹지 말라。
三月	이달의 운은 천구가 해를 만드니 흉한 일이 앞에 있다。
四月	이달의 운은 피눈물이 연다라 흐르니 사지에서 살을 구한다。
五月	이달의 운은 몸을 바르게 닦고나서 집안일을 지도하고 문밖에 나지말라。
六月	이달의 운은 소인의 짓이 큰 일에 옳지 않다。
七月	이달의 운은 바른 법을 이용하면 인간이 다 굴복한다。
八月	이달의 운은 어긋짐을 타서 합하지 못하니 먼저는 안되고 뒤는 크다。
九月	이달의 운은 두번의 혼인의 말이 있으니 앞길이 순탄하다。
十月	이달의 운은 나라 임금이 어두우니 좋은 말이 쓸데 없다。
十一月	이달의 운은 자기의 임무를 이겨내지 못하면 화가 온다。
十二月	이달의 운은 위는 비고 아래는 넓으니 오고가는 것을 정하지 못한다。

월	2효
正月	이달의 운은 혹 노래하고 혹은 우니 자기 마음을 안정치 못한다。
二月	이달의 운은 악을 쌓아 산과 같으니 쓰고 괴로움이 한이 없다。
三月	이달의 운은 범을 밟아 비록 위태하나 치지 않으면 물지 않는다。
四月	이달의 운은 형성이 명에 비치니 송사에 이롭지 못하다。
五月	이달의 운은 덕과 업이 날로 새로와 지니 가는 곳마다 봄바람이다。
六月	이달의 운은 고기가 조금 상하였으나 별로 큰 화는 없다。
七月	이달의 운은 이름만 있고 실상은 없으니 빈 광주리만 받는다。
八月	이달의 운은 염소가 뿔로 울타리를 떠받으니 강하면 패하기 쉽다。
九月	이달의 운은 강,유가 서로 접하였으니 만물의 화기가 생생하다。
十月	이달의 운은 큰 군사로 싸움에 나가나 어려움을 알고 후퇴한다。
十一月	이달의 운은 돌과 같이 앉았으니 재난이 오지 못한다。
十二月	이달의 운은 큰 사람이 범으로 변하니 문채가 밝다。

※3효 총설‖힘에 넘치게 하다가 실패한다。

正月	이달의 운은 위가 비고 아래가 넓으니 오고 감을 정하지 못한다。
二月	이달의 운은 자기의 힘을 믿지 말라。 군사를 내면 크게 패한다。
三月	이달의 운은 믿음으로 뜻을 발하니 위 아래가 모두 돌아온다。
四月	이달의 운은 해가 중천에 밝으니 천지가 빛난다。
五月	이달의 운은 나아가고 물러남이 능하지못하니 업을 바꿀 수다。
六月	이달의 운은 형액이 운명에 비치니 수육등에는 손대지 말라。
七月	이달의 운은 길이 험난하니 뜻밖의 재앙이 있다。
八月	이달의 운은 명산 대천에 기도하면 성공한다。
九月	이달의 운은 자기의 분수를 알라。 옛것을 지켜 편안히 하라。
十月	이달의 운은 사사로운 물건이 집에드니 오귀가 집에 가득하다。
十一月	이달의 운은 배타는 데 가지 말라。 수액이 무섭다。
十二月	이달의 운은 오직 읍을 치니 그 길이 빛나지 못한다。

※4효 총설‖구설언쟁수만 주의하면 재수는 평탄

正月	이달의 운은 수고하면 공이 있으니 자중하여 길함을 얻으라。
二月	이달의 운은 흐터지면 모음이 있나니 남과 함께 일을 하라。
三月	이달의 운은 군사를 쓰지 말라。 힘으로만은 싸우지 못한다。
四月	이달의 운은 잘못을 뉘우치고 착하면 이롭지 않음이 없다。
五月	이달의 운은 땅 속에서 싹이트니 늦게야 빛이 난다。
六月	이달의 운은 사냥을 하는데 새가 없으니 어떻게 새를 얻으랴。
七月	이달의 운은 성심껏 노력하면 결국에는 반드시 길함이 있다。
八月	이달의 운은 성심껏 노력하면 종국에는 그 댓가를 받는다。
九月	이달의 운은 두터운 땅에 물건을 실으니 능히 만물을 용납한다。
十月	이달의 운은 큰 과일을 먹지 말라。 그 속에 독이 들어 있다。
十一月	이달의 운은 귀한사람이아울러 오니 자기의 뜻을 크게 얻는다。
十二月	이달의 운은 우뢰가 진동하여 공포증을 일으키나 화는 몸에 미치지 않는다。

※5효 총설=부하사람이 도와주니 친절히하라。

正月	이달의 운은 오는 손님을 공경하면 차차 길한 일이 생기리라。
二月	이달의 운은 일이 성상이 아니니 왕패한 짓을 하도다。
三月	이달의 운은 우물이 탁하여 먹지 못하니 버리고 돌아보지도 않는다。
四月	이달의 운은 성주하고 집을 짓는데 무리하지말라。
五月	이달의 운은 승패수가 많으니 어려운때드라。
六月	이달의 운은 위품과 무력을 쓰지않으면 어떻게 천하를 평정할 것인가。
七月	이달의 운은 비교적 죄인은 자수하는데 손상이 없다。
八月	이달의 운은 남과 함께 일을하니 반드시 해를 받으리라。
九月	이달의 운은 선과 악이 아울러오니 일은 많고 번복이 심하다。
十月	이달의 운은 문에 나서 벗을 사귀니 가는 곳마다 공이 있다。
十一月	이달의 운은 빠져도 죽지 않으니 속히 판단하면 이루어진다。
十二月	이달의 운은 사사로운 악을 제거하고 문을 열면 복이 온다。

※6효 총설=과거가 청산되고 새로 운이 온다。

正月	이달의 운은 나아가고 물러남이 편안치 못하니 자기의 뜻을 정하지 못한다。
二月	이달의 운은 군왕을 도움이 없으니 나라 잃은 근심이라。
三月	이달의 운은 기러기가 반석에 앉았으니 음식이 편안하다。
四月	이달의 운은 그 부족함을 도우면 자연히 형통하리라。
五月	이달의 운은 봄바람에 뜻을 얻으니 경영하는 일이 마음에 따른다。
六月	이달의 운은 비의 머리가 없으니 마음과 몸이 산란하다。
七月	이달의 운은 시선이 앞길을 인도하니 갈수록 공이 있다。
八月	이달의 운은 노고를 생각지 않으면 겨우 성공한다。
九月	이달의 운은 이익을 꾀함에 뜻과 같으니 갈수록 경사가 있다。
十月	이달의 운은 날이 따스하고 바람이 훈훈하니 만물의 삭이 돋는다。
十一月	이달의 운은 재앙과 허물이 연이어 오나 결국은 풀어진다。
十二月	이달의 운은 음이 반드시 양을 해하니 여자를 조심하라。

五二괘、※1효 총설‖남에말에 현혹되지 말라。

正月	이달의 운은 이익이 눈앞에 있으니 먼곳의 것도 자연히 온다。
二月	이달의 운은 강과 내에 바람많으니 배타기가 불가하다。
三月	이달의 운은 망신살이 명에 비쳤으니 그 집의 절차를 잃었다。
四月	이달의 운은 여우가 물을 건느니 그 머리가 젖었다。
五月	이달의 운은 전진하고 싶지만 그 힘이 부족하다。
六月	이달의 운은 위험함이 앞에 있으니 어디간들 재앙이 아니다。
七月	이달의 운은 밖에 나가면 성공한다。 땅을 파서 금을 얻는다。
八月	이달의 운은 높은 산에 나무를 심으니 적은것을 쌓아 큰것을 이룬다。
九月	이달의 운은 옥이 티끌가운데 묻혔으니 그 광채를 보지 못한다。
十月	이달의 운은 백리에 우뢰가 동하니 소리는 있어도 형상이 없다。
十一月	이달의 운은 날으는 새가 소리를 남기니 화액이 연달아 온다。
十二月	이달의 운은 밝음을 등지고 어두움으로 향하니 마음이 편치 않다。

※2효 총설‖소원성취 되는 운이다。

正月	이달의 운은 부부간에 뜻이 맞지 않으니 집안이 시끄럽다。
二月	이달의 운은 오는손님을공경하니 차차 길한일이 온다。
三月	이달의 운은 위가 비고 아래가 너르니 나아가고 물러남을 정하지 못한다。
四月	이달의 운은 땅속에서 싹이트니 늦게야 빛을낸다。
五月	이달의 운은 신용으로써 뜻을 발하니 위아래가 모두 돌아온다。
六月	이달의 운은 태양이 중천에 떳으니 천지가 빛이 찬란하다。
七月	이달의 운은 나가고 물러남을 마음대로 못하니 직업이 바뀔 수다。
八月	이달의 운은 대인이 성공하니 소인은 화액이 있다。
九月	이달의 운은 길이 험하고 어려우니 뜻밖의 재앙이다。
十月	이달의 운은 명산대천에 기도를 드리면 성공한다。
十一月	이달의 운은 자기의 분수를 알고있으면 옛것을 지키고 항상 편안하다。
十二月	이달의 운은 사사로운 물건이 집에드니 오귀가 집에 가득하다。

※3효 총설‖갈팡질팡하다 실패하니 주의하라。

正月	이달의 운은 범을 밟아 비록 위태로우나 치지 않으면 물리지 않는다。
二月	이달의 운은 형살이 목숨에 비치니 송사에 이롭지 못하다。
三月	이달의 운은 덕과 업이 날로 새로와 지니 가는 곳마다 봄 바람이다。
四月	이달의 운은 고기가 조금 상함이 있으나 별로 큰 화는 없다。
五月	이달의 운은 이름은 있으나 실상은 없으니 빈광주리만 받는다。
六月	이달의 운은 염소가 울타리를 뿔로 떠받으니 빈광주리만 받는다。
七月	이달의 운은 강과 유가 비로소 사귀니 만물의 화기가 생생하다。
八月	이달의 운은 큰 군사가 싸움에 나아가니 어려움을 알고 후퇴한다。
九月	이달의 운은 바윗덩이 같이 앉았으니 재앙이 침범하지 못한다。
十月	이달의 운은 외면으로는 봄바람같으니 시작은 있고 끝이 없다。
十一月	이달의 운은 음은 반드시 양을 해하니 여자를 조심하라。
十二月	이달의 운은 새의 둥우리가 타버렸으니 재앙이 연달아 온다。

※4효 총설‖사욕을 부리면 손해있고 관공일은 길하다。

正月	이달의 운은 이제야 큰 보배를 얻으니 하늘이 도왔다。
二月	이달의 운은 산도 높고 골짜기도 깊으니 엎어지고 넘어져 가기 어렵다。
三月	이달의 운은 목마른 용이 물을 얻으니 점차 생기를 얻는다。
四月	이달의 운은 음과 양이 서로 화합하니 만물이 발생한다。
五月	이달의 운은 법률로써 군사를 내니 백번 싸워 백번 패한다。
六月	이달의 운은 각자가 마음이 다르니 시작은 있으나 끝맺음이 없다。
七月	이달의 운은 두터운 땅에 물건을 실어서 능히 만물을 용납한다。
八月	이달의 운은 비록 앞의 새는 잃었으나 나의 이익은 뒤에 있다。
九月	이달의 운은 스스로 자기의 위치를 지키니 편안하기 반석같다。
十月	이달의 운은 구름밖에 하늘이 푸르니 날이 중천에 밝다。
十一月	이달의 운은 경계하고 조심하라 백가지 일이 이루어 지지 않는다。
十二月	이달의 운은 일이 처음은 길하나 열흘만 지나면 재앙 생긴다。

※5효 총설‖남녀관계로 손재있으니 주의하라。

正月	이달의 운은 악을 쌓아서 산과 같으니 고달픔이 심하다。
二月	이달의 운은 재앙이 밖으로 부터오니 험한 땅에 빠졌다。
三月	이달의 운은 험한 함정에 빠졌으니 사방을 둘러봐도 사람은 없다。
四月	이달의 운은 모든일이 어려움이 많으나 종말에는 조금 편하다。
五月	이달의 운은 위 아래를 비교하며 공연히 움직이면 오히려 해롭다。
六月	이달의 운은 대지에 봄이 오니 만물이 빛이난다。
七月	이달의 운은 밖에 나가면 이익이 없고 집에 있으면 아무연고가 없다。
八月	이달의 운은 기러기가 구름길을 날으니 아무것도 꺼리끼는 것이 없다。
九月	이달의 운은 푸른오이를 껍질만 먹으니 그 맛을 알지 못한다。
十月	이달의 운은 소와 같이 순하니 변동할 때라。
十一月	이달의 운은 구름이 너무 짙으면 비가 오지 않는다。 성사하기 어렵다。
十二月	이달의 운은 모든 액이 물러나니 재앙은 사라지고 복이온다。

※6효 총설‖매사를 침착하지 않으면 실패한다。

正月	이달의 운은 이제야 힘센 말을 얻으니 능히 천리길을 갈 수 있다。
二月	이달의 운은 큰범의 세력이 다 하니 여우와 살쾡이가 침노한다。
三月	이달의 운은 가산이 어지러이 동하니 부부간에 화합하지 못한다。
四月	이달의 운은 여러 음이 사라지니 양기가 점차 창성하다。
五月	이달의 운은 기러기가 육지에 내리니 사리에 맞지 않다。
六月	이달의 운은 사람이 와서 구조해주니 어려움을 돌파한다。
七月	이달의 운은 대인이 영달하니 소인은 재앙이 생긴다。
八月	이달의 운은 물을 나서 사람과 한가지로 하니 앞길에 희망이 있다。
九月	이달의 운은 손상함이 많지 않으니 결국 명예가 있다。
十月	이달의 운은 은인이 원수가 되니 화가 눈앞에 있다。
十一月	이달의 운은 범이 함정에 드니 하늘을 보고 통곡한다。
十二月	이달의 운은 배타는데 가지 말라 수액이 두렵다。

五三괘、※ 1효 총설‖새로운 일하고 싶으나 주의하라。
※2효 총설‖모든일에 치밀히 하면 성공한다。

월	1효
正月	이달의 운은 봄풀에 움이 돋으니 좋은 기회를 잃지말라。
二月	이달의 운은 좋은 기회를 잃지 말라。 반드시 기쁜 일이 있다。
三月	이달의 운은 혹노래하고 혹 우니 자기 마음을 정하지 못한다。
四月	이달의 운은 악을 쌓아 산과 같으니 괴롭고 궁함이 심하다。
五月	이달의 운은 범을 밟아 비록 위태로우나 치지 않으면 물리지 않는다。
六月	이달의 운은 형살이목숨에 비치니 송사에 이롭지 않다。
七月	이달의 운은 덕과 업이 날로 새로우니 가는곳마다 봄바람이다。
八月	이달의 운은 육이 조금상함이 있으니 별로 큰화는 없다。
九月	이달의 운은 이름은 있으나 실상은 없으니 빈광주리만 받는다。
十月	이달의 운은 염소가 뿔로 울타리를 떠받으니 강한 것이 패한다。
十一月	이달의 운은 강과 유가 비로서 사귀니 만물의 화기가 생생하다。
十二月	이달의 운은 밝음을 등지고 어두움을 향하니 마음이 편치 않다。

월	2효
正月	이달의 운은 천구살이 해를 끼치니 흉한 일이 앞에 있다。
二月	이달의 운은 피눈물이 연이어 흐르니 사지에서 삶을 구한다。
三月	이달의 운은 몸을 바르게하고 집을 다스리고 문밖에 나가지 말라。
四月	이달의 운은 소인의 짓이 큰 일에는 합당치 못하다。
五月	이달의 운은 바른법을 이용하면 만인이 굴복한다。
六月	이달의 운은 괴상한 것을 타는것이 합당치 않다。 먼저는 나쁘나 뒤는 좋다。
七月	이달의 운은 혼인의 말이 있으니 앞길이 순탄하다。
八月	이달의 운은 임금이 어두우니 충성스런 곧은 말이 쓸데 없다。
九月	이달의 운은 자기의 임무를 다하지 못하면 스스로 그 화를 받는다。
十月	이달의 운은 입을 다물고 말을 말라。 조심하면 해롭지 않다。
十一月	이달의 운은 사사로운 악을 제거하고 문을 열면 복이 온다。
十二月	이달의 운은 제사를 이롭게 지내면 이내 그 복을 받는다。

※3효 총설=모가 나는 처세는 실패의 원인이 된다。

正月	이달의 운은 전진하고져 하나 그 힘이 부족하다。
二月	이달의 운은 위험이 앞에 있으니 어디간들 재앙이 없으랴。
三月	이달의 운은 밖에 나가면 성공하고 땅을 파면 금을 얻는다。
四月	이달의 운은 높은 산에 나무를 심으니 적은 것을 쌓아서 큰것을 얻는다。
五月	이달의 운은 남과 같이 일을 하면 반드시 그 해를 받는다。
六月	이달의 운은 우뢰가 백리에 동하니 소리는 있어도 형상은 없다。
七月	이달의 운은 날으는 새가 소리를 남기니 화액이 연이어 온다。
八月	이달의 운은 밝음을 등지고 어두움을 향하니 마음이 편치 못하다。
九月	이달의 운은 모든액이 물러가니 재앙은 사라지고 복이온다。
十月	이달의 운은 늙은 여자가 신랑을 얻으니 망신할 운이다。
十一月	이달의 운은 사방으로 보아도 모두적이니 실물이 두렵다。
十二月	이달의 운은 남의 말을 믿지 말라。 믿는 도끼에 발을 상한다。

※4효 총설=협조자가 생겨서 성공한다。

正月	이달의 운은 재물이 문에드나 의로운 것이 아니면 먹지 말라。
二月	이달의 운은 높은 나무에 바람이 많으니 스스로 그 화를 취한다。
三月	이달의 운은 처음에는 하늘로 오르다가 뒤에는 땅으로 들어간다。
四月	이달의 운은 먼저는 울고 뒤엔느 웃으니 결국 봄이 돌아 옴이라。
五月	이달의 운은 냇물을 건너는데 어려움이 있으니 어디를 가도 건너지 못한다。
六月	이달의 운은 집을 짓고 성주하니 무리를 일으키지 말라。
七月	이달의 운은 대지에 봄이 돌아오니 고목이 봄을 만난다。
八月	이달의 운은 우물물이 맑으니 안심하고 마신다。
九月	이달의 운은 싸움에 나가 크게 패하니 죽은 시체로 돌아온다。
十月	이달의 운은 몸을 닦아 집안을 다스리니 복녹이 스스로 따른다。
十一月	이달의 운은 각자 마음이 다르니 처음은 있고 끝이 없다。
十二月	이달의 운은 앞에서 도와줌이 없으니 모든일이 이롭지 않다。

※5효 총설∥사업성공되는 운이니 노력하라。

正月	이달의 운은 여우가 물을 건너니 그 머리가 젖는다。
二月	이달의 운은 사슴을 보고 쫓지 말라。 함정이 숲속에 있다。
三月	이달의 운은 시기가 아직 이르니 옛것을 지키며 때를 기다리라。
四月	이달의 운은 푸른 오이를 껍질만 먹으니 그 맛을 알지 못한다。
五月	이달의 운은 윗사람의 응원이 없으니 자립하는데 곤란이 많다。
六月	이달의 운은 승진할 운이니 크게 그 뜻을 얻는다。
七月	이달의 운은 수액이 두렵고 화액도 조심하라。
八月	이달의 운은 그 피를 뿌려가니 해와 액이 스스로 멀어진다。
九月	이달의 운은 모든일에 어려움이 많으니 종말에는 좀 편하겠다。
十月	이달의 운은 화하고 기쁘니 가도가 태평하다。
十一月	이달의 운은 군자의 도가 길어가니 소인의 도는 물러간다。
十二月	이달의 운은 바위같이 앉았으니 재앙이 오지 않는다。

※6효 총설∥적극적이면 성공한다。

正月	이달의 운은 맡은 일을 감당치 못하면 침체됨을 면치 못한다。
二月	이달의 운은 대인에게 영달이 있으니 소인에게는 재앙이 생긴다。
三月	이달의 운은 오귀가 숲속에 가득하니 가신에게 기도를 들여라。
四月	이달의 운은 하늘이 도우니 날로 상승한다。
五月	이달의 운은 위 아래가 모두 응하니 큰 일을 도모할 수 있다。
六月	이달의 운은 형옥살이 몸에 침노하니 세살때의 액이다。
七月	이달의 운은 큰 범의 세력이 다하니 여우와 살괭이가 침노한다。
八月	이달의 운은 물건을 옮기기가 어려우나 가면 공이 있다。
九月	이달의 운은 가뭄뒤에 단비가 내리니 만물에 생기가 돈다。
十月	이달의 운은 크게 밝은것이 위에 있으니 반드시 큰 복을 받는다。
十一月	이달의 운은 왕패한 난이 크니 처음은 곤하나 뒤는 크다。
十二月	이달의 운은 그 덕을 닦지 않으면 패가망신을 한다。

五四괘、※1효 총설=자금회전이 되는 운이니 열심히 하면 성공된다。 ※2효 총설=색난화재를 주의하면 재수는 길하다。

월	※1효
正月	이달의 운은 우는 학이 그늘에 있으니 어미와 자식이 서로 만난다。
二月	이달의 운은 이제야 큰 보배를 얻으니 스스로 하늘의 도움이다。
三月	이달의 운은 부부간에 뜻이 맞지 않으니 집안이 시끄럽다。
四月	이달의 운은 오는 손님을 공경하라。 길한 일이 점차 생긴다。
五月	이달의 운은 위가 비어있고 아래가 넘치니 나아가고 물러남을 정하지 못한다。
六月	이달의 운은 자기의 힘을 믿지말라。 군사를 내면 크게 패한다。
七月	이달의 운은 재물을 산과같이 쌓았으니 어린 아이들에게 해가 있다。
八月	이달의 운은 중천에 해가 밝으니 천지가 빛난다。
九月	이달의 운은 나아가고 물러남이 능하지 못하니 직업을 바꿀 수로다。
十月	이달의 운은 여자의 천한 짓이 앞길이 어둡다。
十一月	이달의 운은 길이 험하고 어려우니 뜻밖의 재앙이라。
十二月	이달의 운은 명산 대천에 기도하면 공을 이룬다。

월	※2효
正月	이달의 운은 망신살이 명에 비치니 그 집의 절도를 잃었다。
二月	이달의 운은 여우가 물을 건느니 그의 머리가 젖는다。
三月	이달의 운은 앞으로 나아가고져 하나 그 힘이 부족하다。
四月	이달의 운은 위험이 앞에 있으니 어디를 가도 재이 온다。
五月	이달의 운은 밖에 나가 공을 이루고 땅을 파서 금을 얻는다。
六月	이달의 운은 높은 산에 나무를 심으니 적게 쌓아서 크게 이룬다。
七月	이달의 운은 옥이 티끌속에 묻혔으니 그 빛을 보지 못한다。
八月	이달의 운은 우뢰가 백리를 동하니 소리는 있으나 형상은 없다。
九月	이달의 운은 날으는 새가 소리를 남기니 화액이 연이어 온다。
十月	이달의 운은 밝음을 등지고 어둠으로 향하니 심사가 편치 않다。
十一月	이달의 운은 모든 액이 물러가니 재앙은 사라지고 복이 온다。
十二月	이달의 운은 늙은 부인이 신랑을 얻으니 망신할 운이다。

※3효 총설∥뜻밖에 손해당하니 주의하라。

正月	이달의 운은 몸을 닦고 집을 다스리며 문밖에 나가지 말라。
二月	이달의 운은 눈앞에 풍년이나 그림 가운데 떡이로다。
三月	이달의 운은 바른법을 이용하면 모든 사람이 여기에 복종한다。
四月	이달의 운은 투기심을 갖는 것은 합당치 않으나 먼저는 안되며 뒤는 성공된다。
五月	이달의 운은 혼인의 말이 있으니 앞길이 찬란하다。
六月	이달의 운은 국왕이 어질지 못하니 충성스런 말이 쓸데없다。
七月	이달의 운은 자기의 임무를 다하지 못하면 스스로 화를 부른다。
八月	이달의 운은 입을 다물고 말을 하지말라。 조심하면 해는 없다。
九月	이달의 운은 사사로운 악을 주의하며 문을 열면 복이 온다。
十月	이달의 운은 제사를 잘 지내면 그 복을 받으리라。
十一月	이달의 운은 그 덕을 닦지 않으면 패가 망신한다。
十二月	이달의 운은 음식을 잘 먹으면 건강의 덕을 받는다。 반대면 고생한다。

※4효 총설∥가정직장등 이사할 운이다。

正月	이달의 운은 바다에 바람이 많으니 배 타는것이 불길하다。
二月	이달의 운은 해가 중천에 밝으니 천지가 빛난다。
三月	이달의 운은 재앙이 끊어지지않으니 투자를 하면 크게 패한다。
四月	이달의 운은 사방으로 두루 돌아다니니 경영하는 바가 뜻과 같다。
五月	이달의 운은 어름과 서리가 처음 오니 마음이 살란하다。
六月	이달의 운은 귀한 성씨가 어울려 업을시작하니 그 뜻을 얻는다。
七月	이달의 운은 위 아래가 모두 응하니 넓게 포용된다。
八月	이달의 운은 장차 험한 땅에 나가니 그 힘이 배가 든다。
九月	이달의 운은 군사를 써서 육지에 오르니 하나도 거리낌이 없다。
十月	이달의 운은 범을 그리다가 되지 않으면 반대로 개가 된다。
十一月	이달의 운은 산양하는 중에 새가 없으니 어떻게 새를 얻을까。
十二月	이달의 운은 양이 집에서 급하게 나아가니 강한 자가 먼저 잡는다。

※5효 총설=매사성공되는 좋은 운이다。

正月	이달의 운은 피눈물이 연달아 흐르니 사지에서 생을 구한다。
二月	이달의 운은 대인이 공을 이루니 소인에게는 화액이 온다。
三月	이달의 운은 경중을 비교하면 다른 곳에 길함이 있다。
四月	이달의 운은 선과 악이 동반하니 일마다 번복이 많다。
五月	이달의 운은 험함을 알고 미리 방비하면 액을 면할 것이다。
六月	이달의 운은 하고져 하지도 않고 포기도 않으나 싸워서 이기지 못한다。
七月	이달의 운은 우물을 파서 먹지 못하나 노력하면 복을 받는다。
八月	이달의 운은 자기의 도끼를 상하니 오는 적을 어떻게 막을까。
九月	이달의 운은 집을 짓고 성주하나 무리를 일으키지 말라。
十月	이달의 운은 자기의 임무를 다하지 못하면 가는곳마다 패함을 본다。
十一月	이달의 운은 남자라면 액이 있고 여자라면 길하다。
十二月	이달의 운은 자기의 분수를 알고 옛것을 지키면 편안하다。

※6효 총설=욕심부리면 손재있으니 주의하라。

正月	이달의 운은 소인의 짓이 길어가니 군자들은 물러간다。
二月	이달의 운은 신선이 길을 인도하니 나아가면 공이 있다。
三月	이달의 운은 순풍에 돌아가는 돛대라 소망을 성취한다。
四月	이달의 운은 무력을 굴복치 않으니 어린 것이 크게 길하다。
五月	이달의 운은 모든일을 경영하는 것이 바람앞에 등불이다。
六月	이달의 운은 극도에 올라 세가 다했으니 물러감은 있으나 전진이 없다。
七月	이달의 운은 군왕의 도움이 없으니 나라를 잃을 근심이다。
八月	이달의 운은 변화할 시기에 이루고져하나 잘되지 못한다。
九月	이달의 운은 솥 속에 음식이 있으니 능히 진미를 먹는다。
十月	이달의 운은 이제야 귀인을 만나니 자본이 넉넉하다。
十一月	이달의 운은 나아감이 빠르면 물러남도 빠르다。
十二月	이달의 운은 사방에 모두 도적이다。 실물수가 두렵다。 주의하라。

五五괘、※1효 총설‖매사통달 안되니 인내하라。 ※2효 총설‖산신기도하면 재수있으리라。

月	※1효
正月	이달의 운은 기러기가 반석에 앉으니 먹을것이 넉넉하다。
二月	이달의 운은 그 부족함을 도우니 자연히 형통한다。
三月	이달의 운은 춘풍에 뜻을 얻으니 경영하는바가 마음대로이다。
四月	이달의 운은 일의 머리가 없으니 심신이 어지럽다。
五月	이달의 운은 신선이 길을 인도하니 나아감으로서 공이 있다。
六月	이달의 운은 수고로움을 생각지 않으면 겨우 성공한다。
七月	이달의 운은 이익을 도모함 뜻과 같으니 갈수록 경사다。
八月	이달의 운은 날이 따시고 바람이 온화하니 만물의 싹이 돋는다。
九月	이달의 운은 재앙과 허물이 연달아 오나 결국해소된다。
十月	이달의 운은 음이 반드시 양을 해하니 여자를 조심하라。
十一月	이달의 운은 관재가와서 손재수를주나 화는 몸에 미치지 않는다。
十二月	이달의 운은 귀인이 비로서 생하니 앞길에 희망이 있다。

月	※2효
正月	이달의 운은 위아래가 서로 도우니 능히 큰일을 도모할수 있다。
二月	이달의 운은 형옥살이 몸에 침노하니 이는 세살 때의 액이다。
三月	이달의 운은 범의 세력이 다하니 여우와 살쾡이가 침노한다。
四月	이달의 운은 물건을 옮기기 어려우니 가면 공이 있다。
五月	이달의 운은 가뭄에 단비가 내리니 만물이 생기를 얻는다。
六月	이달의 운은 크게 밝은것이 위에 있으니 반드시 큰 복을 받는다。
七月	이달의 운은 불길한 운이 되니 처음은 곤하나 뒤는 크다。
八月	이달의 운은 마음을 혁신하니 음양이 화합한다。
九月	이달의 운은 장구한 계획이 결국 드리를 한다。
十月	이달의 운은 나를 도와주는 사람이 있으니 위아래가 서로 도운다。
十一月	이달의 운은 그 재물을 상하니 잃은뒤에 얻는다。
十二月	이달의 운은 길합과 경사가 아울러 오니 이는 하늘의 도움이다。

※ 3효 총설‖너무인색하다가 손해당한다。

正月	이달의 운은 군왕이 도움이 없으니 이는 실국의 근심이다。
二月	이달의 운은 변화할 시기에 이루고저하나 달하지 못한다。
三月	이달의 운은 솥속에 가득하니 능히 그 진미를 먹는다。
四月	이달의 운은 이제야 귀인을 얻으니 자본이 넉넉하다。
五月	이달의 운은 나아감이 빠르면 물러남도 역시 빠르다。
六月	이달의 운은 사방에 모두적인이니 실물수가 두렵다。
七月	이달의 운은 양이 장하여 급히 나아가니 강한것이 먼저 꺾인다。
八月	이달의 운은 양이 실하고 음이 허하니 이름은 있으나 실상은 없다。
九月	이달의 운은 곤한 용이 물을 얻으니 소원이 성취되리라。
十月	이달의 운은 대인이 범으로 변하니 문채가 밝다。
十一月	이달의 운은 우뢰가 백리에 동하니 소리는 있으나 형상은 없다。
十二月	이달의 운은 악을 쌓아 그죄크니 귀를 베풀어야 할 시기이다。

※ 4효 총설‖이성관계주의하라。 손해있다。

正月	이달의 운은 하늘이 도우니 일로 상승한다。
二月	이달의 운은 수고하고도 공이 없으니 내마음이 불쾌하다。
三月	이달의 운은 극도에 올라 힘이 다하니 물러남은 있고 전진은 없다。
四月	이달의 운은 싸움에 나아가 대패하니 시체로 돌아온다。
五月	이달의 운은 봄풀에 싹이 돋으니 날로 길고 달로 자란다。
六月	이달의 운은 그힘을 소상치 않으면 나아가 공을 이룬다。
七月	이달의 운은 대지에 날이 밝으니 함정을 탈출한다。
八月	이달의 운은 조상에게 헌공하면 실로 그 복을 받는다。
九月	이달의 운은 해가 서산에저물어 나루에 다다랐으나 배가 없다。
十月	이달의 운은 진미로 봉양하니 길한 경사가 문에든다。
十一月	이달의 운은 탁한 진흙에 빠지니 곤궁함을 가히 알겠다。
十二月	이달의 운은 맡은바 임무를 다하지 못하면 그화를 받는다。

※5효 총설‖새로운 일 시작하면 실패한다。

正月	이달의 운은 우물집을 완성하니 반드시 성공한다。
二月	이달의 운은 수액수가 두렵고 화액 또한 조심하라。
三月	이달의 운은 캄캄하고 험한 곳이니 앞길을 찾기 어렵다。
四月	이달의 운은 노력해도 공이 없으니 남의 말을 믿지 말라。
五月	이달의 운은 가는자를 쫓지 말라。 칠일후에 되돌아 온다。
六月	이달의 운은 상할줄 미리 알면 화를 피하여 멀리 가라。
七月	이달의 운은 사슴을 보고 쫓지 말라。 숲속에 함정이 있다。
八月	이달의 운은 이익이 끝이나고 손해가 오니 용이물을 잃고 곤하다。
九月	이달의 운은 크게 탐하면 손해가 있으니 현상을 유지하라。
十月	이달의 운은 소와같이 유순하니 변동할 시기이다。
十一月	이달의 운은 우뢰가 동하여 비로 변화하나 자중하면 상함이 없다。
十二月	이달의 운은 내조가 없으니 모든일이 분리하다。

※6효 총설‖남을 멸시하다 크게 당하니 주의하라。

正月	이달의 운은 좋은 운이 돌아오니 오래지 않아 회복이 된다。
二月	이달의 운은 위가 비고 아래가 어두워 나아가고 물러남을 정하지 못한다。
三月	이달의 운은 분수밖의 것을 탐하지말라。 뜻밖의 재앙이 있다。
四月	이달의 운은 재물이 문에 드니 옳지않은 것은 받지 말라。
五月	이달의 운은 천구살이 왔으니 흉한일이 앞에 있다。
六月	이달의 운은 피눈물이 연달아 흐르니 사지에서 삶을 구한다。
七月	이달의 운은 몸을 닦고 집을 다스리며 문밖에 나가지 말라。
八月	이달의 운은 소인의 도가 큰일에 옳지않다。
九月	이달의 운은 정법을 쓰면 만인이 모두 복종한다。
十月	이달의 운은 어긋짐을 타합하지 않으니 먼저는 안되고 뒤는크다。
十一月	이달의 운은 두번 혼인의 말이 있으니 앞길이 양양하다。 미혼자는 결혼한다。
十二月	이달의 운은 국왕이 어두우니 충성스런 말이 소용없다。

五六괘、※1효 총설=운이 약하니 경솔히 일을 벌리면 실패한다。 ※2효 총설=방심하다가 손해있으니 주의하라。

正月	이달의 운은 가산이 어지러이 동하니 부부간에 불화한다。
二月	이달의 운은 그늘이 사라지니 양기가 점차 창성해진다。
三月	이달의 운은 기러기가 육지에 오르니 일이 당연치 못하다。
四月	이달의 운은 구조해 주는 사람이 있으니 어려움을 능히 돌파한다。
五月	이달의 운은 대인이 영달하니 소인에게는 재앙이 생긴다。
六月	이달의 운은 문을 나서서 사람과 한가지로 하니 앞길이 유망하다。
七月	이달의 운은 상하는 것이 많지 않으니 결국 명예로움이 있다。
八月	이달의 운은 은인이 원수가 되니 화가 눈앞에 있다。
九月	이달의 운은 범이 함정에 빠져 하늘을 보고 통곡한다。
十月	이달의 운은 배타는 곳을 가지말라。 적은 액이 두렵다。
十一月	이달의 운은 처음에는 길한일이 있으나 열흘만 지나면 재앙이 생긴다。
十二月	이달의 운은 그 밝음을 상하니 문앞을 나가지 말라。

正月	이달의 운은 경영하는 모든일이 풍전등화와 같다。
二月	이달의 운은 우물집을 완성하니 반드시 성공한다。
三月	이달의 운은 군왕의 도움이 없음은 나라 잃은 근심이다。
四月	이달의 운은 변화할 시기에 하고져하나 힘이 모자란다。
五月	이달의 운은 솥속에 가득하니 진미를 먹을수 있다。
六月	이달의 운은 이제 투자가를 얻으니 길하며 재산이 넉넉하다。
七月	이달의 운은 그 나아감이 빠르면 물너감도 역시 빠르다。
八月	이달의 운은 사방으로 적인이니 실물할가 두렵다。
九月	이달의 운은 마음이 급하여 급히 나아가니 강한것은 먼저 꺾인다。
十月	이달의 운은 양이 강하고 음이 허하니 유명무실이다。
十一月	이달의 운은 곤한 용이 물을 얻으니 실꾀가 그 중에 있다。
十二月	이달의 운은 대인이 범으로 변하니 문채가 밝다。

※ 3효 충설‖구원을 받으면 성공한다。

正月	이달의 운은 큰범의 세력이 다하니 여우와 살쾡이가 침노한다。
二月	이달의 운은 물건을 옮기기 어려우나 가면 공이 있다。
三月	이달의 운은 가뭄에 단비가 내리니 만물이 생기가 난다。
四月	이달의 운은 크게 밝음이 위에 있으니 반드시 그 복을 받는다。
五月	이달의 운은 피눈물이 연달아 흐르니 사지에서 삶을 구한다。
六月	이달의 운은 그 덕을 닦지 않으면 패가 망신한다。
七月	이달의 운은 장구한 계획이 끝내 드리 하리라。
八月	이달의 운은 나를 도와주는 사람이 있으니 상하가 서로 응한다。
九月	이달의 운은 그 재화를 상실하니 잃은뒤에 다시 얻는다。
十月	이달의 운은 길한 경사가 아울러 오니 이는 하늘의 도움이로다。
十一月	이달의 운은 국왕이 밝지 못하니 충성스런 말이 소용없다。
十二月	이달의 운은 왕이 군사를 내어 그 나라를 바르게 한다。

※ 4효 충설‖친우와 우애있게 하라。 의리상한다。

正月	이달의 운은 무력에 굴하지 않으니 어린 것이 대길이다。
二月	이달의 운은 굶주린자가 바람을 만나니 눈위에 서리격이다。
三月	이달의 운은 대인이 나라를 다스리니 소인은 나라를 어지럽게 한다。
四月	이달의 운은 군사를 써서 육지에 오르니 하나도 거리낌이 없다。
五月	이달의 운은 나무로 인연하여 생선을 구하니 허다한 일들이 허망하다。
六月	이달의 운은 좋은 배필을 얻으려 하나 때를 기다려 행하다。
七月	이달의 운은 가문 나머지 단비가 내리니 만물이 새로이 생기를 얻는다。
八月	이달의 운은 작은 일은 길하나 큰일에는 불길하다。
九月	이달의 운은 사방으로 두루 돌아다니니 경영하는 바가 뜻대로 된다。
十月	이달의 운은 노력하지 않고 얻으니 뒷날에 근심이 있다。
十一月	이달의 운은 비록 노력이 많으나 중도에서 좌절된다。
十二月	이달의 운은 날으는 새가 소리를 남기니 화액이 연이어 생긴다。

※5효 총설‖마음을 굳게다지고 행하면 성공된다。

正月	이달의 운은 형옥살이 침신하나 이는 세살때의 액이다。
二月	이달의 운은 우물을 파서 먹지 못하니 때가 아직 이르다。
三月	이달의 운은 그길이 막힘을 알면 문밖에 나가지 말라。
四月	이달의 운은 이제야 병을 다스리니 기쁘고 경사롭다。
五月	이달의 운은 말을타고 혼인 길을가니 두갈래 길이다。
六月	이달의 운은 날이 따뜻하고 바람이 온화하니 백곡에 싹이 튼다。
七月	이달의 운은 대인은 성공하나 소인에게는 화액이 있다。
八月	이달의 운은 몸을 닦고 집을 다스리면 복록이 스스로 따른다。
九月	이달의 운은 어두어 나아가지 못하니 곤몽함을 알것이다。
十月	이달의 운은 마음속으로 경영하는바가 뜻밖에 있다。
十一月	이달의 운은 금관과 옥대를 띠었으니 경사가 있도다。
十二月	이달의 운은 진퇴를 마음대로 못하니 변업할 수이다。

※6효 총설‖고통사고 소송등 주의하라。

正月	이달의 운은 변동할 수이나 아직 시기가 빠르다。
二月	이달의 운은 호랑이를 밟아 비록 위태하나 치지 않으면 물지않는다。
三月	이달의 운은 이익이 목전에 있으나 먼곳에서부터 온다。
四月	이달의 운은 강한 바람이 많으니 배타기가 불가하다。
五月	이달의 운은 망신살이 명에 비치니 그집의 절도를 잃는다。
六月	이달의 운은 여우가 물을 건느니 그 머리가 젖는다。
七月	이달의 운은 전진하고져 하나 그 힘이 부족하다。
八月	이달의 운은 성조하고 건축하니 이익이 사방에 있다。
九月	이달의 운은 밖에나가 성공하니 땅을파서 금을 얻는다。
十月	이달의 운은 높은산에 나무를 심으니 적게 쌓아서 크게 이룬다。
十一月	이달의 운은 옥이 티끌에 묻혔으니 그 빛을 보지 못한다。
十二月	이달의 운은 우뢰가 백리에 동하니 소리는 있으나 형상이 없다。

※五七괘、1효 총설∥운이 호전되었으니 노력하라。

正月	이달의 운은 오귀가 숲에 가득하니 가신에게 기도를 드린다。
二月	이달의 운은 하늘이 도와주니 일로 상승한다。
三月	이달의 운은 상하가 모두 응하여 주니 능히 대사를 도모한다。
四月	이달의 운은 형살이 몸에 침노하나 이는 세살때의 액이다。
五月	이달의 운은 호랑이의 세력이 다하니 여우와 삽괭이가 침노한다。
六月	이달의 운은 물건을 옮겨놓기 어려우나 가며는 공이 있다。
七月	이달의 운은 솥속에 가득 찼으니 능히 그 진미를 먹을수 있다。
八月	이달의 운은 크게 밝음이 위에 있으니 반드시 큰복을 받는다。
九月	이달의 운은 불길한 운이 지대하니 처음은 곤란하나 뒤에는 크다。
十月	이달의 운은 그 덕을 닦지 않으면 패가망신을 한다。
十一月	이달의 운은 장구한 계획이 종말에는 득리를 한다。
十二月	이달의 운은 대군으로 출전을 하였으나 어려움을 알고 후퇴한다。

※2효 총설∥적극적은 불길하니 서서히 하면 길하리라。

正月	이달의 운은 봄바람에 뜻을 얻으니 경영하는 바가 뜻대로 된다。
二月	이달의 운은 비교적 머리가 없으니 마음이 산란하다。
三月	이달의 운은 선인이 길을 인도하니 나아가면 공이 있다。
四月	이달의 운은 노고를 생각지 않고 노력하면 겨우 성공한다。
五月	이달의 운은 이익을꾀하는 일이 많으니갈수록 경사가 있다。
六月	이달의 운은 날이 따뜻하고 바람이 온화하니 만물에 싹이 돋는다。
七月	이달의 운은 재앙과 허물이 연달아 오나 결국은 해소된다。
八月	이달의 운은 음은 반드시 양을 해하니 여난에 조심하라。
九月	이달의 운은 우뢰가 오니 무서우나 몸에 화는 미치지 않는다。
十月	이달의 운은 길운이 비로소 생하니 전도가 유망하다。
十一月	이달의 운은 내조로 이루지 못하니 모든 일이 불리하다。
十二月	이달의 운은 음이 양을 끊으니 여색을 가까이 하지말라。

※ 3효 총설‖한숫갈에 배채우려다 손해본다。

正月	이달의 운은 대인이 영달하니 소인에게는 재앙이 생긴다。
二月	이달의 운은 문에 나가 사람과 한가지로 전도하면 유망하다。
三月	이달의 운은 상하는 것이 많지 않으니 결국 명예가 있다。
四月	이달의 운은 은인이 원수가되니 화가 눈앞에 있다。
五月	이달의 운은 소인이 득세하니 군자는 해를 받는다。
六月	이달의 운은 배타는데를 가지말라 수액이 두렵다。
七月	이달의 운은 처음에는 길한일이 있으나 열흘이 지나면 재앙이 생긴다。
八月	이달의 운은 스스로 그 밝음을 상하니 문밖으로 나간다。
九月	이달의 운은 자기의 처소를 잃지않으면 뜻을 얻을 것이다。
十月	이달의 운은 윗자리에 있으면서 교만하지 말라 권세가 십년을 못간다。
十一月	이달의 운은 여자의 천한짓이 앞길을 어둡게 한다。
十二月	이달의 운은 귀신을 한차 싫었으니 경영함을 이루기 어렵다。

※ 4효 총설‖심신이 산란한 때이니 인내하라。

正月	이달의 운은 그 부족함을 보충하면 자연히 형통한다。
二月	이달의 운은 고목에 싹이트니 늦게야 광채가 난다。
三月	이달의 운은 전투가 쉬지않으니 천하가 시끄럽다。
四月	이달의 운은 윗사람을 따르라 처음은 곤하나 후에는 크다。
五月	이달의 운은 날으는 새가 날개를 상하니 삼일을 먹지 못한다。
六月	이달의 운은 비록 노력이 많으나 중도에서 좌절된다。
七月	이달의 운은 잡초를 제거하니 오곡이 무성하다。
八月	이달의 운은 주식으로 잔치하여 즐기니 경사가 들어온다。
九月	이달의 운은 잘못을 고쳐서하면 이익이 없지 않다。
十月	이달의 운은 손해가 있는뒤에 이익이 오니 크게 그 뜻을 얻는다。
十一月	이달의 운은 좋은 배필을 얻고져 하니 때를 기다려 행하라。
十二月	이달의 운은 강유가 비로서 합하니 만물이 화생한다。

※ 5효 총설∥남에게 사기당하기 쉬우니 주의하라。

正月	이달의 운은 아직 시기가 빠르니 옛을 지키고 때를 기다리라。
二月	이달의 운은 착한 사람이 아니니 상함을 지키지 않는다。
三月	이달의 운은 여우같은 의심이 끊이지 않으나 먼저는 안되고 뒤에는 크다。
四月	이달의 운은 경영하는 일을 개혁하면 길함이 있을 것이다。
五月	이달의 운은 비록 험한 곳에 있으나 종국에는 길함을 얻는다。
六月	이달의 운은 고목이 봄을 만나니 잎과 가지에 빛이 찬란하다。
七月	이달의 운은 일이 정상이 아니니 실패할 짓을 하는 운이다。
八月	이달의 운은 궁함이 극심하여 재앙이 생기니 닭이 어찌하늘을 올으랴。
九月	이달의 운은 이내 병을 다스리니 기쁨이 있고 경사가 있다。
十月	이달의 운은 깊은 골짜기에 드니 어둑컴컴하다。
十一月	이달의 운은 달이 보름밤을 만나니 온천지가 밝다。
十二月	이달의 운은 그재물을 상하니 잃은뒤에 다시 얻는다。

※ 6효 총설∥가을추수되는 시기이다 노력하라

正月	이달의 운은 대액이 머리에 당하였으니 예방하는것이 상책이다。
二月	이달의 운은 앞으로 나아가고져하나 그힘이 부족하다。
三月	이달의 운은 봄풀에 싹이 돋으니 좋은 기회를 잃지 말라。
四月	이달의 운은 좋은 기회를 잃지말라 반드시 즐거운 일이 있다。
五月	이달의 운은 혹 노래하고 혹 우니 자기 마음을 정하지 못한다。
六月	이달의 운은 악을 쌓음이 산과같으니 신고하고 궁함이 심하다。
七月	이달의 운은 호랑이를 밟아 비록 위태하나 치지 않으면 물지 않는다。
八月	이달의 운은 형살이 명에 빛치니 송사에 불리하다。
九月	이달의 운은 덕업이 날로 새로와지니 도처에 춘풍이다。
十月	이달의 운은재운이조금불길하였으나별로 큰화는 없다。
十一月	이달의 운은 달이 보름밤을 만나니 천하가 밝다。
十二月	이달의 운은 염소가 뿔로 울타리를 떠받으니 자기 스스로자패한다。

※五八괘、 1효 총설=남에말도 참고하면 손해없으리라。

正月	이달의 운은 순풍에 돛을 달았으니 소원이 성취된다。
二月	이달의 운은 무력에 굴하지 않으니 어리석은 듯함이 크게 길하다。
三月	이달의 운은 매사경영하는바가 바람앞에 등불이다。
四月	이달의 운은 비교적 머리가 없으니 심신이 산난하다。
五月	이달의 운은 군왕의 도움이 없으니 나라를 잃은 근심이다。
六月	이달의 운은 밥솥이 너머졌으니 어느때 복구할고
七月	이달의 운은 달이 보름밤을 만나니 온 천하가 밝다。
八月	이달의 운은 이제야 은행가를 만나니 자재가 넉넉하다。
九月	이달의 운은 그 나아감이 빠르면 물너남도 역시 빠르다。
十月	이달의 운은 사방으로 돌아보아도 적이니 실물수가 무섭다。
十一月	이달의 운은 양이 장하여 급히 나아가니 강한것이 먼저 꺾인다。
十二月	이달의 운은 양이 실하고 음이 허하니 이름은 있으나 실상은 없다。

※ 2효 총설=목전에 이득을 욕심내면 손해있다。

正月	이달의 운은 기러기가 육지에 오르니 사리에 부당하다。
二月	이달의 운은 구조해주는 사람이 있으니 능히 어려움을 돌파한다。
三月	이달의 운은 대인이 영달하니 소인에게는 재앙이 온다。
四月	이달의 운은 문에나가 사람과 한가지로 임하니 앞이 유망하다。
五月	이달의 운은 상하는 것이 많지 않으니 결국 칭찬이 있다。
六月	이달의 운은 은인이 원수가 되니 재화가 안전에 있다。
七月	이달의 운은 호랑이가 함정에 빠지니 하늘을 우러러 통곡한다。
八月	이달의 운은 배타는데 가지말라 작은 액이 두렵다。
九月	이달의 운은 처음에는 길한 일이 있으나 열흘이 지나면 재앙이 생긴다。
十月	이달의 운은 스스로 그 밝음을 상하니 가정으로 가더라。
十一月	이달의 운은 그의 처소를 잃지 않으면 득의함을 가히 알겠다。
十二月	이달의 운은 위에 있어 교만하지 말라 권세가 십년을 못간다。

※ 3효 총설‖욕심은 금물 형편을 알고 행하라。

正月	이달의 운은 선인이 길을 인도하니 나아가면 공이 있다。
二月	이달의 운은 노고를 생각지 않으면 겨우 성공한다。
三月	이달의 운은 이익을 꾀함이 뜻과 같으니 가면 경사가 있다。
四月	이달의 운은 날이 따시고 바람이 온화하니 만물의 싹이 돋는다。
五月	이달의 운은 재앙과 허물이 연달아 오나 결국 해소된다。
六月	이달의 운은 음이 양을 반드시 해하니 여난을 조심하라。
七月	이달의 운은 우뢰가 진동하여 무서우나 몸에 화는 미치지 않는다。
八月	이달의 운은 한 줄기 빛이 비로소 생기니 전도가 유망하다。
九月	이달의 운은 내조로 이루지 못하니 제반사가 불리하다。
十月	이달의 운은 음이 양을 끊으니 여색을 가까이 말라。
十一月	이달의 운은 염소가 뿔로 울타리를 떠받으니 강한 것이 자패한다。
十二月	이달의 운은 좋아서 이롭지 않은것이 없으니 이는 하늘의 도움이다。

※ 4효 총설‖운이 왔다 노력하면 성공하리라。

正月	이달의 운은 모든 그늘이 사라지니 양기가 점차로 창성한다。
二月	이달의 운은 일히 일비하니 자손에게 액이 있다。
三月	이달의 운은 용이 들에서 싸우니 그 피가 현황하다。
四月	이달의 운은 그 지위를 스스로 잘 지켰으니 편안하기 반석과 같다。
五月	이달의 운은 찬 골짜기에 봄이 돌아오나 시기가 빠르다。
六月	이달의 운은 진흙땅에 빠지니 곤궁함을 가히 알겠다。
七月	이달의 운은 세력이 더욱 강해지니 가는 곳마다 공이 있다。
八月	이달의 운은 고진감래하니 움직이면 이익을 본다。
九月	이달의 운은 음양이 화합하니 만물이 발생한다。
十月	이달의 운은 길이 평탄하니 마음대로 왕래한다。
十一月	이달의 운은 그 힘을 손상치 아니하고 나아가면 성공한다。
十二月	이달의 운은 길이 험하니 뜻밖의 재앙이 다。

※ 5효 총설‖반흉반길의 길운이다。

正月	이달의 운은 비의 머리가 없드이 마음과 몸이 어지럽다。
二月	이달의 운은 성패가 많으니 어려운 때이다。
三月	이달의 운은 사슴을 보고 쫓지말라 숲속에 함정이 있다。
四月	이달의 운은 크게 탐하면 손해가 있으니 현상대로 유지하라。
五月	이달의 운은 속히 판단하면 이루어지고 불연이면 늦다。
六月	이달의 운은 대인이 영전을 하니 천지가 합덕한 것이다。
七月	이달의 운은 재앙이 밖으로 부터 오니 험지에 빠진 격이다。
八月	이달의 운은 소인이 득세하니 군자는 해를 받는다。
九月	이달의 운은 노력을 하나 공이 없으니 타인을 믿지 말라。
十月	이달의 운은 지나치면 손해가 있으니 분수밖의 것을 구하지 말라。
十一月	이달의 운은 그 장한 세력을 잃으니 승산이 없다。
十二月	이달의 운은 곤한 용이 물을 얻으니 살꾀가 그 속에 있다。

※ 6효 총설‖불만이 있는 운이니 인내하면 길하다。

正月	이달의 운은 맡은일을 감당치 못하면 침체함을 면치 못한다。
二月	이달의 운은 수신하고 제가하며 문밖에 나가지 마라。
三月	이달의 운은 우는 학이 그늘에 있으니 어미와 새끼가 서로 화합한다。
四月	이달의 운은 이제야 큰 보배를 얻으니 이는 하늘의 도움이라。
五月	이달의 운은 부부간에 반목을 하니 가택이 시끄럽다。
六月	이달의 운은 오는 손님을 공경하라 길한 일이 점차 생긴다。
七月	이달의 운은 위가 비고 아래가번창하니진퇴를 정하지 못한다。
八月	이달의 운은 자기의 힘을 믿지 말라 군사를 내면 크게 패한다。
九月	이달의 운은 믿음으로써 뜻을 발하니 상하가 돌아온다。
十月	이달의 운은 날이 중천에 밝으니 천지가 빛난다。
十一月	이달의 운은 진퇴를 능히 못하니 업을 변할때다。
十二月	이달의 운은 여자의 천한 짓이니 앞길이 암담하다。

六一괘、※1효 총설‖운수가 비색하니 서서히 하라。 ※2효 총설‖친우를 잘 사귀여라 관재오기쉽다。

월	1효
正月	이달의 운은 가는자를 쫓지말라 칠일이면 돌아온다。
二月	이달의 운은 미리 상할것을 알면 화를 피하고 멀리 가라。
三月	이달의 운은 사슴을 보고 쫓지 말라 숲속에 함정이 있다。
四月	이달의 운은 범을 그리다 이루지 못하면 도리어 개의 그림이 된다。
五月	이달의 운은 크게 탐하면 손해가 있으니 현상 그대로 유지하라。
六月	이달의 운은 천하가 시끄러우니 비바람 또한 끊이지 않는다。
七月	이달의 운은 우뢰가 동하여 비록 위태로우나 스스로 지키면 해가 없다。
八月	이달의 운은 내조를 하여도 이루지 못하니 모든일이 불리하다。
九月	이달의 운은 악을 쌓아 죄가 크니 귀를 멸할 흉한 일이다。
十月	이달의 운은 날이 저물어 나룻터에 당도하였으나 배가 없다。
十一月	이달의 운은 빨리 하고져 하니 힘이 자라지 못하니 자신의 공적을 지키라。
十二月	이달의 운은 결의 사람의 해로 재화가 문에 든다。

월	2효
正月	이달의 운은 일이 정상된 것이 없으니 특별한 방법을 이용하라。
二月	이달의 운은 궁합이 극심하고 재앙이 생기니 닭이 어떻게 등천을할가。
三月	이달의 운은 이제야 병을 치료하니 기쁨이 있고 경사가 있다。
四月	이달의 운은 깊은 골짜기에 들어가니 어둡고 어두어 밝지 못하다。
五月	이달의 운은 달이 보름밤을 만나니 온 천하가 밝다。
六月	이달의 운은 그 재물을 상하니 잃었다 다시 얻는다。
七月	이달의 운은 귀신을 한 차 실었으니 경영하는 일이 잘 되기 어렵다。
八月	이달의 운은 재물을 산과같이 쌓아 놓았으나 소아에게 해가 있다。
九月	이달의 운은 능히 나아가지 못하니 사람의 제압을 받는다。
十月	이달의 운은 어두어서 나아가지 못하니 답답함을 가히 알겠다。
十一月	이달의 운은 크게 밝은 것이 위에 있으니 반드시 큰 복을 받는다。
十二月	이달의 운은 대인이 녹을 얻으니 소인은 실패한다。

※ 3효 총설∥뜻밖에 손재수 있으니 주의하라。

正月	이달의 운은 노력하나 공이 없으며 남의 말을 믿지 말라。
二月	이달의 운은 너무 지나치면 손해가 있으니 분수밖을 탐내지 말라。
三月	이달의 운은 자기의 많은 세력을 잃으니 이길 승산이 서지 않는다。
四月	이달의 운은 곤한 용이 물을 얻으니 그 중에 재수가 있다。
五月	이달의 운은 길하여 이롭지 않음이 없으니 하늘이 도와 줌이라。
六月	이달의 운은 그 소의 코가 상했으니 심신이 산난하다。
七月	이달의 운은 솥발이 엎어졌으니 어느때나 복구할 것인가。
八月	이달의 운은 앞은 산이요 뒤는 바다이니 앞길이 가기 어렵다。
九月	이달의 운은 이제야 복을 만나니 재산이 넉넉하다。
十月	이달의 운은 길성이 문에드니 가는곳마다 공이 있다。
十一月	이달의 운은 고목에서 움이나니 점차 봄빛이 돌아온다。
十二月	이달의 운은 재앙과 허물이 연달아 오나 결국 해소된다。

※ 4효 총설∥사기당할 운이니 사람 모두 주의하라。

正月	이달의 운은 고목에 봄이오니 가지와 잎에 빛이 난다。
二月	이달의 운은 큰길에서 말을 달리니 춘풍에 뜻을 얻는다。
三月	이달의 운은 길이 평탄하니 임의로 왕래한다。
四月	이달의 운은 세사람이 동행하다가 한사람이 없어졌다。
五月	이달의 운은 위태함을 알고 능히 경계하며 전업을 굳게 지키라。
六月	이달의 운은 솥발이 불어졌으니 진미가 다 엎질어 졌다。
七月	이달의 운은 노력하나 공이 없으니 내마음이 불쾌하다。
八月	이달의 운은 기러기가 점점 언덕에 오르니 결국길운을 얻으리라。
九月	이달의 운은 좌우에 도움이 없으니 위 아래를 잃었다。
十月	이달의 운은 용이 들에서 싸우니 그 피가 즐비하다。
十一月	이달의 운은 사방으로 칼날이니 위험한 곳임을 알것이다。
十二月	이달의 운은 발자욱이 없어지도록 돌아다니니 관재구설이 침노한다。

※5효 총설‖운이 길하다 열심히 노력하라。

正月	이달의 운은 소인이 득세하니 군자는 해를 받는다。
二月	이달의 운은 사방으로 돌아다니니 경영하는 바 뜻대로 된다。
三月	이달의 운은 진퇴가 불안하니 자기의 뜻을 정하지 못한다。
四月	이달의 운은 군왕의 도움이 없으니 이는 나라 잃은 근심이다。
五月	이달의 운은 날이 중천에 밝으니 천지가 빛난다。
六月	이달의 운은 그 부족함을 도와 자연히 형통한다。
七月	이달의 운은 봄바람에 뜻을 얻으니 경영하는 바가 마음대로 된다。
八月	이달의 운은 일의 머리가 없으니 심신이 산란하다。
九月	이달의 운은 선인이 길을 인도하니 나아가면 공이 있다。
十月	이달의 운은 노고를 생각지 않으면 겨우 성공한다。
十一月	이달의 운은 이익 도모함이 많으니 가는 곳마다 경사가 있다。
十二月	이달의 운은 날이 다숩고 바람이 온화하니 만물이 성장 한다。

※6효 총설‖급하게 하면 실패할 운이다。

正月	이달의 운은 우물이 흐려서 먹지 못하니 버리고 돌아보지 않는다。
二月	이달의 운은 성조하고 기둥을 세우니 무리하지 말라。
三月	이달의 운은 성패가 많으니 어려운 때 이더라。
四月	이달의 운은 괴로움을 다 겪고 즐거움을 맞이니움직이면 이익을 본다。
五月	이달의 운은 비는 사람이 아니니 지킴을 상하지 말라。
六月	이달의 운은 남과 같은 일을 하니 반드시 그 해를 받는다。
七月	이달의 운은 선과 악이 동반하니 일의 번복이 많다。
八月	이달의 운은 문에 나가 벗을 사귀니 가는 곳마다 공이 있다。
九月	이달의 운은 빠져도 죽지 않으니 빨리 판단하면 성사가 된다。
十月	이달의 운은 사사로운 악을 제거하고 문을 열면 복이 들어온다。
十一月	이달의 운은 오직 욕을 치니 그 짓이 빛나지 못한다。
十二月	이달의 운은 화재가 명에 비쳤으니 모든 일에 침체됨이 많다。

※ 六二괘、1효 총설=외부와 관계는 모든일에 주의하라 손재온다。 ※ 2효 총설=좋은때를 잃었으니 주의하라。

月	1효
正月	이달의 운은 말을 타고 두번 혼인하니 두갈래길의 형상이다。
二月	이달의 운은 날이 다숩고 바람이 온화하니 백곡이 성장한다。
三月	이달의 운은 대인이 성공하니 소인은 화액이 있다。
四月	이달의 운은 수신과 제가를 하면 복록이 자연히 따른다。
五月	이달의 운은 선과 악이 같이 오니 일이 번복이 많다。
六月	이달의 운은 심중에 경영하는 바가 뜻이 외방에 있다。
七月	이달의 운은 금관 옥대를 하였으니 경사와 명예가 있다。
八月	이달의 운은 그곳을 잃지 않으면 뜻 얻기를 가히 알겠다。
九月	이달의 운은 왕이 군사를 써서 나라를 바르게 한다。
十月	이달의 운은 형액이 명에 비치니 매사가 되는 일 없다。
十一月	이달의 운은 나그네가 당도할때에 재앙과 근심이 침입한다。
十二月	이달의 운은 기회를 보아서 하고 불리하면 그만두라。

月	2효
正月	이달의 운은 재앙이 밖으로부터 오니 험한 땅에 빠진다。
二月	이달의 운은 소인이 득세하니 군자는 덕을 받는다。
三月	이달의 운은 사시절 안정하면 형락을 가히 기약한다。
四月	이달의 운은 너무 지나치면 손해이니 분수외의 것을 구하지 말라。
五月	이달의 운은 그 장한 세력을 잃으니 이길 승산이 없다。
六月	이달의 운은 곤한 용이 물을 얻으니 살 도리가 그 속에 있다。
七月	이달의 운은 길하고 불리함이 없으니 이는 하늘의 도움이다。
八月	이달의 운은 그 소의 코가 상하니 심신이 산란하다。
九月	이달의 운은 솥발이 엎어졌으니 어느때나 복구될까。
十月	이달의 운은 앞에는 산이요 뒤에는 바다라 앞길을 나아가기 어렵다。
十一月	이달의 운은 이제야 좋을 얻으니 재산이 넉넉하다。
十二月	이달의 운은 길한 경사가 아울러 오니 하늘의 도움이다。

※3효 총설=급히 파멸의 위험 있으니 주의하라。

正月	이달의 운은 이제야 병을 치료하니 기쁨도 있고 경사도 있다。
二月	이달의 운은 깊은 골짜기에 드니 어두어서 밝지 못하다。
三月	이달의 운은 달이 보름밤을 만나니 천하가 밝다。
四月	이달의 운은 그 재산을 상하였으니 잃은 뒤에 다시 얻는다。
五月	이달의 운은 귀신을 한차 실었으니 경영하는바가 이루기 어렵다。
六月	이달의 운은 재물을 쌓음이 산과 같으니 소아에게 해가 있다。
七月	이달의 운은 능히 나아가지 못하니 사람의 제압을 받는다。
八月	이달의 운은 어두어서 나아가지 못하니 곤란함을 알 것이다。
九月	이달의 운은 크게 밝은것이 위에 있으니 반드시 큰복을 받는다。
十月	이달의 운은 대인이 녹을 얻으니 소인은 실패한다。
十一月	이달의 운은 화재수가 명에 비쳤으니 모든일이 침체하다。
十二月	이달의 운은 범이 함정에 빠져 앙천 통곡을 한다。

※4효 총설=노력하면 매사 성공할 운이다。

正月	이달의 운은 대인이 영전하니 천지의 덕이 합한다。
二月	이달의 운은 가뭄 나머지 단비가 내리니 만물에 생기가 있다。
三月	이달의 운은 손해가 있은뒤에 이익이 오니 그 뜻을 크게 얻는다。
四月	이달의 운은 이제야 좋은 말을 얻으니 능히 천리를 간다。
五月	이달의 운은 형성이 명에 들었으니 관재구설을 조심하라。
六月	이달의 운은 사귀를 제거하면 나라에서 큰 상을 받는다。
七月	이달의 운은 굶주린자가 바람을 만나니 눈 위에 서리격이로다。
八月	이달의 운은 자신을 반성한다면 화기가 점차 생한다。
九月	이달의 운은 굴신이 능하지 못하니 심사가 산란하다。
十月	이달의 운은 재앙과 허물이 연달아 오나 결국은 사라진다。
十一月	이달의 운은 비록 재물은 얻으나 내 마음은 불쾌하다。
十二月	이달의 운은 눈은 높고 솜씨는 낮으니 때를 기다리면 빛이 난다。

※5효 총설‖매사 순탄할 운이다 조급히 하면 실패한다。

月	운세
正月	이달의 운은 궁하고 재앙이 생기는데 닭은 어떻게 등천을 할 것인가。
二月	이달의 운은 부부간에 뜻이 맞지 않으니 집안이 어지러이 동한다。
三月	이달의 운은 이제야 씩씩한 말을 얻으니 능히 천리를 간다。
四月	이달의 운은 호랑이의 세력이 다하니 여우와 산고양이가 침노한다。
五月	이달의 운은 가산이 어지러이 동하니 부부간에 불화한다。
六月	이달의 운은 어려움이 사라지니 양이 점차 창성한다。
七月	이달의 운은 기러기가 육지에 오르니 이는 사리에 부당하다。
八月	이달의 운은 구해주는 사람이 있으니 능히 난관을 돌파한다。
九月	이달의 운은 대인이 영달하니 소인에게는 재앙이 생긴다。
十月	이달의 운은 문에 나서 사람과 함께하니 앞길이 유망하다。
十一月	이달의 운은 상함이 많지 않으니 결국은 명예가 있다。
十二月	이달의 운은 은인이 원수가 되니 화가 눈앞에 있다。

※6효 총설‖곤할 운이다 참고 노력하라。

月	운세
正月	이달의 운은 험한 함정에 빠지니 사방으로 보아도 사람이 없다。
二月	이달의 운은 만사가 어려움이 많으나 결국은 편안해진다。
三月	이달의 운은 상하를 비교할때 공연히 동하면 도리어 해롭다。
四月	이달의 운은 대지에 봄이 돌아오니 만물이 빛이 난다。
五月	이달의 운은 밖에 나가면 불리하고 집에 있으면 무고하다。
六月	이달의 운은 기러기가 구름길에 날으니 무엇이 거리낌이 있으랴。
七月	이달의 운은 푸른 오이를 껍질만 먹으니 그 맛을 알지 못한다。
八月	이달의 운은 소와같이 유순하니 변혁할 때다。
九月	이달의 운은 짙은 구름에서는 비가 오지 않으니 성사하기 어렵다。
十月	이달의 운은 모든 액이 물러나니 재앙은 사라지고 복이 온다。
十一月	이달의 운은 새의 그 깃이 불살라지니 재난이 연달아 온다。
十二月	이달의 운은 고목에 움이 나니 점차 봄빛이 돌아 온다。

※六三괘、1효 총설‖겨우 안정되기 시작하니 서서히 노력하라。

正月	이달의 운은 비록 험지에 있으나 결국은 길함을 얻으리라。
二月	이달의 운은 고목이 봄을 만나니 가지와 잎이 빛난다。
三月	이달의 운은 일이 정상이 아니니 왕패한 짓을 한다。
四月	이달의 운은 궁하고 재앙이 생기니 닭이 어떻게 등천할 것인가。
五月	이달의 운은 이제야 병을 치료하니 기쁨과 경사가 있다。
六月	이달의 운은 깊은 골짜기에 드니 어두어서 밝지 못하다。
七月	이달의 운은 달이 보름밤을 만나니 천하가 빛난다。
八月	이달의 운은 그 재물을 상하니 잃은뒤에 얻는다。
九月	이달의 운은 귀신을 한차 실었으니 경영하는 바 이루기 어렵다。
十月	이달의 운은 재물을 산과같이 쌓으나 어린아이에게 해가 있다。
十一月	이달의 운은 자진해서 마음대로 못하니 타인의 제압을 받는다。
十二月	이달의 운은 집위에 집을 더하니 재물이 문에 든다。

※2효 총설‖지나친 욕심 부리다가 실패한다。

正月	이달의 운은 사슴을 보고 쫓지말라 숲속에 함정이 있다。
二月	이달의 운은 이익은 끝나고 손해가 오니 곤한 용이 물을 잃은 격이다。
三月	이달의 운은 크게 탐하면 손해가 있으니 현상을 유지하라。
四月	이달의 운은 천하가 시끄러우니 비바람이 끊이지 않는다。
五月	이달의 운은 우뢰가 동하여 비록 위태하나 자중하면 해가 없다。
六月	이달의 운은 내조로 이루지 못하니 모든 일이 불리하다。
七月	이달의 운은 정법을 이용하면 만인이 복종한다。
八月	이달의 운은 해가 저물어서 나룻터에 당도하였으나 배가 없다。
九月	이달의 운은 빨리 하고져 하나 이루지 못하니 자기의 올바름을 지키라。
十月	이달의 운은 결의 사람의 해로 재화가 문에 든다。
十一月	이달의 운은 날이 따뜻하고 바람이 온화하니 만물이 발아한다。
十二月	이달의 운은 송사하는 중에 길함이 있으니 반드시 이익을 얻으리라。

※3효 총설‖귀인이 있으니 마음갖임을 곱게 하라。

正月	이달의 운은 선과 악이 함께오니 일의 번복이 많다。
二月	이달의 운은 마음속에 경영함의 뜻이 밖에 있다。
三月	이달의 운은 금관과 옥대를 두르니 경사도 있고 명예도 있다。
四月	이달의 운은 그 처소를 잃지 않으면 뜻이룸을 알것이다。
五月	이달의 운은 왕이 군샤를 내무로써 나라를 바르게 한다。
六月	이달의 운은 형액수가목숨에비치니 신체에 독이 있다。
七月	이달의 운은 나그네가 당도할때 재앙과 근심이 침노한다。
八月	이달의 운은 기회를 보아서 하라 이롭지 않으면 곧 중지하라。
九月	이달의 운은 은인이 원수가 되니 화가는 앞에 있다。
十月	이달의 운은 단비가 이미 지났으나 가지와 잎에 빛이 난다。
十一月	이달의 운은 대인은 성공하고 소인은 화가 있다。
十二月	이달의 운은 왕패한 난이 오니 처음은 어려우나뒤는 크다。

※4효 총설‖지난일의 관계로 재정 근심 있다。

正月	이달의 운은 그 상함을 미리 알고 화를 피하여 멀리 가라。
二月	이달의 운은 잡초를 제거하니 오곡이 무성하다。
三月	이달의 운은 노력없이 얻으니 후일에 근심이 있다。
四月	이달의 운은 사람의 도가 크게 왕패하니 십년을 쓰지 말라。
五月	이달의 운은 시작이 있고 끝맺음이 있으니 파종할 시기이다。
六月	이달의 운은 비록 자본과 재산을 얻으나 내마음은 불쾌하다。
七月	이달의 운은 고목에 싹이트니 늦게야 빛이 난다。
八月	이달의 운은 선삼 후삼이니 경일에 성사한다。
九月	이달의 운은 여자를 쓰지말라 행실이 불순하다。
十月	이달의 운은 대인이 나라를 다스리니 소인은 나라를 어지럽힌다。
十一月	이달의 운은 사귀를 제거하면 나라의 큰 상을 받는다。
十二月	이달의 운은 상한 말을 타지말라 결국 험악함을 본다。

※5효 총설∥지금부터 운이 약해지니 주의하라。

正月	이달의 운은 수신하고 제가하면 자연히 복이 따른다。
二月	이달의 운은 천구가 해치니 흉사가 앞에 있다。
三月	이달의 운은 기러기가 한번 날으니 점차 물가에 가깝다。
四月	이달의 운은 대인이 영달하니 소인은 재앙이 생긴다。
五月	이달의 운은 급히 나아가면 성사하나 늦추면 때를 놓친다。
六月	이달의 운은 하늘이 도와주니 날로 상승한다。
七月	이달의 운은 상하가 모두 응하여 주니 대사를 능히 도모한다。
八月	이달의 운은 형살이 몸에 침노하니 세살때의 액이다。
九月	이달의 운은 대호의 세력이 다하니 여우와 산고양이가 침노한다。
十月	이달의 운은 물건을 옮기기 어려우나 가면 공이 있다。
十一月	이달의 운은 가뭄뒤에 단비가 내리니 만물에 생기가 돈다。
十二月	이달의 운은 해가 중천에 밝으니 천지가 빛이 난다。

※6효 총설∥잠깐사이에 손해 있으니 주의하라。

正月	이달의 운은 시기가 아직 이르니 옛것을 지키고 때를 기다리라。
二月	이달의 운은 푸른 오이를 껍질만 먹으니 그 맛을 알지 못한다。
三月	이달의 운은 위에서 응원함이 없으니 자립하는데 곤란이 많다。
四月	이달의 운은 승진할 운이니 크게 그 뜻을 얻는다。
五月	이달의 운은 수액수가 두려우니 화액수도 조심하라。
六月	이달의 운은 그 피를 뿌리며 가니 해액이 스스로 멀리간다。
七月	이달의 운은 모든일이 어려움이 많으나 종말에는 편안하다。
八月	이달의 운은 안락하고 기쁘니 집안이 태평하다。
九月	이달의 운은 군자의 도가 깊으니 소인은 물러 간다。
十月	이달의 운은 바위와 같이 앉으니 재란이 침노하지 못한다。
十一月	이달의 운은 남의 말을 믿지말라。 믿는 도끼에 발을 상한다。
十二月	이달의 운은 솔귀를 혁신하니 음양이 화합한다。

六四괘、※ 1효 총설=선거에 당선되는 운이니 노력하라。 ※2효 총설=번뇌는 있으니 인내하면 무사하다。

월	1효
正 月	이달의 운은 속히 판단하면 이루어지고 그렇지 않으면 때를 잃는다。
二 月	이달의 운은 대인이 영전을 하니 천지가 합덕을 한다。
三 月	이달의 운은 재앙이 밖으로 부터오니 험한 진흙에 빠졌다。
四 月	이달의 운은 소인이 득세하니 군자는 해를 받는다。
五 月	이달의 운은 노력을 하여도 공이 없으니 타인을 믿지 말아라。
六 月	이달의 운은 지나치면 손해가 있는 것이니 분수외의 것을 구하지 말라。
七 月	이달의 운은 그 강한 세력을 잃으면 승산이 나지 않는다。
八 月	이달의 운은 곤한 용이 물을 얻으니 살꾀가 그 속에 있다。
九 月	이달의 운은 길한것이 불리한것이 없으니 이는 하늘의 도움이다。
十 月	이달의 운은 소가 그 코를 상하였으니 몸과 마음이 산란하다。
十一月	이달의 운은 솥발이 엎어졌으니 어느때나 복구할 것인가。
十二月	이달의 운은 앞은 산이요 뒤는 바다이니 앞길을 가기 어렵다。

월	2효
正 月	이달의 운은 대인이 성공하니 소인은 화액이 있다。
二 月	이달의 운은 수신하고 집을 다스리면 자연히 복록이 따른다。
三 月	이달의 운은 경영하는 일을 개혁하면 길하다。
四 月	이달의 운은 심중에 경영하는 바가 뜻이 밖에 있다。
五 月	이달의 운은 금관에 옥대를 두르니 경사와 명예가 있다。
六 月	이달의 운은 그 처소를 잃지 않으면 득의함을 알 것이다。
七 月	이달의 운은 왕이 군사로써 나라를 바로 잡는다。
八 月	이달의 운은 형액살이목숨에 비치니 신체에 독이 있다。
九 月	이달의 운은 나그네가 당도할때 재앙과 근심이 침노한다。
十 月	이달의 운은 기회를 보아서 하고 이룹지 못하면 중지하라。
十一月	이달의 운은 은인이 원수가 되니 화가 눈앞에 있다。
十二月	이달의 운은 단비가 이미 지났으나 가지와 잎에 빛이 난다。

※ 3효 총설=남에게 착취당하기 쉬우니 주의하라。

月	운
正月	이달의 운은 크게 탐하면 손해가 있으니 현상을 유지하라。
二月	이달의 운은 천하가 시끄러워 비바람이 끊이지 않는다。
三月	이달의 운은 우뢰가 진동함이 비록 위태하나 자중하면 해가 없다。
四月	이달의 운은 내조로도 이루지 못하니 모든일이 불리하다。
五月	이달의 운은 악을 쌓아서 죄가크니 귀를 떼어버릴 흉사이다。
六月	이달의 운은 날이 저물어서 나루터에 다랐으나 배가 없다。
七月	이달의 운은 빨리 하고져 하나 되지 않으니 자신을 바르게 지키라。
八月	이달의 운은 곁에 사람의 해로 재화가 문에 들어 온다。
九月	이달의 운은 날이 따뜻하고 바람이 온화하니 만물이 성장한다。
十月	이달의 운은 송사하는 가운데 길함이 있으니 반드시 이익을 얻는다。
十一月	이달의 운은 솥귀를 혁신하니 음양이 화합한다。
十二月	이달의 운은 그 나아감이 빠르면 물러남이 빠르다。

※ 4효 총설=운이 약하니 이사하면 좋겠다。

月	운
正月	이달의 운은 날이 따뜻하고 바람이 온화하니 곡식이 성장한다。
二月	이달의 운은 세력이 위로 오르니 가는 곳마다 공이 있다。
三月	이달의 운은 진미로 스스로 봉양을 하니 길한 경사가 문에 든다。
四月	이달의 운은 대지가 윤택하니 만물이 무성하다。
五月	이달의 운은 음이 침노하니 양이 몰한다 상에 부러진 다리가 있다。
六月	이달의 운은 사방으로 칼날이니 위태로운 곳임을 알 것이다。
七月	이달의 운은 일의 시비가 엇갈리니 자손에게 액이 있다。
八月	이달의 운은 땀흘려 노력하면 반드시 그 댓가를 받는다。
九月	이달의 운은 그 정도를 잃지 않으면 먼저는 안되지만 뒤는 크다。
十月	이달의 운은 극도에 올라 세력이 다 하였으니 물러감이 있을 뿐이다。
十一月	이달의 운은 솥의 다리가 부러졌으니 진미가 더 엎질러 졌다。
十二月	이달의 운은 한기가 제거되지 못하였으니 아직 시기가 이르다。

※5효 총설∥매사불길의 운이다 주의하라。

正月	이달의 운은 이익이 끝이나고 손해가 오니 곤한 용이 물을 잃은 격이다。
二月	이달의 운은 망신살이 목숨에 비치니 절도를 잃었다。
三月	이달의 운은 소인의 도가 깊으니 군자는 물러간다。
四月	이달의 운은 파랑새가 소식을 전하니 월하에 가약이로다。
五月	이달의 운은 순풍에 돛을 달았으니 소원을 성취한다。
六月	이달의 운은 무력으로 굴하지 않으니 어리석음이 길하다。
七月	이달의 운은 세사람이 동행하다가 한 사람이 없어졌다。
八月	이달의 운은 우물집을 완성하였으니 반드시 성공한다。
九月	이달의 운은 군왕의 도움이 없으니 이는 나라를 잃은 근심이다。
十月	이달의 운은 변화수가 밝아서 이루고져 하나 되지 않는다。
十一月	이달의 운은 솥속에 가득하니 진미를 넉넉히 먹는다。
十二月	이달의 운은 이제야 종들을 얻으니 재산이 넉넉하다。

※6효 총설∥우울한 시기이다。쉬는 운이다。

正月	이달의 운은 경중을 비교해보면 타처가 길하다。
二月	이달의 운은 선과 악을 동반하니 일의 번복이 많다。
三月	이달의 운은 험함을 알고 미리 예방하면 액을 면하리라。
四月	이달의 운은 하고 싶지도 않고 않하지도 못하니 싸워서 이기지 못한다。
五月	이달의 운은 우물을 파서 먹지 못하니 시기가 이르다。
六月	이달의 운은 손해가 있은 뒤에 이익이 오니 크게 그 뜻이 얻어진다。
七月	이달의 운은 건축하고 기둥을 세우나 무리하지 말라。
八月	이달의 운은 자기의 임무를 다하지 못하면 가는 곳마다 패한다。
九月	이달의 운은 남자라면 액이 있고 여자라면 길하다。
十月	이달의 운은 자기의 분수를 알아 옛것을 지키면 편안하다。
十一月	이달의 운은 음식을 익히고 장만할 줄 알면 정주의 덕을 이룬다。
十二月	이달의 운은 험중에 들어 있으니 냇물를 건너면 유리하다。

※六五괘、1효 총설‖노력해도 공이 없는 운이니 주의하라。

正月	이달의 운은 성패가 많으니 어려운 때라 하겠다。
二月	이달의 운은 위력과 무력을 쓰지 않으면 어떻게 천하를 평정할 것인가。
三月	이달의 운은 비교적 비인은 상해하지 않음을 지킨다。
四月	이달의 운은 남과 같은 일을 하면 반드시 해를 받는다。
五月	이달의 운은 선과 악이 동반하니 일에 번복이 많다。
六月	이달의 운은 문 밖에 나가 벗을 사귀니 가는 곳마다 공이 있다。
七月	이달의 운은 빠져도 죽지 않으니 속히 판단하면 성공한다。
八月	이달의 운은 사악을 제거하고 문을 열면 복이 들어온다。
九月	이달의 운은 오직 읍을 치려하니 그 길이 빛나지 못한다。
十月	이달의 운은 나그네가 당도할 때 재앙과 근심이 침노한다。
十一月	이달의 운은 발 뒤축이 달아지도록 다녀도 관재구설이 침노한다。
十二月	이달의 운은 덕을 베풀어 고명하게 하면 천지가 안정된다。

※2효 총설‖소원성취 어려우니 더더욱 노력하라。

正月	이달의 운은 수액이두려우니 화재수를 조심하라。
二月	이달의 운은 그 피를 뿌리며 가니 해액이 스스로 멀리 물러간다。
三月	이달의 운은 만사가 어려움이 많으나 종말에는 편하다。
四月	이달의 운은 화목하고 기쁘니 집안이 태평하다。
五月	이달의 운은 군자의 도가 오래가니 소인은 물러간다。
六月	이달의 운은 귀인과 같이 앉았으니 재란이 침입하지 못한다。
七月	이달의 운은 남의 말을 믿지 말라。 믿는 도끼에 발을 상한다。
八月	이달의 운은 솥귀를 혁신하니 음양이 화합한다。
九月	이달의 운은 상한 말을 쫓지 말라 결국 험악한 일을 본다。
十月	이달의 운은 음인을 멀리하면 앞길이 밝으리라。
十一月	이달의 운은신체가조금 상함이 있으나 별로 큰 화는 없다。
十二月	이달의 운은 스스로 그 해를 취하니 병은 있어도 약이 없다。

※3효 총설‖불우한 운이다 매사를 그대로 가라。

正月	이달의 운은 기둥을 세우고 성조를 하나 무리는 하지 말라。
二月	이달의 운은 자기의 임무를 다하지 못하면 갈수록 실패를 한다。
三月	이달의 운은 남자라면 액이 있고 여자라면 길하다。
四月	이달의 운은 자기의 분수를 알고 옛것을 지키면 항상 편하다。
五月	이달의 운은 자기의 분수를 모르고서 처세하다。 큰 손재를 당할 운이다。
六月	이달의 운은 험한 곳에 들어 있으나 냇을 건너면 유리하다。
七月	이달의 운은 한기가 아직 가시지 않았으니 시기가 아직 이르다。
八月	이달의 운은 노력하면 공이 있으니 자중하면 길함을 얻는다。
九月	이달의 운은 날이 중천에 밝으니 천하가 빛나더라。
十月	이달의 운은 반드시 큰 군사를 써서 천하를 주름 잡는다。
十一月	이달의 운은 형액수가 목숨에 비쳤으니 신체에 독이 있다。
十二月	이달의 운은 혼담이 있으니 앞길이 순탄하다。

※4효 총설‖매사가 잘 될 것 같은 운이다。 그러나 주의하라。

正月	이달의 운은 승진할 운이니 크게 그 뜻을 얻는다。
二月	이달의 운은 성심껏 노력하면 반드시 좋은 일이 있다。
三月	이달의 운은 호랑이를 그리다 잘못되니 개가 되고 말았다。
四月	이달의 운은 여자를 취하지 말라 그 행실이 불순하다。
五月	이달의 운은 자기의 과오를 모르고 나아가면 재앙을 범한다。
六月	이달의 운은 기회를 보아서 일하고 모든 이치를 잘 판단하라。
七月	이달의 운은 흐터지면 모아지니 다른 사람과 같이 일을 하라。
八月	이달의 운은 복숭아꽃이 만발하니 마땅히 그 집 또한 즐겁다。
九月	이달의 운은 사람의 짓이 왕패하니 권모술수를 쓰지 말라。
十月	이달의 운은 재앙이 가고 복이오니 반드시 경사가 있다。
十一月	이달의 운은 산타기에 힘을 다하였으니 노기가 풀리지 않는다。
十二月	이달의 운은 빨리하고져 하나 이루지 못하니 자기의 정도를 지키라。

※ 5효 총설‖기회가 왔다 노력하면 크게 성공한다。

正月	이달의 운은 자기의 도끼를 상하니 오는 적을 어떻게 막을까。
二月	이달의 운은 위 아래가 모두 응해주니 능히 큰 일을 도모한다。
三月	이달의 운은 좋은 운이 점차 돌아오니 곧 복구된다。
四月	이달의 운은 위는 비고 아래는 넓으니 진퇴를 정하지 못한다。
五月	이달의 운은 분수 밖의 것을 탐하지 말라 불의의 재앙이 있다。
六月	이달의 운은 재물이 문에 들어오나 옳지 않은것은 받지말라。
七月	이달의 운은 천구가 해치니 흉한일이 앞에 있다。
八月	이달의 운은 피눈물이 연달아 흐르니 사지에서 생을 구한다。
九月	이달의 운은 수신하고 제가하며 문밖에 나가지 말라。
十月	이달의 운은 소인의 도가 큰 일에 합당치 않다。
十一月	이달의 운은 정법을 이용하면 모든 사람이 굴복한다。
十二月	이달의 운은 괴상한 것을 타는것이 합당치 않아 먼저는 안되나 뒤는 크다。

※ 6효 총설‖서서히 운이 좋게된다。

正月	이달의 운은 험한땅이 황양하니 앞길을 찾기 어렵다。
二月	이달의 운은 노력하여도 공이 없으니 타인의 말을 믿지 말라。
三月	이달의 운은 가는 사람을 쫓지말라 칠일이면 돌아온다。
四月	이달의 운은 그 상할것을 미리 알고 화를 피하여 멀리 가라。
五月	이달의 운은 사슴을 보고 쫓지말라 숲속에 함정이 있다。
六月	이달의 운은 이익이 끝나고 손해가 오니 곤한 용이 물을 잃은 격이다。
七月	이달의 운은 크게 탐하면 손해가 있으니 현상을 유지하라。
八月	이달의 운은 천하가 시끄러우니 풍우가 끊어지지 않는다。
九月	이달의 운은 우뢰가 동하여 비록 위태로우나 자중하면 상함이 없다。
十月	이달의 운은 내조로 이루지 못하니 모든 일이 불리하다。
十一月	이달의 운은 악을 쌓아 죄가 크니 귀를 베일 흉한 일이다。
十二月	이달의 운은 서산에 해가 지어 나루에 다 달았으나 배가 없다。

※ 六六괘、 1효 총설‖절재와 자신감을 주의하면 망사평탄하다。

月	1효
正月	이달의 운은 상하를 비교할때 망동하면 해가 돌아 온다。
二月	이달의 운은 대지에 봄이 돌아오니 만물이 빛난다。
三月	이달의 운은 밖에 나가면 이롭지 못하고 집에 있으면 무고하다。
四月	이달의 운은 기러기가 구름길을 날으니 어디를 가도 거리낌이 없다。
五月	이달의 운은 푸른 오이 껍질만을 먹으니 그 맛을 알지 못한다。
六月	이달의 운은 소와 같이 유순하니 변혁할 때다。
七月	이달의 운은 짙은 구름에 비가 없으니 일이 이루어지기 어렵다。
八月	이달의 운은 모든 액이 물러나니 재앙은 사라지고 복이 온다。
九月	이달의 운은 상하는 것이 많지 않으니 결국 명예가 있다。
十月	이달의 운은 고목에 움이나니 차차 봄이 돌아온다。
十一月	이달의 운은 눈은 높고 솜씨는 낮으니 때를 기다리면 빛이 난다。
十二月	이달의 운은 파랑새가 소식을 전하니 달밤에 아름다운 기약이다。

※ 2효 총설‖운수가 비색하니 주의하라。

月	2효
正月	이달의 운은 우물을 파서 먹지 못하니 이는 시기가 아직 이르다。
二月	이달의 운은 자기의 도끼를 잃었으니 오는 적을 어떻게 막을 것인가。
三月	이달의 운은 기둥을 세우고 성조하나 무리하지 말라。
四月	이달의 운은 자기의 임무를 다하지 못하면 가는 곳마다 패한다。
五月	이달의 운은 남자라면 액이 있고 여자라면 길하다。
六月	이달의 운은 자기의 분수를 알고옛것을지키면 항상 편안하다。
七月	이달의 운은 음식을 잘 만들줄 알면 정주의 덕이 있다。
八月	이달의 운은 험한곳에 들었으니 내를 건너면 유리하다。
九月	이달의 운은 한기가 가시지 않으니 아직 시기가 이르다。
十月	이달의 운은 노력하면 공이 있으니 자중해서 길함을 얻어라。
十一月	이달의 운은 해가 중천에 밝으니 대지가 빛난다。
十二月	이달의 운은 반드시 큰 군사를 써서 천하를 주름 잡는다。

※ 3효 총설=진퇴를 분간 못할 시기이다 매사에 주의하라。

正月	이달의 운은 만사가 어려움이 많으나 결국 편안하다。
二月	이달의 운은 화목하고 기쁘니 집안이 태평하다。
三月	이달의 운은 군자의 도가 깊으니 소인은 물러간다。
四月	이달의 운은 귀인과 같이 굳게 앉았으니 재란이 침노하지 못한다。
五月	이달의 운은 타인을 믿지 말라 믿는 도끼에 발을 상한다。
六月	이달의 운은 솥귀를 혁신하니 음과 양이 화합한다。
七月	이달의 운은 상한 말을 쫓지말라 결국 험악한 일을 본다。
八月	이달의 운은 음흉한 사람을 멀리하면 전도가 빛난다。
九月	이달의 운은 육이 조금 상했으나 별로 큰 화는 없다。
十月	이달의 운은 스스로 해를 취하니 병은 있어도 약이 없다。
十一月	이달의 운은 해가 서산에 지니 나루에 닿아도 배가 없다。
十二月	이달의 운은 옥이 티끌속에 묻혔으니 그 빛을 보지 못한다。

※ 4효 총설=남여 교재있을 운이다。

正月	이달의 운은 하고져 하지도 않고 안하지도 못하니 싸워서 이기지 못한다。
二月	이달의 운은 두터운 땅에 물건을 실었으니 능히 만물을 용납한다。
三月	이달의 운은 분수밖의 것을 탐하지 말고 오는 적을 막으라。
四月	이달의 운은 그 정당함을 잃지말라 먼저는 안되고 뒤는 크다。
五月	이달의 운은 아래를없애고위를 더하니 기회를 보아서 하라。
六月	이달의 운은 이제야 본 남편을 만나니 비록 위태하나 허물은 없다。
七月	이달의 운은 산은 높고 골짜기는 깊으니 넘어지고 엎어지니 가기 어렵다。
八月	이달의 운은 만방에 덕을 베푸니 현인이 자연히 온다。
九月	이달의 운은 대지가 윤택하니 만물이 무성하다。
十月	이달의 운은 처음은 하늘로 오르나 뒤에는 땅으로 들어간다。
十一月	이달의 운은 까치가 그 집을 불살았으니 어디로 갈 것인가。
十二月	이달의 운은 나그네가 당도할때에 재앙과 근심이 침입한다。

※5효 총설‖지금부터 운이 길하게 된다。

正月	이달의 운은 피를 뿌리며 가니 해액이 자연히 멀리간다。
二月	이달의 운은 오귀가 숲에 가득하니 가신에게 기도를 들여라。
三月	이달의 운은 변동할 수이나 시기가 아직 이르다。
四月	이달의 운은 호랑이를 밟아서 비록 위태하나 치지않으면 물지 않는다。
五月	이달의 운은 이익이 눈앞에 있으니 먼곳에서 자연히 온다。
六月	이달의 운은 강한 바람이 많으니 배타는 것은 옳지 않다。
七月	이달의 운은 망신살이 명에 비치니 집의 절도를 잃었다。
八月	이달의 운은 여우가 물을 건너니 머리가 젖는다。
九月	이달의 운은 전진하고져 하나 그 힘이 부족하다。
十月	이달의 운은 위험이 눈앞에 있으니 어디를 가도 재앙이다。
十一月	이달의 운은 밖에나가 큰 공을 이루니 땅을 파서 금을 얻는다。
十二月	이달의 운은 높은산에 나무를 심으니 적은 것을 쌓아 큰 것을 이룬다。

※6효 총설‖절망감을 이길단계이니 노력하라。

正月	이달의 운은 자기의 도가 막힘을 알아 문밖에 나가지 말라。
二月	이달의 운은 이제야 병을 치료하니 기쁘고 경사스럽다。
三月	이달의 운은 말을 타고 혼인하니 두갈래길의 상이다。
四月	이달의 운은 날이 따뜻하고 바람이 온화하니 곡식이 성장한다。
五月	이달의 운은 대인이 성공하면 소인은 화액이 있다。
六月	이달의 운은 수신하고 제가하면 복이 자연히 따른다。
七月	이달의 운은 경영하는 일을 개혁하면 길하다。
八月	이달의 운은 심중에 경영하는 바가 그 뜻이 외방에 있다。
九月	이달의 운은 금관 옥대를 두르니 경사스럽고 명예가 있어 길하다。
十月	이달의 운은 자기의 처소를 잃지 안으면 뜻을 얻음을 알겠다。
十一月	이달의 운은 왕이 군사를 내어 나라를 바로 잡는다。
十二月	이달의 운은 형액살이목숨에 비치니신체가 운데 독이 있다。

※ 六七괘、 1효 총설=매사불성이란 운이 다。

正月	이달의 운은 윗사람의 응원이 없으니 자립하기에 곤란이 많다。
二月	이달의 운은 승진할 운이니 크게 그 뜻을 얻으라。
三月	이달의 운은 수액수가두려우니 화재수도 조심하라。
四月	이달의 운은 그 피를 뿌리며 가니 해액이 스스로 멀리 간다。
五月	이달의 운은 만사가 어려움이 많으나 결국은 편안하다。
六月	이달의 운은 화목하고 기쁘니 집안이 태평하다。
七月	이달의 운은 군자의 도가 깊으니 소인은 물러 간다。
八月	이달의 운은 차돌과 같이 앉았으니 재란이 침노치 못한다。
九月	이달의 운은 타인을 믿지말라 믿는 도끼로 발을 상한다。
十月	이달의 운은 솥귀를 혁신하니 음양이 화합한다。
十一月	이달의 운은 상한말을 타지말라 결국 험악함을 본다。
十二月	이달의 운은 음해하는 사람을 멀리하면 전도가 밝으니라。

※ 2효 총설=몸조심 돈조심 할 운이다。

正月	이달의 운은 사람의 도가 아니니 어찌 해롭지 않겠는가。
二月	이달의 운은 다른 사람과 같은 일을 하니 반드시 그 해를 받는다。
三月	이달의 운은 선과악이 함께오니 일에 번복이 많다。
四月	이달의 운은 문밖에 나가 벗을 사귀니 가는곳마다 공이 있다。
五月	이달의 운은 빠져도 죽지 않으니 속히 판단하면 성사가 된다。
六月	이달의 운은 사악을 제거하고 문을 열면 복이 온다。
七月	이달의 운은 오직 읍을 친다하나 그 도가 옳지 못하다。
八月	이달의 운은 화재수가목숨에비치니 모든 일에 침체됨이 많다。
九月	이달의 운은 발꿈치가 닳도록 출행을 하니 관재구설이 온다。
十月	이달의 운은 덕을 베풀어 밝으니 천지가 안정된다。
十一月	이달의 운은 어긋남을 고치지 않으면 먼저는 안되고 뒤는 크다。
十二月	이달의 운은 일이 두서가 없으니 수심이 끊어지지 않는다。

※ 3효 총설=고집부리면 크게 손해있다。

正月	이달의 운은 수박을 껍질만 먹으니 그 맛을 알지 못한다。
二月	이달의 운은 천하가 시끄러우니비바람이 그치지 않는다。
三月	이달의 운은 짙은 구름에서도 비가 내리지 않으니 성사하기 어렵다。
四月	이달의 운은 모든액이 물러가니 재앙은 사라지고 복이 온다。
五月	이달의 운은 새가 그 둥우리를 불태워버리니 재란이 연달아 온다。
六月	이달의 운은 사방으로 적인이니 실물 할가 두렵다。
七月	이달의 운은 눈은 높고 솜씨는 낮으나 때를 기다리면 빛이 난다。
八月	이달의 운은 파랑새가 소식을 전하니 이는 달밤에 아름다운 기약이다。
九月	이달의 운은 높은 산에 나무를 심으니 적게 쌓아서 크게 이룬다。
十月	이달의 운은 대인이 영달하면 높은 사람은 재물을 얻는다。
十一月	이달의 운은 소가 그 코를 상하니 몸과 마음이 산란하다。
十二月	이달의 운은 이름은 있고 실상은 없으니 빈광주리만 받는다。

※ 4효 총설=원조자가 생겨서 성공이 된다。

正月	이달의 운은 위력과 무력을 쓰지 않으면 어떻게 천하를 평정할 것인가。
二月	이달의 운은 대지에 봄이 돌아오니 고목이 봄을 만난다。
三月	이달의 운은 구름이 걷혀 맑은 하늘에 햇볕이 밝다。
四月	이달의 운은 좌우에서 도움이 없으니 위아래를 잃었다。
五月	이달의 운은 빠르면 실패하고 느리면 이익이 있다。
六月	이달의 운은 까치가 그 둥우리를 불태웠으니 어디로 갈 것인가。
七月	이달의 운은 높은 나무에 바람이 많으니 스스로 그 화를 받는다。
八月	이달의 운은 동심 협력하면 이웃까지 부자가 된다。
九月	이달의 운은 세사람이 동행하다가 그중 한사람이 없어졌다。
十月	이달의 운은 목마른 용이 물을 얻으니 생기가 차차난다。
十一月	이달의 운은 이제야 본 남편과 만났으니 비록 위태하나 허물은 없다。
十二月	이달의 운은 마음대로 나아가지 못하니 사람의 제압을 받는다。

※ 5효 총설=다른 사람의 협조만 있으면 성공이 된다。

正 月	이달의 운은 기러기가 높이 날으니 거리낄 것이 없다。
二 月	이달의 운은 춘풍에 뜻을 얻으니 경영하는 바가 뜻에 따른다。
三 月	이달의 운은 대액이 앞에당도하니 예방함이 상책이다。
四 月	이달의 운은 전진 하고져 하나 그 힘이 부족하다。
五 月	이달의 운은 봄 풀에 싹이트니 좋은 기회를 잃지 말라。
六 月	이달의 운은 믿음으로써 뜻을 발하니 상하가 돌아온다。
七 月	이달의 운은혹은노래하고 혹은 울으니 마음을 정하지 못한다。
八 月	이달의 운은재물을쌓음이 산과 같으니 괴롭고 궁함이 심하다。
九 月	이달의 운은 호랑이를 밟아 비록 위태하나 치지 않으면 물지 않는다。
十 月	이달의 운은 형살이 목숨에비치니 송사에 불하다。
十一月	이달의 운은 덕과 업이 날로 새로워지니 도처에 봄바람이다。
十二月	이달의 운은 몸이 조금 상하였으나 별로 큰 해는 없다。

※ 6효 총설=길흉의 분기점이니 침착하라。

正 月	이달의 운은 임무를 감당치 못하니 침체됨을 면치 못한다。
二 月	이달의 운은 대인이 영달하니 소인은 재액이 생긴다。
三 月	이달의 운은 오귀가 숲속에 가득하니 가신에게 기도하라。
四 月	이달의 운은 하늘이 도우니 계속 좋아진다。
五 月	이달의 운은 상하가 응하니 능히 대사를 도모한다。
六 月	이달의 운은 형옥살이 몸에 침노하니 삼년의 액이다。
七 月	이달의 운은 대호의 세력이 다하니 여우와 산고양이가 침노한다。
八 月	이달의 운은 물건을 옮기기 어려우나 가면 공이 있다。
九 月	이달의 운은 가뭄 뒤에 비가 오니 만물에 생기가 든다。
十 月	이달의 운은 크게 밝은것이 위에 있으니 반드시 큰 복을 받는다。
十一月	이달의 운은 왕패한 난이 지대하니 처음은 곤란하고 좋아진다。
十二月	이달의 운은 그 덕을 닦지 않으면 패가망신을 한다。

※ 六八괘、 1효 총설‖매사불길하지만 총력을 기울이다。

正月	이달의 운은 험함을 알고 예방하면 액을 면한다。
二月	이달의 운은 하지도 못하고않하지도 못하니 싸워서 이기지 못한다。
三月	이달의 운은 우물을 파서 먹지 못하니 아직 시기가 빠르다。
四月	이달의 운은 자기의 도끼를 잃었으니 오는 적을 어떻게 막을까。
五月	이달의 운은 기둥을 세우고 성조하니 무리하지 말라。
六月	이달의 운은 자기의 임무를 다하지 못하면 가는 곳마다 패한다。
七月	이달의 운은 남자라면 액이 있고 여자라면 길하다。
八月	이달의 운은 자기의 분수를 알고옛것을지키면 항상 편안하다。
九月	이달의 운은 음식을 장만할 줄 알면 주위의 덕을 이룬다。
十月	이달의 운은 험한 곳에 들어 있으니 냇물건너면 유리하다。
十一月	이달의 운은 한기가 제거되지 못하니 아직 시기가 빠르다。
十二月	이달의 운은 노력하면 공이 있으니 자중해서 길함을 얻으라。

※ 2효 총설‖사람을 경계하면 큰해없다。

正月	이달의 운은 밖에 나가면 불리하고 집에 있으면 무고하다。
二月	이달의 운은 기러기가 높이 날으니 거리낄것이 없다。
三月	이달의 운은 수박을 껍질만 먹으니 그 맛을 알지 못한다。
四月	이달의 운은 소와같이 유순하니 변혁할 시기이다。
五月	이달의 운은 짙은 구름에서도 비가 오지 않으니 성사하기 어렵다。
六月	이달의 운은 모든 액이 물러가니 재앙은 사라지고 복이 온다。
七月	이달의 운은 새가 그 둥우리를 태웠으니 재난이 연달아 온다。
八月	이달의 운은 크게 밝음이 위에 있으니 반드시 대복을 받는다。
九月	이달의 운은 눈은 높고 솜씨는 낮으나 때를 기다리면 빛난다。
十月	이달의 운은 파랑새가 소식을 전하니 달밤에 아름다운 기약이라。
十一月	이달의 운은 높은산에 나무를 심으니 적게 쌓아크게 이룬다。
十二月	이달의 운은 대인은 영달하고 소인은재물을 얻는다。

※3효 총설=배우자와 언쟁수 있으니 주의하라。

正月	이달의 운은 선과 악이 함께오니 일에 번복이 많다。
二月	이달의 운은 밖에 나가 벗을 사귀니 가는 곳마다 공이 있다。
三月	이달의 운은 빠져도 죽지 않으니 속히 판단하면 이익이 있다。
四月	이달의 운은 사악을 제거하고 문을 열면 복이 온다。
五月	이달의 운은 오직 읍을 치나 그 도가 밝지 못하다。
六月	이달의 운은 화재수가목숨에비치니 제반사에 침체됨이 많다。
七月	이달의 운은 발이 닳도록 돌아다녔으나 관재구설이 침노한다。
八月	이달의 운은 덕을 베풀어 밝게하니 천지가 안정하다。
九月	이달의 운은 이상한 것을 타니 합당치 않다 먼저는 안되나 뒤는 크다。
十月	이달의 운은 일이 두서가 없으니 수심이 끊어지지 않는다。
十一月	이달의 운은 재물을 산과 같이 쌓으니 어린 아이에게 해가 있다。
十二月	이달의 운은 진퇴를 하지 못하니 변업할 수다。

※4효 총설=출세운이 있으니 선거에 출마하라。

正月	이달의 운은 대지에 봄이 돌아오니 만물이 빛난다。
二月	이달의 운은 상하가 응하여 주니 넓고 크게 포용된다。
三月	이달의 운은 큰 과일을 먹지말라 그 속에 독이 들어있다。
四月	이달의 운은 펴고 구부림을 마음대로 못하니 심사가 산란하다。
五月	이달의 운은 눈으로 보기에는 풍년이나 그림에 떡이다。
六月	이달의 운은산을 오르려힘을 다하였으니 피로가 풀리지 않는다。
七月	이달의 운은 공연히 나아가지 말라 움직이면 손해가 있다。
八月	이달의 운은 목마른 말이 물을 얻으니 회색이자연히 생긴다。
九月	이달의 운은 이제야 좋은 말을 얻으니 능히 천리를 간다。
十月	이달의 운은 군사를 쓰지말라힘쓰는 싸움이 불가하다。
十一月	이달의 운은 기회를 보아서 하라 사물을 밝게 판단하라。
十二月	이달의 운은 나그네가 당도할 때 재앙과 근심이 침노한다。

※5효 총설=자기신분에 맞게 일하면 성공된다。

正月	이달의 운은 남과 같은 일을 하면 반드시 그 해를 받는다。
二月	이달의 운은 기러기가 육지에 오르니 사리에 부당하다。
三月	이달의 운은 맡은일을 감당치 못하면 침체됨을 면치 못한다。
四月	이달의 운은 수신하고 제가하며 문밖에 나가지 말라。
五月	이달의 운은 우는 학이 그늘에 있으니 어미와 새끼가 서로 화애한다。
六月	이달의 운은 이제야 큰 보물을 얻으니 이는 하늘의 도움이다。
七月	이달의 운은 부부간에 뜻이 맞지 않으니 집안이 시끄럽다。
八月	이달의 운은 오는 손님을 공경하면 점차 길한 일이 생긴다。
九月	이달의 운은 위는 비고 아래는 넓으니 진퇴를 정하지 못한다。
十月	이달의 운은 자기의 힘을 믿지말라 군사를 내면 크게 패한다。
十一月	이달의 운은 믿음으로써 뜻을 발하니 위아래가 모두 돌아온다。
十二月	이달의 운은 해가 중천에 밝으니 천지가 빛난다。

※6효 총설=사업이 잘 안되니 너무 욕심내지 말라。

正月	이달의 운은 성조하여 집을 세우니 이익이 사방에 있다。
二月	이달의 운은 크게 탐하면 손해가 있으니 현상을 유지하라。
三月	이달의 운은 속히 판단하면 성사하나 그렇지 않으면 때를 잃는다。
四月	이달의 운은 대인이 영달하니 천지가 합덕을 하였다。
五月	이달의 운은 재앙이 밖으로부터 오니 험한 진흙땅에 빠진 격이다。
六月	이달의 운은 소인이 득세하니 군자는 그 해를 받는다。
七月	이달의 운은 노력을 하여도 공이 없으니 타인을 믿지말라。
八月	이달의 운은 과하면 손해가 있으니 분수외의 것을 구하지 말라。
九月	이달의 운은 그 장한 세력을 잃으니 이길 승산이 없다。
十月	이달의 운은 곤한 용이 물을 얻으니 살 꾀가 그 가운데 있다。
十一月	이달의 운은 길함이 이롭지 않음이 없으니 하늘이 도와준다。
十二月	이달의 운은 큰소의 코가 상하니 몸과 마음이 산란하다。

※七一괘、1효 총설‖협조자가 있으니 찾아보라。

正月	이달의 운은 흩어지면 합하여 지니 남과 같은 일을 하라。
二月	이달의 운은 복숭아 꽃이 만발하니 그 집안이 즐겁다。
三月	이달의 운은 사람의 도가 대패하니 십년을 쓰지말라。
四月	이달의 운은 재앙이 끊어지지 않으니 군사를 내면 크게 패한다。
五月	이달의 운은 힘을 다하여 산에 오르나 그 피로가 풀리지 않는다。
六月	이달의 운은 속히 하고져 하나 잘하지 못하니 그 정당함을 지키라。
七月	이달의 운은 스스로 그 해를 취하니 병은 있어도 약이 없는 격이다。
八月	이달의 운은 걷는길이 평탄하니 반석같이 편안함을 알 것이다。
九月	이달의 운은 고생을 다하고 편안해진다 먼저는 흉하고 뒤에는 크다。
十月	이달의 운은 개혁할 시기이니 노력하면 성취된다。
十一月	이달의 운은 천하가 시끄러우니 비바람이 멎지 않는다。
十二月	이달의 운은 사람의 도가 아니니 어찌 해롭지 않겠는가。

※2효 총설‖매사를 쉬여가며 할 시기이다。

正月	이달의 운은 세사람이 동행을 하다가 한 사람이 없어졌다。
二月	이달의 운은 목마른 용이 물을 얻으니 생기가 점차 생긴다。
三月	이달의 운은 이제야 본 남편을 만났으니 위태로우나 허물은 없다。
四月	이달의 운은 자진해서 하지 못하니 사람의 제압을 받는다。
五月	이달의 운은 일에 두서가 없으니 수심이 끊이지 않는다。
六月	이달의 운은 노력없이 소득하는 것은 사리에 부당하다。
七月	이달의 운은 지나치면 넘친다 꽃이 광풍을 만났다。
八月	이달의 운은 오래지 않아 어려움에서 벗어난다 먼저는 곤하고 뒤는 크다。
九月	이달의 운은 깊은 골짜기에 들었으니 어둡고 밝지 않다。
十月	이달의 운은 부처님께 공을 들이면 결국 어려움에서 벗어난다。
十一月	이달의 운은 화목하고 기쁘니 집안이 태평하다。
十二月	이달의 운은 빠져도 죽지 않으니 속히 판단하면 성공한다。

※3효 총설‖책임감을 갖이고 임하면 성공한다。

正月	이달의 운은 기회를 보아 행하고 사물을 밝게하라。
二月	이달의 운은 솥발이 엎어졌으니 어느때나 복구될까。
三月	이달의 운은 대인은 영달하고 높은 사람은 재물을 얻는다。
四月	이달의 운은 사도에 관계되니 큰 액이 당도한다。
五月	이달의 운은 맹호가 세진하였으니 여우가 침노한다。
六月	이달의 운은 새가 그물에 드니 나갈길이 막힌다。
七月	이달의 운은 지나치면 손해가 있으니 분수 밖의 것을 구하지 말라。
八月	이달의 운은 건조하고 수선하니 일이 많을 때다。
九月	이달의 운은 공연히 뛰면 불안하다 동하면 흉하고 정하면 길하다。
十月	이달의 운은 짙은 구름에도 비가 오지 않으니 성사하기 어렵다。
十一月	이달의 운은 가까움을 버리고 먼 것을 취하니 사리에 부당하다。
十二月	이달의 운은 안되는 것은 끝나고 큰것이 오니 천지가 안정된다。

※4효 총설‖매사를 빨리 진행하면 이득있다。

正月	이달의 운은 동심 협력을 하면 이웃까지도 잘 산다。
二月	이달의 운은 분수이외의 것을 탐하지 말라 불의의 재난이 있다。
三月	이달의 운은 오는 손님에게 공경하면 길한 일이 생긴다。
四月	이달의 운은 일이 정상이 아니니 왕패한 도를 쓴다。
五月	이달의 운은 우물이 탁해서 먹지 못하니 버리고 돌아보지 않는다。
六月	이달의 운은 성조하고 기둥을 세우나 무리하지 말라。
七月	이달의 운은 성패가 많으니 어려운 때다。
八月	이달의 운은 위품과 무력을 쓰지 않으면 어떻게 천하를 평정할까。
九月	이달의 운은 사람의 도가 아니니 어찌 상하지 않겠는가。
十月	이달의 운은 남과 함께 일을 하나 반드시 그 해를 받는다。
十一月	이달의 운은 선과 악이 동반하니 일에 번복이 많다。
十二月	이달의 운은 문에 나가 사귀니 가는 곳마다 공이 있다。

※ 5효 총설‖매사를 양보하면 성공된다。

正月	이달의 운은 군사를 쓰지말라 힘으로 싸우는 것은 불가하다。
二月	이달의 운은 허물을 고쳐 선하면 이롭지 않음이 없다。
三月	이달의 운은 땅속에서 발아하니 늦게야 빛이 난다。
四月	이달의 운은 사냥을 하는데 새가 없으니 어떻게 새를 얻을까。
五月	이달의 운은 성심껏 노력하면 반드시 길하리라。
六月	이달의 운은 성심껏 노력하면 반드시 그 댓가를 받는다。
七月	이달의 운은 윗사람을 따르면 먼저는 곤하나 뒤는 크다。
八月	이달의 운은 큰 과일을 먹지 말라 그 속에 독이 있다。
九月	이달의 운은 귀성이 아울러 일어나니 그 뜻을 크게 얻는다。
十月	이달의 운은 우뢰가 와서 두려우나 화가 몸에 미치지 않는다。
十一月	이달의 운은 외면으로는 춘풍이나 시작은 있고 끝이 없다。
十二月	이달의 운은 술과 고기를 과식하면 도리어 곤액이 있다。

※ 6효 총설‖불길하던 운이 성공이 되기 시작한다。

正月	이달의 운은 위태함을 알아 경계하고 전업을 굳게 지키라。
二月	이달의 운은 솥의 다리가 부러졌으니 다 엎어졌다。
三月	이달의 운은 노력을 해도 공이 없으니 내 마음이 불쾌하다。
四月	이달의 운은 기러기가 차차 언덕에가까이 가니 결국 길한 운이다。
五月	이달의 운은 좌우에서 도와줌이 없으니 위아래를 잃는다。
六月	이달의 운은 용이 들에서 싸우니 그 피가 현황하다。
七月	이달의 운은 사면으로 칼날이니 위험한 곳임을 알 것이다。
八月	이달의 운은 발이 닳아지도록 다녔으나 관재구설이 침래한다。
九月	이달의 운은 대인이 녹을 얻으니 소인은 실패한다。
十月	이달의 운은 송사에 이기지 못하고 귀가 하여 쥐나 잡는다。
十一月	이달의 운은 울어서 편안치 못하니 일의 번복이 많다。
十二月	이달의 운은 꽃을 꺾고져 하나 꺾으면 오히려 해롭다。

※七二괘、1효 총설‖친밀하게 하면 평탄한 운이다。

正月	이달의 운은 대지에 날이 밝으니 함정에서 벗어난다。
二月	이달의 운은 덕을 만방에 베푸니 어진 사람이 온다。
三月	이달의 운은 대지가 윤택하니 만물이 무성하다。
四月	이달의 운은 처음은 등천할 수 있으나 뒤에는 땅으로 들어간다。
五月	이달의 운은 까치가 그 둥우리를 불태워버리니 어디로 갈 것인가。
六月	이달의 운은 나그네가 당도할 때 재앙과 근심이 침노한다。
七月	이달의 운은 반드시 큰 군사를 써서 천하를 주름 잡는다。
八月	이달의 운은 산은 높고 골짜기는 깊으니 나아가기 어렵다。
九月	이달의 운은 소인이 복면을 하고 흉계에 빠진다。
十月	이달의 운은 큰것으로 인하여 작은 것을 잃는다。
十一月	이달의 운은 마음에 경영하는 바 뜻이 외방에 있다。
十二月	이달의 운은 남과 같은 일을 하니 능히 어려움을 견디어 낸다。

※2효 총설‖지나친 욕심내면 반듯이 실패한다。

正月	이달의 운은 이제야 좋은 말을 얻으니 능히 천리를 간다。
二月	이달의 운은 군사를 쓰지말라 힘으로싸우는 것이 불가하다。
三月	이달의 운은 기회를 봐서 하라 모든 이치를 밝게 판단하라。
四月	이달의 운은 솥이 엎어졌으니 어느때나 복구 할 것인가。
五月	이달의 운은 대인은 영달하고 높은 사람은 재물을 얻는다。
六月	이달의 운은 사사로운 것으로 인하여 큰 액이 앞에 놓인다。
七月	이달의 운은 맹호의 세력이 다 하였으니 여우와 산고양이가 침노한다。
八月	이달의 운은 새가 그물에 들었으니 가는 곳마다 불리하다。
九月	이달의 운은 지나치면 손해가 있으니 분수밖의 것을 구하지 말라。
十月	이달의 운은 건조하고 수선하니 일이 많을 때다。
十一月	이달의 운은 공연히 뛰면 불안하다 움직이면 흉하고 가만히 있으면 길하다。
十二月	이달의 운은 짙은 구름에도 비가 내리지 않으니 성사하기 어렵다。

※3효 총설‖동업하면 실패한다 독단이면 평탄하다。

正月	이달의 운은 이제야 본 남편을 만났으니 위태하나 허물이 없다。
二月	이달의 운은 자진해서 못하니 다른 사람의 제압을 받는다。
三月	이달의 운은 일에 두서가 없으니 항상 수심이 가득하다。
四月	이달의 운은 일하지 않고 얻는것은 사리에 부당하다。
五月	이달의 운은 지나치면 넘치는 것이니 꽃이 광풍을 만난 격이다。
六月	이달의 운은 곧 어려움에서 벗어난다 처음은 괴로우나 뒤에는 좋다。
七月	이달의 운은 깊은 골짜기에 들어가니 어두컴컴하다。
八月	이달의 운은 부처님께 공을 드리면 결국 어려움에서 벗어난다。
九月	이달의 운은 부처님께 공을 드리면 가도가 태평하다。
十月	이달의 운은 길하여 실패하지 않으니 열심히 노력하라。
十一月	이달의 운은 꽃을 꺾고져 하나 꺾으면 해가 된다。
十二月	이달의 운은 갇혀있던 새가 밖에 나오니 온누리가 넓고 넓더라。

※4효 총설‖항상 자기를 낮게하면 성공한다。

正月	이달의 운은 목마른 말이 물을 얻으니 자연히 기쁘다。
二月	이달의 운은 눈 앞의 이익은 먼곳으로 부터 온다。
三月	이달의 운은 악을 쌓음이 산과 같으니 괴로움이 극심할 것이다。
四月	이달의 운은 재앙이 밖으로 부터오니 험한 진흙땅에 빠진 격이다。
五月	이달의 운은 함정에 빠져서 사방을 둘러보아도 사람이 없다。
六月	이달의 운은 모든 일에 어려움이 많으나 종말에는 편안하다。
七月	이달의 운은 상하를 비교할때 망동을 하면 해가 있다。
八月	이달의 운은 대지에 봄이 돌아오니 만물이 힘을 얻는다。
九月	이달의 운은 밖에 나가면 불리하고 집에 있으면 이롭다。
十月	이달의 운은 기러기가 높이 날으니 어디를 가도 거리낌이 없다。
十一月	이달의 운은 수박을 껍질만 먹으니 그 맛을 알지 못한다。
十二月	이달의 운은 소와같이 유순하니 변동할 시기이다。

※ 5효 총설‖화재를 주의하라 재수는 편탄하다。

正月	이달의 운은 목마른 용이 물을 얻으니 생기가 난다。
二月	이달의 운은 음양이 화합하니 만물이 성장한다。
三月	이달의 운은 율법으로써 군사를 내니 백전백패한다。
四月	이달의 운은 각자 마음이 다르니 시작은 있고 끝이 없다。
五月	이달의 운은 두터운 땅에 물건이 실리니 능히 만물을 용납한다。
六月	이달의 운은 비록 앞에 있는 새를 잃었으나 나의 이익은 뒤에 있다。
七月	이달의 운은 자기의 위치를 지키면 편하기가 반석 같다。
八月	이달의 운은 구름 걷힌 하늘이 푸르니 해가 중천에 밝다。
九月	이달의 운은 경계하고 조심하라 매사가 이루어지지 않는다。
十月	이달의 운은 처음에는 길한 일이 있었으나 열흘만 지나면 재앙이 생긴다。
十一月	이달의 운은 사사로운 물건이 집에 들었으니 오귀가 집안 가득하다。
十二月	이달의 운은 늙은 남자가 부인을 얻으니 이것은 낳아서 기른 공이더라。

※ 6효 총설‖운은 좋은데 지나친 욕심은 주의하라。

正月	이달의 운은 형살이목숨에드니 관재와 구설을 조심하라。
二月	이달의 운은 사귀를 제거하니 나라에서 상을 받는다。
三月	이달의 운은 굶주린 자에게 찬바람 이니 설상에 가상격이로다。
四月	이달의 운은 자신을 반성하면 화기가 생긴다。
五月	이달의 운은 몸의 굴신을 자유로이 못하니 심사가 산란하다。
六月	이달의 운은 싸움은 쉴 사이가 없으니 천하가 시끄럽다。
七月	이달의 운은 비록 재물을 얻었으나 내 마음은 불쾌하다。
八月	이달의 운은 눈은 높고 솜씨는 낮으니 때를 기다리면 길하다。
九月	이달의 운은 길성이 문에 드니 가는 곳마다 공이 있다。
十月	이달의 운은 여자를 가까이 말라 패가 망신한다。
十一月	이달의 운은 마음으로는 하늘을 찌를 듯하나 자의로 성사되기는 어렵다。
十二月	이달의 운은 개혁할 때이니 노력하면 성공한다。

※ 七三괘、1효 총설=근본성격을 살리면서 인내하면 재수길하다。

正月	이달의 운은 높은 나무에 바람이 많으니 스스로 그 화를 취한다。
二月	이달의 운은 동심 협력을 하면 이웃까지 넉넉하다。
三月	이달의 운은 세사람이 동행을 하는데 그중 한 사람이 없어졌다。
四月	이달의 운은 목마른 용이 물을 얻으니 생기가 난다。
五月	이달의 운은 이제야 본 남편을 만나니 비록 위태하나 허물은 없다。
六月	이달의 운은 자진해서 하지 못하니 사람의 제압을 받는다。
七月	이달의 운은 일에 두서가 없으니 항상 수심이다。
八月	이달의 운은 노력없이 얻는 것은 사리에 부당하다。
九月	이달의 운은 지나치면 넘치니 꽃이 광풍을 만난 격이다。
十月	이달의 운은 오래지 않아 어려움을 벗어나니 먼저는 괴롭고 뒤는 크다。
十一月	이달의 운은 깊은 골짜기에 드니 어두어서 밝지 못하다。
十二月	이달의 운은 부처님께 공을 드리면 결국 어려움을 벗어난다。

※ 2효 총설=외화내해한 운이니 실속을 차려라。

正月	이달의 운은 사람의 짓이 크게 왕패하니 십년을 쓰지말라。
二月	이달의 운은 재앙이 끊이지 않으니 군사를 내면 대패한다。
三月	이달의 운은 힘을 다하여 산에오르니 피로가 풀리지 않는다。
四月	이달의 운은 속히 하고져 하나 되지 않으니 그 바름을 지키라。
五月	이달의 운은 스스로 그 해를 취하니 병은 있고 약은 없다。
六月	이달의 운은 길이 탄탄하니 걷기가 편하다。
七月	이달의 운은 고생을 다하니 먼저는 흉하고 뒤는 크다。
八月	이달의 운은 개혁할때이니 노력하면 성취한다。
九月	이달의 운은 천하가 시끄럽고 풍우가 멎지 않으니 심사가 괴롭다。
十月	이달의 운은 자신에 비해서 위를 따름이 좋다。
十一月	이달의 운은 술과 고기를 과식하면 오히려 곤액이 있다。
十二月	이달의 운은 군자의 도가 길하니 소인은 물러간다。

※ 3효 총설‖운이 길흉이 상반되어있다。

正月	이달의 운은 까치가 그 집을 불태웠으니 어디로 갈것인가。
二月	이달의 운은 나그네가 당도할때 재앙과 근심이 침노한다。
三月	이달의 운은 반드시 군사를 써서 천하를 주름 잡는다。
四月	이달의 운은 대지에 날이 밝으니 함정에서 탈출한다。
五月	이달의 운은 소인이 복면을 하고 흉계에 빠진다。
六月	이달의 운은 큰것으로 인하고 작은 것을 잃는다。
七月	이달의 운은 마음속에 경영하는 바가 그 뜻이 외방에 있다。
八月	이달의 운은 다른 사람과 같은 일을 하니 능히 어려움을 견뎌낸다。
九月	이달의 운은 늙은 남자가 부인을 얻으니 이는 낳아서 기른 공이다。
十月	이달의 운은 여자라면 길하고 남자라면 액이 있다。
十一月	이달의 운은 그 집에 들어 갔으나 그 처를 보지 못한다。
十二月	이달의 운은 결국 송사에 이기니 성공한다。

※ 4효 총설‖경험없는 일에 손대면 실패 한다。

正月	이달의 운은 상할것을 미리 알고 화를 피하여 멀리 가라。
二月	이달의 운은 봄풀이 싹이트는 좋은 기회이니 잃지마라。
三月	이달의 운은 여우가 물을 건너니 그 머리가 젖는다。
四月	이달의 운은 사슴을 보고 쫓지말라 숲속에 함정이 있다。
五月	이달의 운은 시기가 빠르니 때를 기다리며 옛 그대로 지키라。
六月	이달의 운은 수박을 껍질만 먹으니 그 맛을 알지 못한다。
七月	이달의 운은 어두운 밤에 서로 싸우니 위험함을 가히 알 것이다。
八月	이달의 운은 승진할 운이니 크게 그 뜻을 얻는다。
九月	이달의 운은 수액이 두렵고 화재수도 조심하라。
十月	이달의 운은 그 피를 뿌리며 가니 해액이 멀리 간다。
十一月	이달의 운은 만사가 어려움이 많으니 결국 편안하지 못하다。
十二月	이달의 운은 화목하고 기쁘니 집안이 태평하다。

※5효 총설‖매사를 인내하며 행하면 성공된다。

正月	이달의 운은 처음에는 등천을 하나 뒤에는 땅에 들어간다。
二月	이달의 운은 먼저는 울고 뒤에는 웃으니 결국 봄이 돌아온다。
三月	이달의 운은 냇물을 건너는데 어려움이 많으니 어디를 가도 건너지 못한다。
四月	이달의 운은 혼사를 아래로 구하는 것이 길하나 그 힘이 미치지 않는다。
五月	이달의 운은 대지에 봄이 돌아오니 고목이 봄을 만난 격이다。
六月	이달의 운은 우물이 맑으니 안심하고 마신다。
七月	이달의 운은 출전하면 대패하여 시체로 돌아온다。
八月	이달의 운은 분수이외의 것을 탐하지 말라。오는 적을 막으라。
九月	이달의 운은 각자 마음이 다르니 시작은 있고 끝이 없다。
十月	이달의 운은 여우같은 의심이 있으나 먼저는 안되고 뒤는 크다。
十一月	이달의 운은 제사를 정성껏 모시면 곧 그 복을 받는다。
十二月	이달의 운은 부처님에게 공을 드리면 가도가 태평하다。

※6효 총설‖운세는 변하고 있으니 노력하라。

正月	이달의 운은 시작이 있고 끝맺음이 있으니 씨를 뿌릴 때다。
二月	이달의 운은 비록 재물은 얻었으나 마음은 불쾌하다。
三月	이달의 운은 고목에 싹이트니 늦게 빛이 난다。
四月	이달의 운은 선삼 후삼이니 경일에 성사가 된다。
五月	이달의 운은 여자를 쓰지말라 그 행실이 순하지 못하다。
六月	이달의 운은 대인이 나라를 다스리면 소인은 나라를 어지럽힌다。
七月	이달의 운은 사귀를 제거하면 나라에서 상을 받는다。
八月	이달의 운은 상한 말을 쫓지말라 결국 험악함을 본다。
九月	이달의 운은 송사중에 길함이 있으니 반드시 그 이익을 얻는다。
十月	이달의 운은 소인이 득세하면 대인은 물러난다。
十一月	이달의 운은 물건이 변함이 있으면 생기가 점차 새로와 진다。
十二月	이달의 운은 기둥이 부러졌으니 보수하여야 한다。

※ 七四괘、 1효 총설‖호기심에 현혹되면 손재수 있다。

正月	이달의 운은 공연히 나아가지 말라 움직이면 손해다。
二月	이달의 운은 목마른 말이 물을 얻으니 기쁜 일이 생긴다。
三月	이달의 운은 이제야 좋은 말을 얻으니 능히 천리를 간다。
四月	이달의 운은 군사를 쓰지말라 힘으로 싸움이 불가하다。
五月	이달의 운은 기회를 보아서 하고 사물의 이치를 밝게 판별하라。
六月	이달의 운은 솥발이 넘어지니 어느 때에 다시 복구할것인가。
七月	이달의 운은 대인이 영달하니 높은 사람은 재물을 얻는다。
八月	이달의 운은 사도에 관계되어 큰액이 닥쳐왔다。
九月	이달의 운은 맹호의 세력이 다하니 여우와 산고양이가 침노한다。
十月	이달의 운은 새가 그물에 걸리니 어디를 가나 불리하다。
十一月	이달의 운은 지나치면 손해이니 분수외의 것을 구하지 말라。
十二月	이달의 운은 명산 대천에 기도하면 성공한다。

※ 2효 총설‖해서는 안될일에 손을 대였다가 손해본다。

正月	이달의 운은 흩어지면 모음이 있으니 다른 사람과 같이 일을 하라。
二月	이달의 운은 처음은 등천하나 뒤에는 땅으로 들어간다。
三月	이달의 운은 까치가 그 둥우리를 불살았으니 어디로 갈 것인가。
四月	이달의 운은 냇물을 건너는데 어려움이 있으니 어디로 가도 건너지 못한다。
五月	이달의 운은 반드시 큰 군사를 써서 천하를 주름 잡는다。
六月	이달의 운은 날이 밝으니 함정에서 탈출한다。
七月	이달의 운은 울어서 편치 않으니 일에 실패가 많다。
八月	이달의 운은 큰일에 관계되어 작은 것을 잃는다。
九月	이달의 운은 마음에 경영하는 바가 그 뜻이 외방에 있다。
十月	이달의 운은 남과 같은 일을하면 능히 어려움을 견디어 낸다。
十一月	이달의 운은 늙은 남자가 부인을 얻으니 이는 낳아서 기르는 공이다。
十二月	이달의 운은 남자라면 액이 있고 여자라면 길하다。

※3효 총설‖곤궁한 운이므로 지나친 일은 하지 않는것이 좋다。

正月	이달의 운은 힘을 다하여 산에 오르니 그피로함이 풀리지 않는다。
二月	이달의 운은 빨리하고져 하나 되지 않으니 그 정도를 지키라。
三月	이달의 운은 스스로 그 해를 취하니 병에 약이 없다。
四月	이달의 운은 길이 평탄하니 편안함이 반석과 같다。
五月	이달의 운은 괴로움을 다하였으니 먼저는 흉하나 다음을 길하다。
六月	이달의 운은 개혁할 시기이니 노력하면 성취된다。
七月	이달의 운은 천하가 시끄러우니 비바람이 끊이지 않는다。
八月	이달의 운은 자신에 비하여 위를 따름이 좋다。
九月	이달의 운은 술과 고기를 과식하면 오히액이 있다。
十月	이달의 운은 왕패한 난이 지대하니 처음은 곤하고 뒤는 크다。
十一月	이달의 운은 기둥이 부러지니 보수함이 가하다。
十二月	이달의 운은 까마귀와 공작이 깃털을 잃었으니 어디로 갈 것인가。

※4효 총설‖길흉이 상반되여 있다。

正月	이달의 운은 만방에 덕을 베푸니 어진 사람이 온다。
二月	이달의 운은 우는 학이 그늘에 있으니 모자가 서로 화합한다。
三月	이달의 운은 피눈물이 연달아 흐르니 사지에서 생을 구한다。
四月	이달의 운은 대인이 성공하면 소인은 화액이 있다。
五月	이달의 운은 결중을 비교할 때 타처에 길함이 있다。
六月	이달의 운은 선악이 함께오니 일의 번복이 많다。
七月	이달의 운은 험함을 알고 예방하면 액을 면할 것이다。
八月	이달의 운은 하지도 못하고 않하지도 못하니 싸워서 이기지 못한다。
九月	이달의 운은 우물을 파서 먹지 못하니 아직 시기가 빠르다。
十月	이달의 운은 그 도끼를 잃었으니 오는 적을 어떻게 막을까。
十一月	이달의 운은 기둥을 세우고 성조를 하니 무리는 하지말라。
十二月	이달의 운은 자기의 임무를 다하지 못하면 갈수록 패한다。

※ 5효 총설‖정숙한 자세로 일을 행하면 길하다。

正月	이달의 운은 재앙이 가고 복이 오니 반드시 경사가 있으리라。
二月	이달의 운은 혹 노래하고 혹 우니 마음을 정하지 못한다。
三月	이달의 운은 얼고 서리가 내려 추워지니 심신이 안정되지 않는다。
四月	이달의 운은 귀한 성이 아울러 일어나니 크게 그 뜻을 얻는다。
五月	이달의 운은 위 아래가 모두 응하니 넓게 포용된다。
六月	이달의 운은 장차 험한땅에 나가니 힘이 배가 든다。
七月	이달의 운은 군사를 써 육지에 오르니 아무 거리낌이 없다。
八月	이달의 운은 범을 그리다가 되지 않으니 개가 되었다。
九月	이달의 운은 사냥을 하는데 새가 없으니 어떻하면 새를 얻을까。
十月	이달의 운은 양이 강하여 급히 나아가니 강한 것이 먼저 부러진다。
十一月	이달의 운은 늙은이가 처녀를 얻었으니 망신 운이다。
十二月	이달의 운은 공연히 뛰면 실패한다。 동하면 흉하고 정하면 길하다。

※ 6효 총설‖생각하지도 않은 일이 생겨 손해있다。

正月	이달의 운은 음이 침노하며 양은 당한다。 밥상 다리가 부러졌다。
二月	이달의 운은 사면으로 칼날이니 위험한 곳임을 알 것이다。
三月	이달의 운은 한가지는 기쁘고 한가지는 슬프니 자손에게 액이 있다。
四月	이달의 운은 땀흘려 노력하면 반드시 그 댓가를 받는다。
五月	이달의 운은 그 정당성을 굽히지 말라 다음에는 좋아진다。
六月	이달의 운은 극도로 세력이 다했으니 나아가지 못한다。
七月	이달의 운은 솥의 발이 부러졌으니 진미가 다 엎질러졌다。
八月	이달의 운은 한기가 아직 풀리지 않았으니 시기가 빠르다。
九月	이달의 운은 단비가 이미 지났으니 가지와 잎이 빛난다。
十月	이달의 운은 질김이 소가죽 같으니 굳게 지키면 자연히 풀린다。
十一月	이달의 운은 자신을 양보하여 어진일을 하면 재액을 면한다。
十二月	이달의 운은 그 집에 들어가서 그 처를 보지 못한다。

※七五괘、 1효 총설‖안되는 일 맡어서 성공하는 운이다。

正月	이달의 운은 노력해도 공이 없으니 내마음이 불쾌하다。
二月	이달의 운은 기러기가 언덕으로 오르니 결국은 길한 운이다。
三月	이달의 운은 좌우에서 도움이 없으니 위아래를 잃는다。
四月	이달의 운은 물건에 변함이 있으니 생기가 새로와 진다。
五月	이달의 운은 사면으로 칼날이니 위험한 곳임을 가이 알것이다。
六月	이달의 운은 발이 닳도록 돌아 다녔으나 관재구설이 침노한다。
七月	이달의 운은 대인이 녹을 얻으니 소인은 실패한다。
八月	이달의 운은 송사에 지고 집에 돌아와 쥐를 잡는다。
九月	이달의 운은 울어서 편치 못하니 일에 실패가 많다。
十月	이달의 운은 꽃을 꺾고져 하나 꺾으면 오히려 해롭다。
十一月	이달의 운은 문밖에 나가 벗을 사귀니 가는 곳마다 공이 있다。
十二月	이달의 운은 아래로 구하는 혼인이 길하나 힘이 미치지 못한다。

※2효 총설‖실패하기 쉬우니 침착히 하라。

正月	이달의 운은 여자를 쓰지말라 그 행실이 불순하다。
二月	이달의 운은 대인은 나를 다스리고 소인은 나를 어지럽게 하여 손해를 준다。
三月	이달의 운은 사귀를 제거하니 나라에서 상을 받는다。
四月	이달의 운은 상한말을 쫓지말라 필경에 험악함을 본다。
五月	이달의 운은 송사 중 길함이 있으니 그 이익을 얻는다。
六月	이달의 운은 소인이 득세하니 대인은 물러간다。
七月	이달의 운은 물건에 변함이 있으니 생기가 새로와 진다。
八月	이달의 운은 기둥이 부러졌으니 보수함이 가하다。
九月	이달의 운은 화목하고 기쁘니 집안이 태평하다。
十月	이달의 운은 항상 편안하고 고요하니 형락을 기약한다。
十一月	이달의 운은 작은 것으로 인하여 큰것을 잃는다。
十二月	이달의 운은 우뢰가 동하여 비록 위태하나 자중하면 해가 없다。

※3효 총설‖멍하게 있는 운이므로 매사를 침착히하라。

正月	이달의 운은 솥발이 부러져 음식이 다 엎질어 졌다。
二月	이달의 운은 한기가 아직 가시지 않으니 때가 이르다。
三月	이달의 운은 단비가 이미 지났으니 가지와 잎에 빛이 난다。
四月	이달의 운은 질기기가 소가죽 같으니 굳게 지키면 자연히 풀린다。
五月	이달의 운은 내몸을 양보하여 어질게 행동하면 가이 재액을 면한다。
六月	이달의 운은 그 집에 들어갔으나 그 처를 보지 못하는 괘다。
七月	이달의 운은 그 임무를 다하지 못하면 갈수록 패한다。
八月	이달의 운은 비록 사지라 할지라도 나아가면어려움에서벗어난다。
九月	이달의 운은 부처님께 공을 드리면 가도가 태평하다。
十月	이달의 운은 금관과 옥대를 두르니 경사롭고 명예스럽다。
十一月	이달의 운은 큰것으로 인하여 작은것을 잃는다。
十二月	이달의 운은 그럴듯 그럴듯 하다가 궁지에 빠진다。

※4효 총설‖스스로 침착하게 지내면 평탄 하다。

正月	이달의 운은 선삼 후삼이니 경일에 성사한다。
二月	이달의 운은 기러기가 안전하게 앉았으니 먹는것이 편안하다。
三月	이달의 운은 정사가 완성되었으니 반드시 성공한다。
四月	이달의 운은 수액수가 두려우나 결국 어려움을 면한다。
五月	이달의 운은 텅비고 먼 험한 땅에서 앞길을 찾기 어렵다。
六月	이달의 운은 노력해도 공이 없으니 타인을 믿지 말라。
七月	이달의 운은 가는 사람을 쫓지말라 칠일이면 돌아온다。
八月	이달의 운은 상할것을 미리알고 화를 피하여 멀리 가라。
九月	이달의 운은 사슴을 보고 쫓지말라 숲속에 함정이 있다。
十月	이달의 운은 이익은 다하고 손해가 오니 곤한 용이 물을 잃은 격이다。
十一月	이달의 운은 크게 탐하면 손해가 있다。 현상을 유지하라。
十二月	이달의 운은 천하가 시끄럽고 비바람이 끊이지 않는다。

※5효 총설‖가내언쟁 구설 송사를 주의하라。

正月	이달의 운은 극도로 세력이 다하니 나아가지 못한다。
二月	이달의 운은 싸움에 나아가 대패하니 시체로 돌아 온다。
三月	이달의 운은 봄풀이 성장하여 날로 크게 자란다。
四月	이달의 운은 그 힘을 손상치 말고 나아가면 성공한다。
五月	이달의 운은 대도에 말을 달리니 봄바람에 뜻을 얻는다。
六月	이달의 운은 조상에게 공을 드리면 그 복을 받는다。
七月	이달의 운은 먼저울고 다음에 웃으니 결국 좋아진다。
八月	이달의 운은 진미로 자신을 봉양하니 길한 경사가 문에 든다。
九月	이달의 운은 진흙땅에 빠지니 곤궁함을 가히 알 것이다。
十月	이달의 운은 임무를 다하지 못하면 스스로 그재화를취하는 격이다。
十一月	이달의 운은 길운과 경사가 아울러 오니 이는 하늘의 도움이다。
十二月	이달의 운은 신용있게 노력하면 결국 득리를 한다。

※6효 총설‖단념하는 마음은 실패의 근본이다。

正月	이달의 운은 자기의 과실을 알지못하고 나아가면 재앙을 범한다。
二月	이달의 운은 기회를 보아서 일하고 사물을 밝게 판단하라。
三月	이달의 운은 흩어지면 합하는 것이니 다른 사람과 같은 일을 하라。
四月	이달의 운은 복숭아 꽃이 만발하니 그 집도 즐겁다。
五月	이달의 운은 사람의 도가 왕패하니 십년을 쓰지 말라。
六月	이달의 운은 재앙이 끊어지지 않으니 싸움에 나가도 대패한다。
七月	이달의 운은 바다를 건너고져 하나 배가 새어서 건너지 못한다。
八月	이달의 운은 빨리 하고져 하나 되지 못하니 자기의 정도를 지키라。
九月	이달의 운은 스스로 그 해를 취하니 병이 있어도 약이 없다。
十月	이달의 운은 도로가 평탄하니 편하기가 반석같다。
十一月	이달의 운은 고생을 다하였으니 먼저는 흉하고 뒤는 크다。
十二月	이달의 운은 가까운 것을 버리고 먼것을 취하는 것은 사리에 부당하다。

※七六괘 1효 총설=더이상 가다가는 실패한다。 여기서 중단하라。

正月	이달의 운은 주린자가 바람을 만나니 설상가상이로다。
二月	이달의 운은 자신을 반성하면 화기가 생긴다。
三月	이달의 운은 굴신을 자유로이 못하니 심사가 산란하다。
四月	이달의 운은 싸움은 계속되고 천하는 시끄럽다。
五月	이달의 운은 비록 재물을 얻었으나 내 마음은 불쾌하다。
六月	이달의 운은 눈은 높고 솜씨는 낮으니 때를 기다리면 빛이 난다。
七月	이달의 운은 길성이 문에드니 가는 곳마다 공이 있다。
八月	이달의 운은 여자를 가까이 말라。 패가망신한다。
九月	이달의 운은 마음은 비록 하늘을 찌를 듯하나 뜻대로 되지 않는다。
十月	이달의 운은 가까운 것을 버리고 먼 것을 취하니 사리에 부당하다。
十一月	이달의 운은 소와 같이 유순하니 변혁할 때이다。
十二月	이달의 운은 바다를 건너고져 하나 배가 새어서 건너기 어렵다。

※2효 총설=방심하다 실패하니 명심할 운이다。

正月	이달의 운은 자기의 정도를 잃지 않으면 뒤에는 좋다。
二月	이달의 운은 극도로 세력이 다하였으니 나아갈 수가 없다。
三月	이달의 운은 솥발이 부러졌으니 그 속에 진미가 다 엎질러졌다。
四月	이달의 운은 한기가 아직 가시지 않으니 시기가 이르다。
五月	이달의 운은 단비가 이미 지났으니 가지와 잎이 빛난다。
六月	이달의 운은 질기기가 소가죽 같으니 굳게 지키면 스스로 풀린다。
七月	이달의 운은 자신을 양보하여 어질게 하면 재앙을 면한다。
八月	이달의 운은 그 집에 들어갔으나 그 처가 보이지 않는다。
九月	이달의 운은 임무를 다하지 못하면 가는 곳마다 패한다。
十月	이달의 운은 비록 사지라하나 나아가면 어려움에서 벗어난다。
十一月	이달의 운은 급히 서두르면 성사하나 늦추면 때를 놓친다。
十二月	이달의 운은 금관과 옥대로 경사와 명예가 있다。

※3효 총설‖전진도 말고 후퇴도 말어라。실패되기 쉽다。

正月	이달의 운은 사귀를 제거하니 나라에서 상을 받는다。
二月	이달의 운은 상한 말을 쫓지말라。필경에는 험악함을 본다。
三月	이달의 운은 송사중길한 일이 있으니 반드시 그 이득을 얻는다。
四月	이달의 운은 소인이 득세하니 군자는 은퇴한다。
五月	이달의 운은 주육을 (술과 고기를) 과식하면 오히려 큰 액이 있다。
六月	이달의 운은 기둥이 부러지니 보수함이 가하다。
七月	이달의 운은 화목하고 기쁘니 집안이 태평하다。
八月	이달의 운은 사시사철 편안하고 고요하면 즐거움을 누리리라。
九月	이달의 운은 작은 것으로 인하여 큰 것을 잃는다。
十月	이달의 운은 우뢰가 동하여 비록 위태하나 스스로 지키면 해가 없다。
十一月	이달의 운은 개혁할 때이니 노력하면 성취한다。
十二月	이달의 운은 텅 비인 황무지를 누가 개척할 것인가。

※4효 총설‖만사불길할 때이니 인내로 극복하라。

正月	이달의 운은 땀을 흘리며 노력하니 그 댓가를 받는다。
二月	이달의 운은 가정이 어지러이 동하여 부부간에 불화있다。
三月	이달의 운은 형살이 몸에 비치니 삼년의 액이다。
四月	이달의 운은 우물을 파서 먹지 못하니 시기가 이직 이르다。
五月	이달의 운은 자기의 앞길이 막힘을 알고 문밖에 나가지 말라。
六月	이달의 운은 이제야 병을 치료하니 기쁨과 경사가 있다。
七月	이달의 운은 말을 타고 혼인을 하니 두갈래 길의 상이다。
八月	이달의 운은 날이 따뜻하고 바람이 온화하니 곡식이 성장한다。
九月	이달의 운은 소는 행인이 가져갔는데 그 화는 내가 받는다。
十月	이달의 운은 수신하고 제가를 하면 복이 자연히 따른다。
十一月	이달의 운은 선과 악이 동반하니 일에 번복이 많다。
十二月	이달의 운은 심중에 경영하는 바가 그 뜻이 외방에 있다。

※5효 총설‖항상 겸손히 행하면 성공한다。

正月	이달의 운은 대인은 나라를 다스리고 소인은 나라를 어지럽힌다。
二月	이달의 운은 군사를 써서 육지에 오르니 거리낌이 없다。
三月	이달의 운은 넓은 평지에 가서 생선을 구하니 일이 허망하다。
四月	이달의 운은 좋은 배필을 얻고져 하나 때를 기다려서 하라。
五月	이달의 운은 가뭄 뒤에 강우가 내리니 만물이 생기가 있고 새로워진다。
六月	이달의 운은 작은 일은 길하고 큰 일은 흉하다。
七月	이달의 운은 사방으로 돌아다니니 경영하는 바가 뜻과 같다。
八月	이달의 운은 노력이 없이 얻으면 후일에 근심이 온다。
九月	이달의 운은 비록 노력은 많았으나 중도에서 좌절된다。
十月	이달의 운은 날으는 새가 소리를 남기니 화액이 연달아 온다。
十一月	이달의 운은 대인이 범으로 변하니 소원성취되는 운이다。
十二月	이달의 운은 어두운 밤에 서로 싸우니 위험함을 알 것이다。

※6효 총설‖매사가 답답할 운이다。 인내하라。

正月	이달의 운은 아래를 덜고 위를 더하니 기회를 보아서 하라。
二月	이달의 운은 이제야 본 남편을 만났으니 비록 위태하나 허물은 없다。
三月	이달의 운은 이익이 눈앞에 있으나 먼 곳으로부터 온다。
四月	이달의 운은 강한 바람이 심하니 배를 타는 것은 불가하다。
五月	이달의 운은 대지가 윤택하니 만물이 무성하다。
六月	이달의 운은 처음은 등천을 하나 뒤에는 땅으로 들어간다。
七月	이달의 운은까치의 날개가 불타고 없으니 어디로 갈 것인가。
八月	이달의 운은 언쟁을 하지 말라。 결국 험악한 꼴을 본다。
九月	이달의 운은 반드시 큰 군사를 써서 천하를 주름잡는다。
十月	이달의 운은 대지에 날이 밝으니 함정에서 빠져 나간다。
十一月	이달의 운은 소인이 복면을 하고 흉한 계교를 하려고 덤빈다。
十二月	이달의 운은 큰 것으로 인하여 작은 것을 잃는다。

七七괘※1효 총설‖무엇인가 더하고 싶으나 참고 인내하여야 된다。

正月	이달의 운은 고목에 움이 나니 늦게야 빛이 난다。
二月	이달의 운은 선삼 후삼이니 경일에 성사한다。
三月	이달의 운은 여자를 쓰지 말라。그 행실이 불순하다。
四月	이달의 운은 대인이 나라를 다스리니 소인은 나라를 어지럽힌다。
五月	이달의 운은 사귀를 제거하니 나라에서 상을 받는다。
六月	이달의 운은 상한 말을 좇지 말라。결국 험악함을 본다。
七月	이달의 운은 송사중에 길함이 있으니 그 이익을 얻는다。
八月	이달의 운은 소인이 득세하니 군자는 물러난다。
九月	이달의 운은 염소가 울타리를 들어받으니 강한 것이 패한다。
十月	이달의 운은 물건에 변함이 있으니 생기가 점점 새로와 진다。
十一月	이달의 운은 화목하고 기쁘니 가정이 태평하다。
十二月	이달의 운은 사시사철 안정되면 형락을 누리리라。

※2효 총설‖매사 성공하지 못할 운이니 때를 기다리라。

正月	이달의 운은 좌우의 도움이 없으니 상하를 잃는다。
二月	이달의 운은 용이 들에서 싸우니 그 피가 현황하다。
三月	이달의 운은 사면으로 칼날이니 위험한 곳임을 가이 알 것이다。
四月	이달의 운은 발이 닳토록 돌아다녔으니 관재와 구설만 침노한다。
五月	이달의 운은 대인이 녹을 얻으니 소인은 실패한다。
六月	이달의 운은 송사에 이기지 못하고 집에 돌아와 쥐나 잡는다。
七月	이달의 운은 울어서 편치 못하니 일에 실패가 많다。
八月	이달의 운은 꽃을 꺾고져 하나 꺾으면 도리여 해롭다。
九月	이달의 운은 밖에 나가 벗을 사귀니 가는 곳마다 공이 있다。
十月	이달의 운은 아래로 혼인을 구함이 좋으나 그 힘이 미치지 않는다。
十一月	이달의 운은 신용있게 노력하면 결국 이익을 얻는다。
十二月	이달의 운은 달이 보름밤을 만나니 천하가 빛이 온다。

※3효 총설=졸도할 운이니 정신을 쉬게 하라。

正月	이달의 운은 비록 재물을 얻었으나 내 마음은 불쾌하다。
二月	이달의 운은 눈은 높고 솜씨는 낮으니 때를 기다리면 빛이 난다。
三月	이달의 운은 경사가 아울러 오니 이것은 하늘의 도움이다。
四月	이달의 운은 여자를 가까이 하지 말라。 패가망신을 한다。
五月	이달의 운은 비록 마음은 하늘을 찌를 듯하나 뜻대로 이루기 어렵다。
六月	이달의 운은 가까운 것을 버리고 먼 것을 취하니 사리에 부당하다。
七月	이달의 운은 소와 같이 유순하니 변혁할 시기이다。
八月	이달의 운은 바다를 건너고져 하나 배가 새어서 건너기 어렵다。
九月	이달의 운은 어두운 밤에 싸우니 위험함을 알 것이다。
十月	이달의 운은 그 씩식한 형세를 잃으니 이길 승산이 없다。
十一月	이달의 운은 날으는 새가 그물에 갇혔으니 가는 곳마다 불리하다。
十二月	이달의 운은 재앙이 가고 복이 오니 반드시 경사가 있다。

※4효 총설=전진보다 후퇴가 적합한 운이다。

正月	이달의 운은 기러기가 언덕에 오르니 결국은 길한 운이다。
二月	이달의 운은 잡귀가 숲속에 가득하니 가신에게 기도를 들려라。
三月	이달의 운은 구조해 주는 사람이 있으니 능히 어려움을 돌파한다。
四月	이달의 운은 사람의 짓이 아니니 어찌 상하지 않겠는가。
五月	이달의 운은 여우같은 의심이 많으나 결국 좋아진다。
六月	이달의 운은 경영하는 일이 개혁하면 길하겠다。
七月	이달의 운은 비록 험지에 있으나 결국은 길함이 있다。
八月	이달의 운은 고목이 봄을 만나니 가지와 잎이 빛난다。
九月	이달의 운은 일이 정상이 아니니 패도를 쓴다。
十月	이달의 운은 극히 궁하니 재앙이 생긴다。 닭이 어떻게 등천할 것인가。
十一月	이달의 운은 이제야 병을 치료하니 기쁘고 경사가 있다。
十二月	이달의 운은 깊은 골짜기에 드니 어두어서 밝지 못하다。

※5효 총설‖지금부터 좋은 운이 왔다。

正月	이달의 운은 전투가 그치지 않으니 천하기 시끄럽다。
二月	이달의 운은 윗 사람을 따르면 좋은 기회가 온다。
三月	이달의 운은 날으는 새가 그 날개를 상하니 삼일동안을 먹지 않는다。
四月	이달의 운은 비록 노력은 많았으나 중도에서 좌절되고 말았다。
五月	이달의 운은 잡초를 제거하니 오곡이 무성하다。
六月	이달의 운은 술과 음식으로 잔치를 하니 경사로다。
七月	이달의 운은 잘못을 뉘우치고 착한 일을 하면 이롭지 않음이 없다。
八月	이달의 운은 손해가 있은 뒤에 이익이 오니 그 뜻을 크게 얻으리라。
九月	이달의 운은 좋은 배필을 얻고져하나 때를 기다려 행하라。
十月	이달의 운은 강과 유가 비로소 화합하니 만물이 회생한다。
十一月	이달의 운은 음이 양을 박탈하니 여색을 가까이 말라。
十二月	이달의 운은 작은 것으로 인하여 큰 것을 잃는다。

※6효 총설‖지금은 부진하나 다음은 길한 괘이다。

正月	이달의 운은 빨리 서두르면 실패하고 느리면 이익이 있다。
二月	이달의 운은 까치가 그 깃을 불태워 버리니 어디로 갈 것인가。
三月	이달의 운은 높은 나무에 바람이 많으니 스스로 그 화를 취하는 것이다。
四月	이달의 운은 모두 동심 협력을 하면 그 이웃까지 넉넉하다。
五月	이달의 운은 삼인이 같이 가다가 그 중한 사람이 없어졌다。
六月	이달의 운은 목마른 용이 물을 얻으니 생기가 점차 생긴다。
七月	이달의 운은 이제야 본 님을 만났으니 비록 위태하나 허물은 없다。
八月	이달의 운은 자진해서 할 능력이 없으니 다른 사람의 제압을 받는다。
九月	이달의 운은 일에 두서가 없으니 항상 수심에 싸여 있다。
十月	이달의 운은 노력없이 소득하는 것은 사리에 부당하다。
十一月	이달의 운은 지나치면 넘치는 것이니 꽃이 광풍을 만난 격이다。
十二月	이달의 운은 멀지 않아 어려움을 벗어나니 장차 길하다。

七八괘※1효 총설‖기초부터 시작하여야 되는 운이다。

正月	이달의 운은 기쁨과 슬픔이 엇갈리니 자손에게 액이 있다。
二月	이달의 운은 땀 흘려 노력하면 반드시 그 대가를 받는다。
三月	이달의 운은 그 정직함을 잃지 않으면 장차 좋아진다。
四月	이달의 운은 극도로 세력이 다하니 나아갈 수가 없다。
五月	이달의 운은 솥다리가 부러져서 음식이 다 엎질어졌다。
六月	이달의 운은 한기가 가시지 않으니 시기가 아직 이르다。
七月	이달의 운은 단비가 이미 지났으니 가지와 잎이 빛난다。
八月	이달의 운은 질기기가 소가죽 같으니 굳게 지키면 스스로 풀린다。
九月	이달의 운은 내몸을 양보하며 어진 행동을 하면 재액을 면한다。
十月	이달의 운은 그 집에 들어갔으나 그 처를 보지 못한다。
十一月	이달의 운은 임무를 다하지 못하면 가는 곳마다 실패한다。
十二月	이달의 운은 비록 위태한 곳이라 해도 나아가면 어려움을 면한다。

※2효 총설‖진퇴양난의 운이니 침착히 하라。

正月	이달의 운은 인내하지 않으면 심사가 산란하다。
二月	이달의 운은 싸움이 그치지 않으니 천하가 시끄럽다。
三月	이달의 운은 비록 재물을 얻었으나 내 마음은 불쾌하다。
四月	이달의 운은 눈은 높고 솜씨는 낮으니 때를 기다리면 빛이 난다。
五月	이달의 운은 길성이 문에 들어오니 가는 곳마다 공이 있다。
六月	이달의 운은 여자를 가까이 하지말라。 패가망신을 한다。
七月	이달의 운은 마음은 비록 하늘을 찌를 듯 하나 내 마음대로 되지 않는다。
八月	이달의 운은 가까운것을 버리고 먼 것을 취하니 사리에 부당하다。
九月	이달의 운은 소와 같이 유순하니 변혁할 시기이다。
十月	이달의 운은 바다를 건너고져 하나 배가 새여서 건너기 어렵다。
十一月	이달의 운은 어두운 밤에 서로 싸우니 위험함을 알 것이다。
十二月	이달의 운은 그 씩씩한 세력을 잃었으니 이길 계산이 없다。

※3효 총설‖남에 말에 현혹되면 실패한다。

正月	이달의 운은 사방이 모두 칼날이니 위험한 곳임을 알 것이다。
二月	이달의 운은 발이 닳도록 돌아다녔으나 관재와 구설이 침노한다。
三月	이달의 운은 대인이 녹을 얻으니 소인은 실패한다。
四月	이달의 운은 송사에 이기지 못하니 집에 돌아와 쥐를 잡는다。
五月	이달의 운은 울어서 불안하니 일에 번복이 많다。
六月	이달의 운은 꽃을 꺾고져하나 꺾으면 도리어 해가 온다。
七月	이달의 운은 밖에 나가 벗을 사귀니 가는 곳마다 공이 있다。
八月	이달의 운은 아래로 구하는 혼인이 길하니 그 힘이 미치지 못한다。
九月	이달의 운은 믿음성 있게 노력하면 결국 득리를 한다。
十月	이달의 운은 달이 보름밤을 만나니 천하가 밝다。
十一月	이달의 운은 오래지 않아 어려움을 벗어나 점차 좋아진다。
十二月	이달의 운은 용이 머리가 없으니 조화를 부리기 어렵다。

※4효 총설‖재난을 당하고 있는 상태이다。

正月	이달의 운은 자기의 일신을 반성하면 화기가 점차 생긴다。
二月	이달의 운은 순풍에 돛을 달고 돌아오니 소원을 성취하였다。
三月	이달의 운은 비교하면 머리가 없는 격이니 심신이 자연히 어지럽다。
四月	이달의 운은 밖에 나가면 불리하고 집에 있으면 무고하다。
五月	이달의 운은 성공할 운수이니 이익이 사방에 있다。
六月	이달의 운은 크게 탐하면 손해이니 현상을 유지하라。
七月	이달의 운은 속히 결단하면 성사하나 그렇지 않으면 시기를 잃는다。
八月	이달의 운은 대인이 영전을 하니 천지의 덕이 합하였다。
九月	이달의 운은 재앙이 밖으로부터 오니 진흙땅에 빠진 격이다。
十月	이달의 운은 소인이 득세하니 군자는 해를 받는다。
十一月	이달의 운은 노력하나 공이 없으니 타인을 믿지 말라。
十二月	이달의 운은 지나치면 손해이니 분수외의 것을 구하지 말라。

※5효 총설‖남에 일에 가담말고 내 일이나 잘해가기 바란다。

正月	이달의 운은 용의 머리가 없으니 조화를 부리기가 어렵다。
二月	이달의 운은 자기의 위치를 지키면 편안하기가 반석 같다。
三月	이달의 운은 추운 골짜기에 봄이 돌아오니 시기가 아직 이르다。
四月	이달의 운은 진흙땅에 빠지니 곤궁함을 알 것이다。
五月	이달의 운은 세력이 커지니 가는 곳마다 공이 있다。
六月	이달의 운은 고생을 다하였으니 움직이면 (활동하면) 이익을 본다。
七月	이달의 운은 음양이 화합하니 만물이 생기어 난다。
八月	이달의 운은 평탄한 도로이니 마음대로 왕래한다。
九月	이달의 운은 그 힘을 손상치 않으면 나아갈 수록 공을 이룬다。
十月	이달의 운은 도로가 험난하니 불의 재난이 있다。
十一月	이달의 운은 윗 자리 있다고 교만하지 말라。 권세가 십년을 못넘긴가。
十二月	이달의 운은 부처님께 공을 드리니 집안이 태평하다。

※6효 총설‖점점 위험한 운이 온다。 침착히 하라。

正月	이달의 운은 보기에는 풍년이나 그림 속의 떡이다。
二月	이달의 운은 힘을 다하여 담을 쌓으니 그 피로가 풀리지 않는다。
三月	이달의 운은 공연히 나아가지 말라。 활동하면 손해가 있다。
四月	이달의 운은 목마른 말이 물을 얻으니 기쁨이 자연히 생긴다。
五月	이달의 운은 이제야 좋은 말을 얻었으니 능히 천리를 간다。
六月	이달의 운은 군사를 쓰지 말라。 힘으로 싸우는 것이 불가하다。
七月	이달의 운은 기회를 보아서 하고 밝게 판단하여야 한다。
八月	이달의 운은 솥발이 엎어졌으니 어느 때나 복구할 것인가。
九月	이달의 운은 대인이 영달하니 높은 사람은 재물을 얻는다。
十月	이달의 운은 사사로운 일로 인하여 큰액이 앞에 당한다。
十一月	이달의 운은 맹호의 세력이 다하니 여우와 산고양이가 침노한다。
十二月	이달의 운은 날으는 새가 그물에 들었으니 어디로 가나 이롭지 않다。

八一괘※1효 총설‖동업하면 성공되리라。

正月	이달의 운은 말을 큰 길에서 달리니 좋은 뜻을 얻는다。
二月	이달의 운은 조상에게 정성을 드리면 실로 그 복을 받는다。
三月	이달의 운은 먼저는 울고 나중에는 웃으니 결국 봄이 돌아온 격이 된다。
四月	이달의 운은 진미로 스스로 봉양을 하니 길운과 경사가 문에 들어온다。
五月	이달의 운은 비록 위험한 곳이라고는 하나 나아가면 어려움을 벗는다。
六月	이달의 운은 그 임무를 다하지 못하면 그 화를 스스로 취한다。
七月	이달의 운은 길운과 경사가 아울러 이르니 스스로 하늘의 도움이다。
八月	이달의 운은 믿음으로 노력하면 끝에가서는 반드시 이익을 얻는다。
九月	이달의 운은 그럴듯 그럴듯 하다가 궁지에 빠진다。
十月	이달의 운은 그 높은 언덕을 올라보니 삼년이나 풍년이 없다。
十一月	이달의 운은 소인의 도는 큰일을 하는데 불가하다。
十二月	이달의 운은 나라의 형세를 보니 튼튼하고 몸에 영화가 있다。

※2효 총설‖최고로 좋은 운이니 총력을 다하라。

正月	이달의 운은 개과천선을 하면 이익되지 않는 것이 없다。
二月	이달의 운은 손해를 보고 나서야 이익이 오니 크게 그 뜻을 얻는다。
三月	이달의 운은 좋은 배필을 얻고져하면 때를 기다려 행하라。
四月	이달의 운은 강하고 유합이 비로서 사귀니 만물이 화생한다。
五月	이달의 운은 음이 양을 치니 여색을 가까이 말라。
六月	이달의 운은 문밖에 나가 벗을 사귀니 가는 곳마다 공이 있다。
七月	이달의 운은 재앙은 가고 복은 오니 반드시 경사가 있다。
八月	이달의 운은 위태함을 알고 스스로 중지하면 별로 큰 액은 없다。
九月	이달의 운은 형살이목숨에비치니 송사에 불리하다。
十月	이달의 운은 작은 것이 큰 것을 이루니 영화를 볼 것이다。
十一月	이달의 운은 소인이 득세하니 군자는 물러간다。
十二月	이달의 운은 사방이 칼날 같으니 위험한 곳임을 알겠다。

※3효 총설‖매사가 곤경에 빠지기 쉬우니 주의하라。

正月	이달의 운은 비록 노력은 많으나 중도에서 좌절된다。
二月	이달의 운은 날으는 새가 소리를 남기니 화액이 연달아 생긴다。
三月	이달의 운은 외면으로는 잘 하는 듯하나 시작은 있고 끝맺음이 없다。
四月	이달의 운은 어두운 밤에 서로 싸우니 위험할 것이 당연하다。
五月	이달의 운은 광막한 황무지를 누가 개척할 것인가。
六月	이달의 운은 행인이 소를 가져갔는데 재앙은 내가 받는다。
七月	이달의 운은 위험이 눈앞에 잇으니 어디를 가도 재앙이 있다。
八月	이달의 운은 기러기가 평탄한 가지에 앉으니 경영하는 일이 잘된다。
九月	이달의 운은 여인을 가까이 말라。 패가망신한다。
十月	이달의 운은 솥속에 가득 찼으니 넉넉히 먹을 수 있다。
十一月	이달의 운은 윗 사람을 따르라。 홀로 하면 실패한다。
十二月	이달의 운은 물건이 궁하면 변함이 있다。 생기가 차차 새로와 진다。

※4효 총설‖금속적으로 손재오니 주의하라。

正月	이달의 운은 조상에게 공을 드리면 실로 그 복을 받는다。
二月	이달의 운은 작은 것으로 인하여 큰 것을 잃는다。
三月	이달의 운은 수신하고 제가를 하고 있으면 복록이 자연히 따른다。
四月	이달의 운은 천구가 해를 끼치니 흉사가 눈 앞에 있다。
五月	이달의 운은 기러기가 한번 날아 물가에 가까와 진다。
六月	이달의 운은 대인이 영달하니 소인에게는 재앙이 생긴다。
七月	이달의 운은 오귀가 숲에 가득하니 가신에게 기도를 드려라。
八月	이달의 운은 하늘이 도와서 한길로 승진한다。
九月	이달의 운은 상하가 모두 응해주니 대사를 능히 도모한다。
十月	이달의 운은 형옥살이 몸에 침노하니 삼세의 액이다。
十一月	이달의 운은 대호가 세력이 다했으니 여우와 산고양이가 침노한다。
十二月	이달의 운은 물건을 옮기기 어려우니 갈수록 공이 있다。

※5효 총설=매사불길 운이니 미리 주의하라。

正月	이달의 운은 노력없이 얻어지는 것은 뒷날의 근심거리다。
二月	이달의 운은 사람의 도가 크게 왕패하니 십년을 쓰지 말라。
三月	이달의 운은 시작과 끝이 잇으니 씨뿌릴 때로다。
四月	이달의 운은 비록 재물는 얻었다 하나 내 마음은 불쾌하다。
五月	이달의 운은 하늘이 도우니 날로 상승한다。
六月	이달의 운은 잡귀가 숲에 가득하니 가신에게 기도를 드려라。
七月	이달의 운은 여자를 쓰지 말라。 그 행실이 순하지 못하다。
八月	이달의 운은 대인이 나라를 다스리니 소인은 나라를 어지럽힌다。
九月	이달의 운은 자신을 비교해 볼 때 위를 따르는 것이 좋다。
十月	이달의 운은 상한 말을 쫓지 말라。 결국 험악함을 본다。
十一月	이달의 운은 송사하는중에 길함이 있으니 반드시 그 이득을 걷운다。
十二月	이달의 운은 소인이 득세하니 군자는 물러 간다。

※6효 총설=하여도 안되는 것은 답답하기만 하다。

正月	이달의 운은냇물을 건너는데 어려움이 잇으니 어디를 가도 건너지 못한다。
二月	이달의 운은 경계하고 조심하라。 매사가 잘 이루어지지 않는다。
三月	이달의 운은 봄이 대지에 돌아오니 고목이 봄을 만난다。
四月	이달의 운은 우물물이 맑고 깨끗하니 안심하고 마실 수 있다。
五月	이달의 운은 출전하여 대패하였으니 시체로 돌아온다。
六月	이달의 운은 분수밖의 것을 탐하지 말라。 오는 적을 막으라。
七月	이달의 운은 각자 마음이 다르니 시작은 하고 끝맺임을 못한다。
八月	이달의 운은 장구한 계획이 결국은 이익을 얻는다。
九月	이달의 운은 제사를 잘 지내면 곧 그 복을 받는다。
十月	이달의 운은 부처님께 공을 드리면 집안이 태평하다。
十一月	이달의 운은 송사에 능히 이기면 큰냇물을 능히 건넌다。
十二月	이달의 운은 개과천선을 하면 화액을 면한다。

八二괘※1효 총설‖동업하면 성공한다。

正月	이달의 운은 가뭄 뒤에 단비가 내리니 만물의 생기가 새로와 진다。
二月	이달의 운은 작은 일에는 길하고 큰 일에는 흉하다。
三月	이달의 운은 사방으로 돌아다니니 경영하는 일이 뜻과 같다。
四月	이달의 운은 노력없이 얻으면 뒷날에 근심거리가 된다。
五月	이달의 운은 비록 노력은 많으나 중도에서 좌절된다。
六月	이달의 운은 날으는 새가 소리를 남기니 화액이 연달아 온다。
七月	이달의 운은 대인이 범으로 변하니 문채가 밝다。
八月	이달의 운은 어두운 밤에 서로 싸우니 위험함을 알겠다。
九月	이달의 운은 궁벽한 황무지를 누가 개척할 것인가。
十月	이달의 운은 행인이 소를 가져갔는데 내가 재앙을 받는다。
十一月	이달의 운은 위험한 것이 앞에 있으니 어디를 가나 재앙이다。
十二月	이달의 운은 기러기가 평탄한 가지에 앉으니 경영하는 일이 잘된다。

※2효 총설‖길흉이 상반된 괘이니 인내하라。

正月	이달의 운은 음과 양이 화합하니 만물이 발생한다。
二月	이달의 운은 평탄도로에 마음대로 왕래한다。
三月	이달의 운은 그 힘을 덜지 않으면 나아가 성공한다。
四月	이달의 운은 도로가 험난하니 불의 재앙이 있다。
五月	이달의 운은 윗 자리에 있으면서 교만하지 말라。그 권세가 길지 못하다。
六月	이달의 운은 급히 처리하면 성사 하고 미루면 때를 잃는다。
七月	이달의 운은 용이 머리가 없으니 조화를 부리지 못한다。
八月	이달의 운은 범을 밟아 사람을 무니 반드시 상한 것을 본다。
九月	이달의 운은 자기의 힘을 믿지 말라。군사를 내면 크게 패한다。
十月	이달의 운은 그 음해하는 사람을 멀리하면 앞길이 광명하다。
十一月	이달의 운은 질기기가 소가죽같으니 굳게 지키면 자연히 풀린다。
十二月	이달의 운은 상하는 것이 많지 않으니 결국 명예스런 말이 있다。

※3효 총설∥매사가 잘되지 않고 해방자가 있으니 주의하라。

正月	이달의 운은 그 힘을 손상치 않으면 나아가 성공한다。
二月	이달의 운은 도로가 험난하니 불의의 재앙이 있다。
三月	이달의 운은 윗 자리에 있다하여 교만하지 말라。그 권세가 오래지 않다。
四月	이달의 운은 급하게 서두르면 성공하고 지체하면 때를 잃는다。
五月	이달의 운은 용의 머리가 없으니 조화를 부리지 못한다。
六月	이달의 운은 범이 밝혀 사람을 물으니 반드시 상해가있다。
七月	이달의 운은 자기의 힘을 믿지 말라。군사를 내면 크게 패한다。
八月	이달의 운은 삼품벼슬을 얻으니 위 아래가 성공이다。
九月	이달의 운은 질기기가 소가죽 같으니 굳게 기키면 스스로 풀린다。
十月	이달의 운은 상하는 것이 많지 않으니 결국 명예가 있다。
十一月	이달의 운은 물고기와 용이 물을 잃으니 곤란함을 알 것이다。
十二月	이달의 운은 울어서 편치 못하니 일마다 번복이 많다。

※4효 총설∥힘을 쓸 능력없이 잘못하다가 실패당한다。

正月	이달의 운은 술과 음식으로 잔치하여 즐기니 경사가 문에 든다。
二月	이달의 운은 가는 사람을 쫓지 말라。칠일이면 되돌아 온다。
三月	이달의 운은 소인이 득세하니 군자는 해를 받는다。
四月	이달의 운은 혹 노래하고 혹 우니 자기 마음을 정하지 못한다。
五月	이달의 운은 진퇴가 불안하니 스스로의 뜻을 정하지 못한다。
六月	이달의 운은 군왕에게 도움이 없으니 이는 나라 잃은 근심이다。
七月	이달의 운은 기러기가 반석위에 앉으니 먹는 것이 편안하다。
八月	이달의 운은 부족함을 보충하면 자연히 형통한다。
九月	이달의 운은 춘풍에 뜻을 얻으니 경영하는 일이 뜻과 같다。
十月	이달의 운은 비교적 머리가 없으니 심신이 산란하다。
十一月	이달의 운은 선인이 인도하니 나아가면 공이 있다。
十二月	이달의 운은 수고로움을 생각지 않으면 겨우 성공한다。

※5효 총설=길하게 보이지만 사실은 불길하다。

正月	이달의 운은 평탄한 도로로 거리낌 없이 왕래한다。
二月	이달의 운은 세 사람이 동행을 하다가 한 사람이 없어졌다。
三月	이달의 운은 위태함을 알고 경계하면서 전업을 잘 지키라。
四月	이달의 운은 솥다리가 부러졌으니 음식이 다 쏟아졌다。
五月	이달의 운은 노력하였으나 공이 없으니 내 마음은 불쾌하다。
六月	이달의 운은 기러기가 언덕에 오르니 결국 길운을 얻는다。
七月	이달의 운은 좌우에서 도움이 없으니 상하를 잃는다。
八月	이달의 운은 용이 들에서 싸우니 그 피가 현황하다。
九月	이달의 운은 사면이 칼날 같으니 위태한 곳임을 알 것이다。
十月	이달의 운은 발굼치가 닳도록 돌아다니나 관재 구설이 침노한다。
十一月	이달의 운은 대인이 녹을 얻으니 소인은 실패한다。
十二月	이달의 운은 송사에 이기지 못하고 집에 돌아와 쥐나 잡는다。

※6효 총설=기둥뿌리가 빠질 운이다。 인내하라。

正月	이달의 운은 땅속에서 싹이 트니 늦게야 빛이 난다。
二月	이달의 운은 사냥을 하는 중에 새가 없으니 어떻게 새를 잡을가。
三月	이달의 운은 성심껏 노력하면 반드시 끝이 길하다。
四月	이달의 운은 성심껏 노력하면 반드시 그 댓가를 받는다。
五月	이달의 운은 윗 사람을 따르라。 처음은 괴로우나 뒤에는 길하리라。
六月	이달의 운은 큰 과일을 먹지 말라。 그 속에 독이 들어 있다。
七月	이달의 운은 귀성이 아울러 일어나서 크게 그 뜻을 얻는다。
八月	이달의 운은 우뢰가 치니 무서우나 화는 몸에 미치지 않는다。
九月	이달의 운은 겉으로는 좋으나 시작뿐이고 끝이 없다。
十月	이달의 운은 술과 안주를 과식하면 도리어 곤액이 있다。
十一月	이달의 운은 안되는 운은 끝나고 잘되는 운이니 천지가 안정된다。
十二月	이달의 운은 곤액이 연달아 오니 큰 일의 경영은 불가하다。

※ 八三괘 1효 총설=파도와 같이 운명에도 파란이 오는 시기이다。

正月	이달의 운은 잡초를 제거하면 오곡은 무성하다。
二月	이달의 운은 술과 음식으로 잔치하여 즐기니 경사가 문에 든다。
三月	이달의 운은 개과천선을 하면 이롭지 않음이 없다。
四月	이달의 운은 공연히 나가지 말라。움직이면 손해가 있다。
五月	이달의 운은 아름다운 배필을 얻고져 하면 때를 기다려 행하라。
六月	이달의 운은 강과 유기가 비로서 사귀니 만물이 화생한다。
七月	이달의 운은 음이 양을 치니 여색을 가까이 말라。
八月	이달의 운은 작은 것으로 인하여 큰 것을 잃는다。
九月	이달의 운은 재앙은 가고 복이 오니 반드시 경사가 있다。
十月	이달의 운은 위태함을 알고 스스로 자제하면 별로 큰 액은 없겠다。
十一月	이달의 운은 형살이목숨에 비치니 송사에 불리하다。
十二月	이달의 운은 작은 것으로 큰 것을 이루니 영화를 볼 것이다。

※ 2효 총설=노력하되 침착히 하면 성공된다。

正月	이달의 운은 범을 밟아서 사람을 무니 반드시 그 상해를 본다。
二月	이달의 운은 진미로 스스로 봉양을 하니 길한 경사가 문에 든다。
三月	이달의 운은 진흙땅에 빠지니 곤궁할 것은 당연하다。
四月	이달의 운은 임무를 다하지 못하면 그 화를 스스로 받는다。
五月	이달의 운은 길운과 경사가 아울러 오니 이는 하늘의 도움이다。
六月	이달의 운은 믿음 있게 노력하면 끝에 가서는 반드시 이익을 얻는다。
七月	이달의 운은 그럴듯 그럴듯 하면서도 결국 궁지에 빠진다。
八月	이달의 운은 사방으로 돌아 다니니 경영하는 일이 뜻대로 된다。
九月	이달의 운은 소인의 도로는 큰 일에 불가하다。
十月	이달의 운은 나라의 형세가 빛나니 내몸에도 영화가 있다。
十一月	이달의 운은 송사에 이기지 못하고 집에 돌아와 쥐나 잡는다。
十二月	이달의 운은 가뭄 뒤에 비가 내리니 만물에 생기가 난다。

※3효 총설‖매사를 쉽게 보다가 크게 손해보는 운이다。

正月	이달의 운은 좋은 배필을 얻고져 하면 때를 기다려 행하라。
二月	이달의 운은 강하고 약함이 비로소 사귀니 만물이 화생한다。
三月	이달의 운은 음이 양을 치니 여색을 가까이 말라。
四月	이달의 운은 작은 것으로 인하여 큰 것을 잃는다。
五月	이달의 운은 진미로 스스로 봉양을 하니 길한 경사가 문에 든다。
六月	이달의 운은 위태함을 알고 스스로 자제하면 큰 액은 없겠다。
七月	이달의 운은 형살이 목숨에 비치니 송사에 이롭지 않다。
八月	이달의 운은 작은 것으로 큰 것을 이루니 영화를 보겠다。
九月	이달의 운은 소인의 도는 큰 일에 옳지 않다。
十月	이달의 운은 이익을 도모하는데 뜻과 같으니 갈수록 경사다。
十一月	이달의 운은 곤액이 연달아 오니 큰 일은 하지 말라。
十二月	이달의 운은 마음은 비록 하늘을 찌를 듯하나 뜻과 같이 되기 어렵다。

※4효 총설‖상대를 약하게 보다가 당하는 운이다。

正月	이달의 운은 고생을 다했으니 활동만 하면 이익이 있다。
二月	이달의 운은 말을 타고 혼인하니 기로에 서 있는 상이다。
三月	이달의 운은 궁합이 극심하니 재앙이 생기고 닭이 어떻게 등천할 것인가。
四月	이달의 운은 부부가 서로 뜻이 맞지 않으니 집안이 어지럽다。
五月	이달의 운은 이제야 씩씩한 말을 얻었으니 능히 천리를 간다。
六月	이달의 운은 대호의 세력이 다했으니 여우와 산고양이가 침노한다。
七月	이달의 운은 가산이 어지럽게 동하였으니 부부간에 불화한다。
八月	이달의 운은 군음이 사라지니 양기가 점점 창성한다。
九月	이달의 운은 여자의 천한 짓이니 전도가 막막하다。
十月	이달의 운은 구조하여 주는 사람이 있으니 능히 어려움을 돌파한다。
十一月	이달의 운은 대인이 영달하니 소인은 재앙이 생긴다。
十二月	이달의 운은 밖에 나와서 사람들과 동등하게 하니 전도가 유망하다。

※5효 총설‖힘을 내라 열심히 하면 성공할 운이다。

正月	이달의 운은 진미로 스스로 봉양을 하니 길운과 경사문에 들어온다。
二月	이달의 운은 대지가 윤택하니 만물이 무성하다。
三月	이달의 운은 음이 침범하고 양은 몰하니 상에 부러진 다리가 있다。
四月	이달의 운은 사면이 칼날 같으니 위험한 곳임을 가히 알 수 있다。
五月	이달의 운은 기쁨과 슬픔이 교차하니 자손에게 액이 있다。
六月	이달의 운은 땀흘려 노력하면 반드시 그 댓가를 받는다。
七月	이달의 운은 그 바름을 잃지 않으면 뒷일은 잘 된다。
八月	이달의 운은 극도에 달해서 힘이 다했으니 퇴보할 뿐 전진이 없다。
九月	이달의 운은 솥다리가 부러져 그 진미가 전부 쏟아졌다。
十月	이달의 운은 찬기운이 아직 가시지 않았으니 시기가 아직 이르다。
十一月	이달의 운은 단비가 이미 내렸으니 가지와 잎에 빛이 난다。
十二月	이달의 운은 질기기가 소가죽 같으나 스스로 굳게 지키면 자연히 풀린다。

※6효 총설‖비운이다 매사를 주의하라。

正月	이달의 운은 얼음과 서리가 처음으로 오니 마음과 몸을 정하기 어렵다。
二月	이달의 운은 귀한사람이함께 일어서니 그 뜻을 크게 얻는다。
三月	이달의 운은 상하가 모두 응하니 넓고 크게 포용된다。
四月	이달의 운은 장차 험지에 나가니 그 힘이 배가든다。
五月	이달의 운은 군사를 써서 육지에 오르니 하나도 거리낌이 없다。
六月	이달의 운은 범을 그리다가 안되니 도리어 개가 된다。
七月	이달의 운은 사냥하는 중에 새가 없으니 어떻게 새를 잡을까。
八月	이달의 운은 양이 강하여 급히 나아가니 강한것이 먼저 부러진다。
九月	이달의 운은 늙은 부인이 신랑을 얻으니 망신할 운이다。
十月	이달의 운은 공연히 뛰어 편치 못하니 동하면 흉하고 가만히 있으면 좋다。
十一月	이달의 운은 까치가 깃털을 잃었으니 어디로 향해서 갈고。
十二月	이달의 운은 윗사람을 따르라 홀로하면 실패한다。

八四괘※1효총설‖노력하여도 항상 그 골이다。

※2효 총설‖타인의 협조 얻으면 성공한다。

月	1효	月	2효
正月	이달의 운은 세력이 점점 더 커지니 가는 곳마다 공이 있다。	正月	이달의 운은 사방으로 돌아다니니 경영하는 일이 뜻에 따른다。
二月	이달의 운은 고생을 다했으니 활동하면 이익을 본다。	二月	이달의 운은 노력없이 얻은 것은 뒷날의 근심거리가 된다。
三月	이달의 운은 음양이 화합하니 만물이 발생한다。	三月	이달의 운은 비록 노력은 많았으나 중도에 좌절되고 말았다。
四月	이달의 운은 도로가 평탄하니 마음대로 왕래한다。	四月	이달의 운은 날으는 새가 소리를 남기니 화액이 연달아 온다。
五月	이달의 운은 그 힘을 손상치 말고 나아가면 성공한다。	五月	이달의 운은 대인이 범으로 변하니 문채가 밝다。
六月	이달의 운은 도로가 험난하니 불의의 재앙이 있다。	六月	이달의 운은 어두운 밤에 서로 싸우니 위험할 것은 당연한 것이다。
七月	이달의 운은 윗 자리에서 교만하지 말라。그 권세가 오래 가지 못한다。	七月	이달의 운은 황막한 황무지를 누가 개척할 것인가。
八月	이달의 운은 급히 서두르면 성사하나 늦추면 시기를 잃는다。	八月	이달의 운은 행인이 소는 가져갔는데 재앙은 내가 당한다。
九月	이달의 운은 용의 머리가 없으니 조화를 부리지 못한다。	九月	이달의 운은위험이 눈앞에 있으니 어디를 가도 재앙이 있다。
十月	이달의 운은 범을 밟아 사람을 무니 반드시 그 상해함을 본다。	十月	이달의 운은 기러기가 평탄한 가지에 앉으니 경영하는 일이 순탄하다。
十一月	이달의 운은 자기의 힘을 믿지 말라。군사를 내면 크게 패한다。	十一月	이달의 운은 여인을 가까이 말라。패가망신한다。
十二月	이달의 운은 삼품벼슬을 얻으니 위 아래가 성공한다。	十二月	이달의 운은 솥 속에 가득찼으니 음식을 충분히 먹을 수 있다。

※3효 총설‖매사 근심이 있으니 답답하다。

正月	이달의 운은 진흙땅에 빠지니 곤궁함은 당연하다。
二月	이달의 운은 자기의 임무를 다하지 못하면 스스로 그 화를 취한다。
三月	이달의 운은 길성이 문데 드니 가는 곳마다 공이 있다。
四月	이달의 운은 믿음있게 노력하면 결국 이익을 얻는다。
五月	이달의 운은 스스로 그 해를 취하니 병은 있어도 약이 없다。
六月	이달의 운은 높은 언덕에 올라보니 삼년이나 일어나지 못했다。
七月	이달의 운은 소인의 도로는 대사가 불가하다。
八月	이달의 운은 나라의 형세가 빛남을 보니 내몸에도 영화가 있다。
九月	이달의 운은 송사에 이기지 못하고 집에 돌아와 쥐나 잡는다。
十月	이달의 운은 가뭄뒤에 비가 내리니 만물이 생기가 난다。
十一月	이달의 운은 잘못을 뉘우치고 착해지면 화액을 면한다。
十二月	이달의 운은 내몸을 양보하고 항상 인으로 대하면 재액을 면한다。

※4효 총설‖협조자를 얻으면 성공한다。

正月	이달의 운은 작은 일에 길하고 큰 일에는 흉하다。
二月	이달의 운은 속히 판단하면 성사하나 그렇지 않으면 때를 잃는다。
三月	이달의 운은 이익이 다하고 손해가 오니 곤한 용이 물을 잃은 격이다。
四月	이달의 운은 망신살이 목숨에 비치니 그 집의 절도를 잃는다。
五月	이달의 운은 소인의 도가 길어지니 군자는 물너간다。
六月	이달의 운은 선인이 길을 인도하니 나아가면 공이 있다。
七月	이달의 운은 순풍에 돛을 달고 돌아오니 소원성취한다。
八月	이달의 운은 무력으로 굴하지 않으니 어리석은듯함이 길하다。
九月	이달의 운은 제반 경영하는 일이 바람 앞에 등불과 같다。
十月	이달의 운은 정사를 완성하였으니 반드시 성공한다。
十一月	이달의 운은 군왕에게 도움이 없으니 이는 나라잃은 근심이다。
十二月	이달의 운은 변화할 시기이나 이루고져 해도 되지 않는다。

※5효 총설‖남에 말도 들으면서 행하면 성공한다。

正月	이달의 운은 이제부터 이익이 오니 크게 그 뜻을 얻을 것이다。
二月	이달의 운은 이제야 좋은 말을 얻었으니 능히 천리를 간다。
三月	이달의 운은 눈은 높고 솜씨는 낮으나 때를 기다리면 빛이 난다。
四月	이달의 운은 사귀를 제거하니 나라에서 상을 받는다。
五月	이달의운은굶주린자에게 바람이 또한 차게 부니 설상에 가상격이다。
六月	이달의 운은 일신을 스스로 반성하면 화기가 점차 생긴다。
七月	이달의 운은 굴신을 능히 하지 못하니 심사가 산란하다。
八月	이달의 운은 전투가 그치지 않으니 천하가 시끄럽다。
九月	이달의 운은 비록 재물은 얻었으나 내 마음은 불쾌하다。
十月	이달의 운은형살이 목숨에드니 관재와 구설을 조심하라。
十一月	이달의 운은 길성이 문에 들어오니 가는 곳마다 공이 있다。
十二月	이달의 운은 여인을 가까이 말라。 패가망신한다。

※6효 총설‖신경질 부리다가 손해보니 주의하라。

正月	이달의 운은 율법으로 군사를 내면 싸우는 대로 패한다。
二月	이달의 운은 각자 마음이 다르니 시작은 있고 끝이 없다。
三月	이달의 운은 두터운 땅에 만물을 실으니 능히 만물을 용납한다。
四月	이달의 운은 비록 앞에 있는 재물을 잃었으나 나의 이익은 뒤에 있다。
五月	이달의 운은 자기의 위치를 잘지키면 편안하기 반석같다。
六月	이달의 운은 구름이 걷히고 하늘이 푸르니 중천에 날이 밝다。
七月	이달의 운은 경계하고 조심하라。 매사가 잘되지 않는다。
八月	이달의 운은 일이 처음은 길하나 열흘만 지나면 재앙이 생긴다。
九月	이달의 운은 사사로운 물건이 집에 드니 집안에 잡귀가 가득하다。
十月	이달의 운은 늙은 남자가 신부를 얻으니 이는 낳아서 길른 격이다。
十一月	이달의 운은 갇혔던 새가 밖에 나오니 하늘은 높고 바다는 넓다。
十二月	이달의 운은 물고기와 용이 물을 잃으니 곤액함을 알겠다。

八五괘、※1효 총설‖친척의 도움으로 성공한다。

正月	이달의 운은 성심껏 노력하면 반드시 길함이 있다。
二月	이달의 운은 성심껏 노력하면 반드시 그 댓가를 받는다。
三月	이달의 운은 윗사람을 따르면 처음은 고통스러우나 뒤에는 크게 덕본다。
四月	이달의 운은 큰 과일은 먹지 말라。그 속에 독이 들어 있다。
五月	이달의 운은 귀인이 아울러 일어나니 그 뜻을 크게 얻으리라。
六月	이달의 운은 빨리 서두르면 실패하고 천천히 하면 이익이 있다。
七月	이달의 운은 외면으로는 좋으나 시작은 하고 끝맺음이 없다。
八月	이달의 운은 술과 안주를 과식하니 도리어 곤액이 있다。
九月	이달의 운은 이제 순조롭게 되니 천지가 안정된다。
十月	이달의 운은 곤액이 연달아 오니 큰일을 하는것은 불가하다。
十一月	이달의 운은 수고로움을 생각지 않으면 겨우 성공한다。
十二月	이달의 운은 천하가 시끄러우니 나라를옮기는 것이 길 하다。

※2효 총설‖산ㅣ기도 하면 재수대길하다。

正月	이달의 운은 출전하여 대패하니 시체로 돌아온다。
二月	이달의 운은 분수 밖의 것을 탐하지 말고 오는 적을 막으라。
三月	이달의 운은 각자가 마음이 다르니 끝맺음이 없다。
四月	이달의 운은 장구계획이 결국 득리를 한다。
五月	이달의 운은 제사를 잘 지내면 곧 그 복을 받는다。
六月	이달의 운은 부처님께 공을 드리면 집안이 태평해진다。
七月	이달의 운은 결국 송사에 이기고 큰 냇물도 능히 건넌다。
八月	이달의 운은 개과 천선을 하면 가히 화액을 면한다。
九月	이달의 운은 물건을 옮기기가 어려우나 가면 공이 있다。
十月	이달의 운은 말이 이미 없어졌으니 어떻게 원행을 할까。
十一月	이달의 운은 노력없이 얻어지는 것은 사리에 부당하다。
十二月	이달의 운은 정법을 이용하면 만인이 다 복종한다。

※ 3효 총설‖소득은 적어도 노력의 댓가는 오는 운이다。

正月	이달의 운은 사냥하는데 새가 없으니 어떻게 새를 잡으랴。
二月	이달의 운은 양이 강하여 급히 나아가니 강한자가 먼저 부러진다。
三月	이달의 운은 늙은 부인이 신랑을 얻으니 망신할 운이다。
四月	이달의 운은 공연히 뛰어서 편치 않으니 활동하면 흉하고 정하면 길하다。
五月	이달의 운은 까치가 깃을 잃으니 어디로 향하여 갈 것인가。
六月	이달의 운은 윗 사람을 따르라 홀로행하면 실패한다。
七月	이달의 운은 변화할 시기이다 이루려해도 이루지 못한다。
八月	이달의 운은 처음은곤란하나 뒤에는좋으니 화기가 점차 생긴다。
九月	이달의 운은 사사로운 일로 인하여 큰액이 앞에 당한다。
十月	이달의 운은 밖에 나가 성공하고 땅을 파서 금을 얻는다。
十一月	이달의 운은 행인이 소를 가져 갔는데 재앙은 내가 받는다。
十二月	이달의 운은 고생을 다 하였으니 이제부터는 잘 풀리겠다。

※ 4효 총설‖욕심내면 실패하니 주의하라。

正月	이달의 운은 우물물이 맑고 깨끗하니 안심하고 마실 수 있다。
二月	이달의 운은 승패가 많으니 어려운 시기이다。
三月	이달의 운은 자기의 무기인 도끼를 상하였으니 오는 적을 어떻게 막을 것인가。
四月	이달의 운은 위아래가 모두 응하니 대사를 능히 도모한다。
五月	이달의 운은 좋은 운이 차차 돌아오니 오래지 않아 스스로 복구한다。
六月	이달의 운은 위도비고 아래도비었으니 진퇴가 미정이다。
七月	이달의 운은 분수 외의 것을 탐하지 말라 불의의 재앙이 있다。
八月	이달의 운은 재물과 비단이 들어오니 의롭지 못하면 받지 말라。
九月	이달의 운은 천구가 해를 끼치니 흉한 일이 앞에 있다。
十月	이달의 운은 피눈물이 연달아 흐르니 사지에서 생을 구한다。
十一月	이달의 운은 수신하고 제가하며 문밖에 나가지 말라。
十二月	이달의 운은 소인의 도로는 큰 일 하기에는 불가하다。

※5효 총설∥귀인을 만나서 승진등을 한다.

正月	이달의 운은 범을 그리다가 잘 되지 않으니 도리어 개가 된다.
二月	이달의 운은 여자를 취하여 쓰지말라 행실이 순하지 못하다.
三月	이달의 운은 자기의 과실을 알지 못하고 나아가면 재앙이 있다.
四月	이달의 운은 기회를 보아서 하라 사물의 이치를 밝게 판단하라.
五月	이달의 운은 흩어지면 합하니 남과 같이 하라.
六月	이달의 운은 모든 음이 사라지고 양기가 점차 창성한다.
七月	이달의 운은 인도가 크게 왕패하니 십년을 쓰지 말라.
八月	이달의 운은 재앙이 끊이지 않으니 군사를 내면 크게 패한다.
九月	이달의 운은 힘을 다하여 담을 쌓으니 그 피로가 아직 풀리지 않는다.
十月	이달의 운은 속히 하고져 하나 이루지 못하고 그 정도를 스스로 지키라.
十一月	이달의 운은 스스로 그 해를 취하니 병은 있고 약은 없다.
十二月	이달의 운은 걷는길이 탄탄하니 편안하기가 반석 같다.

※6효 총설∥신규사업하면 실패한다.

正月	이달의 운은 봄풀에 싹이 돋으니 날로 달로 자란다.
二月	이달의 운은 그 힘을 손상치 않으면 나아가 성공한다.
三月	이달의 운은대도에서 말을 달리니 봄바람에 뜻을 얻는다.
四月	이달의 운은 조상에게 공을 드리면 반드시 그 복을 받는다.
五月	이달의 운은 먼저울고 뒤에는 웃으니 결국 봄이 돌아온 격이다.
六月	이달의 운은 진미로 스스로 봉양을 하니 길운과 경사가 문에 든다.
七月	이달의 운은 진흙땅에 빠지니 곤궁할 것은 당연하다.
八月	이달의 운은 자기의 임무를 다하지 못하면 스스로 그 화를 당한다.
九月	이달의 운은 길운과 경사가 아울러 오니 하늘이 자연히 도와준다.
十月	이달의 운은 믿음있게 노력하면 결국 이익을 얻는다.
十一月	이달의 운은 그럴듯 그럴듯 하다가 궁지에 봉착한다.
十二月	이달의 운은 그 높은 언덕을 오르려하나 삼년을 일어나지 못한다.

八六괘、※1효 총설‖소원성취하니 노력하라。 ※2효 총설‖꾸준히 노력하면 성공된다。

월	※1효
正月	이달의 운은 두터운 땅에 만물이 실리니 능히 용납된다。
二月	이달의 운은 비록 앞에 있는 새는 잃었으나 나의 이익은 뒤에 있다。
三月	이달의 운은 자기의 위치를 스스로 지키면 편안하기가 반석같다。
四月	이달의 운은 구름걷힌 푸른 하늘에 날이 밝다。
五月	이달의 운은 경계하고 조심하라 모든일 잘 되지 않는다。
六月	이달의 운은 일에 처음은 길함이 있으나 열홀만 지나면 재앙이 난다。
七月	이달의 운은 사물이 방에 들어오니 잡귀가 집에 가득하다。
八月	이달의 운은 늙은 남자가 부인을 얻으니 낳아서 기른 공이더라。
九月	이달의 운은 갇혔던 새가 풀려나오니 하늘도높고 바다는 넓다。
十月	이달의 운은 물고기와 용이 물을 잃으니 곤액함을 가히 알겠다。
十一月	이달의 운은 문밖에 나가 다른 사람같으니 전도가 유망하다。
十二月	이달의 운은 집위에 집을 더하니 재물과 비단이 문에 든다。

월	※2효
正月	이달의 운은 군사를 써서 상륙을 하니 아무 거리낌이 없다。
二月	이달의 운은 범을 그리다가 잘 되지 않으면 반대로 개가 된다。
三月	이달의 운은 사냥을 하는데 새가 없으니 어떻게 새를 잡을까。
四月	이달의 운은 양이 강하여 급히 나아가니 강한것이 먼저 부러진다。
五月	이달의 운은 늙은 부인이 신랑을 얻으니 망신운이로다。
六月	이달의 운은 공연히 뛰어 편치 않으니 동하면 흉하고 정하면 길하다。
七月	이달의 운은 까치가 깃털을 잃었으니 어디로 향하여 갈 것인가。
八月	이달의 운은 윗사람을 따르라 홀로 행하면 실패한다。
九月	이달의 운은 변화할 시기이나 이루고져해도 되지 않는다。
十月	이달의 운은 처음은곤란하나 뒤에는 크니 화기가 점차 생긴다。
十一月	이달의 운은 사도로 인하여 대액이 앞에 당한다。
十二月	이달의 운은 밖에 나가 성공하니 땅을 파서 금을 얻는다。

※3효 총설‖각자 마음이 다르니 시작은 있고 끝맺음이 없다。

正月	이달의 운은 각자 마음이 다르니 시작은 있고 끝맺음이 없다。
二月	이달의 운은 장구한 계획이 결국은 득리를 하게 된다。
三月	이달의 운은 제사를 잘지내면 곧 그 복을 받는다。
四月	이달의 운은 부처님께 공을 드리면 가도가 태평하다。
五月	이달의 운은 결국 송사에 이기니 큰 냇물을 건넌다。
六月	이달의 운은 개과천선을 하면 화액을 면한다。
七月	이달의 운은 물건을 옮기기가 어려우나 가면 공이 있다。
八月	이달의 운은 말이 이미 없어졌으니 어떻게 멀리 갈거나。
九月	이달의 운은 노력없이 얻어지는 것은 사리에 부당하다。
十月	이달의 운은 정법을 이용하면 만인이 모두 복종한다。
十一月	이달의 운은 그 높은 언덕에 오르려 하나 세해를 일어나지를 못한다。
十二月	이달의 운은 소인이 낯을 가리고 흉한 계교에 빠졌다。

※4효 총설‖크게 벌리면 크게 고달프니 주의하라。

正月	이달의 운은 장차 험한 땅에 나가니 그 힘이 배가 된다。
二月	이달의 운은 위 아래를 비교할때 공연히 움직이면 해가 돌아온다。
三月	이달의 운은 그 피를 뿌리며 가니 해액이 스스로 멀리 간다。
四月	이달의 운은 경영하는 모든 일이 바람 앞에 등불과 같다。
五月	이달의 운은 변동할 수이나 시기가 아직 이르다。
六月	이달의 운은 범을 밟아서 비록 위태하나 치지 않으면 물지 않는다。
七月	이달의 운은 이익이 눈 앞에 있으나 먼곳으로 부터 온다。
八月	이달의 운은 강하게 바람이 많으니 배타는 것이 옳지 못하다。
九月	이달의 운은망신살이 목숨에비치니 그 집의 절도를 잃는다。
十月	이달의 운은 여우가 물을 건너니 그 머리가 젖는다。
十一月	이달의 운은 앞으로 나아 가려 하나 그 힘이 부족하다。
十二月	이달의 운은 위험함이 앞에 있으니 어디간들 재앙이 아니랴。

※ 5효 총설‖남에게 피해당하니 주의하라。

正月	이달의 운은 분수밖의 것을 탐하지 말고 오는 적을 막으라。
二月	이달의 운은 그 정당성을 잃지 않으면 갈수록 좋아진다。
三月	이달의 운은 아래를 덜고 위를 더하니 기회를 보아서 하라。
四月	이달의 운은 이제야 본 남편을 만났으니 비록 위태하나 허물은 없다。
五月	이달의 운은 산도 높고 골짜기도 깊으니 자빠지고 넘어져서 나가기 어렵다。
六月	이달의 운은 덕을 만방에 베푸르니 어진 사람이 스스로 온다。
七月	이달의 운은 대지가 윤택하니 만물이 무성하다。
八月	이달의 운은 처음은 하늘을 오를 듯하나 뒤에는 땅으로 들어간다。
九月	이달의 운은 까치가그깃털을불사르니 어디로 향하여 갈것인가。
十月	이달의 운은 나그네가 당도할때 재앙과 근심이 침노한다。
十一月	이달의 운은 반드시 군사를 써서 천하를 주름 잡는다。
十二月	이달의 운은 대지에 날이 밝으니 함정에서 벗어난다。

※ 6효 총설‖매사가 좋게 시작되는 운이다。

正月	이달의 운은 나무를 잡고 고기를 구하니 일에 허망함이 많다。
二月	이달의 운은 좋은 배필을 얻고져 하거든 때를 기다려 행하라。
三月	이달의 운은 가뭄뒤에 단비가 내리니 만물의 생기가 새롭다。
四月	이달의 운은 작은일은 길하고 큰일은 흉하다。
五月	이달의 운은 사방으로 돌아 다니니 경영하는 일이 뜻대로 된다。
六月	이달의 운은 노력없이 얻어지는 것은 뒷날에 근심거리가 된다。
七月	이달의 운은 비록 노력은 많았으나 중도에서 좌절된다。
八月	이달의 운은 날으는 새가 소리를 남기니 화액이 연달아 생긴다。
九月	이달의 운은 대인이 범으로 변하니 문채가 밝다。
十月	이달의 운은 어두운 밤에 서로 싸우니 위험할 것은 당연하다。
十一月	이달의 운은 허허 막막한 황무지를 누가 개척할 것인가。
十二月	이달의 운은 길가는 사람이 소는 가져가고 해는 내가 받는다。

※八七괘、1효 총설‖운은 길하지 않으니 열심히 하라。

正月	이달의 운은 대지에 봄이 돌아오니 고목도 봄을 만난다。
二月	이달의 운은 우물물이 맑고 깨끗하니 안심하고 마신다。
三月	이달의 운은 출전하여 대패하니 시체로 돌아 온다。
四月	이달의 운은 분수외의 것을 탐하지 말라 오는 적을 막아야 한다。
五月	이달의 운은 각자 마음이 다르니 끝맺음이 좋지 않다。
六月	이달의 운은 장구한 계획이 결국은 득리를 한다。
七月	이달의 운은 제사를 잘 지내면 곧 그 복을 받는다。
八月	이달의 운은 부처님께 공을 드리면 가도가 태평하다。
九月	이달의 운은 결국 송사에 이기고 능히 큰 냇물을 건넌다。
十月	이달의 운은 개과천선을 하면 가해 화액을 면한다。
十一月	이달의 운은 물건을 옮기기 어려우니 가면 공이 있다。
十二月	이달의 운은 말이 이미 없어졌으니 어떻게 원행을 할까。

※2효 총설‖앞으로 가지말고 항상 뒤로 가라。

正月	이달의 운은 윗사람을 따르라 먼저는 곤궁했으나 뒤에는 잘된다。
二月	이달의 운은 큰 과일을 먹지말라 그 속에 독이 들어 있다。
三月	이달의 운은 귀인이 야울러 일어서니 크게 그 뜻을 얻는다。
四月	이달의 운은 황양한 험지이나 끝에가서는 반드시 길함을 얻는다。
五月	이달의 운은 겉으로는 좋게 보이나 시작은 해 놓고 끝이 없다。
六月	이달의 운은 안에서 도와도 되지 않으니 모든일이 불리하다。
七月	이달의 운은 모든것이 잘되어가니 천지가 안정된다。
八月	이달의 운은 곤액이 연달아 오니 큰일을 하기에는 불가하다。
九月	이달의 운은 괴로움을 생각지 않고 노력하면 겨우 성공한다。
十月	이달의 운은 천하가 시끄러우니 나라를 옮기는 것이 길하다。
十一月	이달의 운은 걸어가는 길이 평탄하니 편하기가 반석 같다。
十二月	이달의 운은 덕과 업이 날로 새로와 지니 도처에서 길함을 얻는다。

※3효 총설‖일이 잘되지 않으니 주의하라。

正月	이달의 운은 경계하고 조심하라 매사가 잘 되지 않는다。
二月	이달의 운은 일이 처음은 잘 되었으나 얼마되지 않아 재앙이 생긴다。
三月	이달의 운은 사사로운 물건이 방에 들어오니 오귀가 방안에 가득하다。
四月	이달의 운은 늙은 남자가 부인을 얻으니 이것은 낳아서 기른 공이다。
五月	이달의 운은 갇혔던 새가 풀려나오니 하늘은 높고 바다는 광활하다。
六月	이달의 운은 물고기와 용이 물을 잃으니 곤란함을 가히 알겠다。
七月	이달의 운은 문밖에 나가 사람과 같이하니 전도가 유망하다。
八月	이달의 운은 집위에 또 집을 지으니 재물과 비단이 문에 들어온다。
九月	이달의 운은 흩어지면 합하는 것이니 남과 더불어 같은 일을 하라。
十月	이달의 운은 믿음으로써 뜻을 발하니 위아래가 돌아온다。
十一月	이달의 운은 호랑이를 밟아 사람을무니반드시 상해함을 본다。
十二月	이달의 운은 지나치면 넘치고 꽃은 광풍을 만났으니 어려움이 많다。

※4효 총설‖겸손히 하라 좋은 운이다。

正月	이달의 운은 성심껏 노력하면 반드시 그 댓가를 받는다。
二月	이달의 운은 위에서 응원해주지 않으니 자립하기가 곤란하다。
三月	이달의 운은 기러기가 높이 날으니 어찌 거리낌이 있으랴。
四月	이달의 운은 봄바람에 뜻을 얻으니 경영하는바가 뜻에 따른다。
五月	이달의 운은 큰액이 앞에 당했으니 미리 예방하는 것이 상책이다。
六月	이달의 운은 앞으로 나아가고져 하나 그 힘이 부족하다。
七月	이달의 운은 봄품에 싹이트니 좋은 기회를 잃지말라。
八月	이달의 운은 좋은 기회를 잃지 말라 반드시 기쁜 일이 있다。
九月	이달의 운은 혹 노래하고 혹 우니 스스로 마음을 정하지 못한다。
十月	이달의 운은 악을 쌓음이 산과 같으니 곤란함이 극심하다。
十一月	이달의 운은 범을 밟아서 비록 위태하나 차지 않으면 물지 않는다。
十二月	이달의 운은 형살이목숨에 비치니 송사에 불리하다。

※5효 총설‖운이 약하니 크게는 하지말라。

正月	이달의 운은 구름 긷힌 푸른 하늘에 날이 밝다。
二月	이달의 운은 좌우에서 도움이 없으니 상하를 잃는다。
三月	이달의 운은 속히 처리하면 실패하고 느리게 하면 유리하다。
四月	이달의 운은 까치가 그 집을 불사르니 어디로 향하여 갈 것인가。
五月	이달의 운은 높은 나무에 바람이 많으니 스스로 그 화를 취한다。
六月	이달의 운은 한가지 마음으로 협력을 하면 이웃까지 잘 된다。
七月	이달의 운은 세사람이 동행하다가 그 한 사람이 없어졌다。
八月	이달의 운은 목마른 용이 물을 얻으니 생기가 점점 생긴다。
九月	이달의 운은 이제야 본 남편을 만나니 비록 위태하나 허물은 없다。
十月	이달의 운은 스스로 나아가지 못하니 다른 사람의 제압을 받는다。
十一月	이달의 운은 일에 두서가 없으니 수심이 끊어지지 않는다。
十二月	이달의 운은 노력없이 소득하는 것은 사리에 부당하다。

※6효 총설‖남에게 혐의 받기 쉬우니 주의하라。

正月	이달의 운은 새가 날개를 상하니 삼일을 먹지 않는다。
二月	이달의 운은 비록 노력은 많았으나 중도에 좌절된다。
三月	이달의 운은 잡초를 제거하니 오곡이 무성하다。
四月	이달의 운은 술과 안주로 잔치하여 즐기니 경사가 문에 든다。
五月	이달의 운은 개과천선을 하면 이롭지 않음이 없다。
六月	이달의 운은 손해가 있은 뒤에 이익이 있으니 크게 그 뜻을 얻는다。
七月	이달의 운은 좋은 배필을 얻고져 때를 기다려 하라。
八月	이달의 운은 음양이 비로소 화합하나 만물이 화생한다。
九月	이달의 운은 음이 양을 치니 여색을 가까이 말라。
十月	이달의 운은 작은 것으로 인하여 큰것을 잃는다。
十一月	이달의 운은 재앙이 가고 복이 오니 반드시 경사가 있다。
十二月	이달의 운은 위태함을 알고 자제하면 별로 큰 액은 없다。

八八괘※1효 총설‖운세는 불길하다。인내하라。 ※2효 총설‖화목을 위주로 하면 성공한다。

월	1효
正月	이달의 운은 상하가 모두 응해주니 넓고 크게 포옹한다。
二月	이달의 운은 장차 험지에 나가게 되니 그 힘이 배가 든다。
三月	이달의 운은 군사를 써서 상륙을 하니 아무 거리낌이 없다。
四月	이달의 운은 호랑이를 그리다가 잘 되지 않으니 도리어 개가 된다。
五月	이달의 운은 사냥을 하는데 새가 없으니 어떻게 새를 잡을가。
六月	이달의 운은 양이 강하여 급히 나아가니 강자가 먼저 부러진다。
七月	이달의 운은 늙은 부인이 신랑을 얻으니 망신할 운이다。
八月	이달의 운은 공연히 뛰어 불안하니 움직이면 흉하고 가만이 있으면 길하다。
九月	이달의 운은 까치가 집을 잃었으니 어디로 향하여 갈 것인가。
十月	이달의 운은 윗 사람을 따르라。 홀로 행하면 실패한다。
十一月	이달의 운은 변화할 시기이므로 하고져 하나 되지 않는다。
十二月	이달의 운은 처음은 곤하나 뒤에는 크니 화기가 점차 생긴다。

월	2효
正月	이달의 운은 그의 지위를 스스로 지키니 편하기가 반석같다。
二月	이달의 운은 구름이 걷혀 하늘이 푸르니 날이 중천에 밝다。
三月	이달의 운은 경계하고 조심하라。 모든 일이 잘 되지 않는다。
四月	이달의 운은 일의 처음은 길하였으나 열흘이 지나면 재앙이 생긴다。
五月	이달의 운은 사사로운 물건이 집에 들어오니 오귀가 방에 가득하다。
六月	이달의 운은 늙은 남자가 부인을 얻으니 이는 낳아서 기른 공이로다。
七月	이달의 운은 갇혔던 새가 풀려 나오니 하늘은 높고 바다는 넓다。
八月	이달의 운은 물고기와 용이 물을 잃으니 곤란함을 가히 알겠다。
九月	이달의 운은 문밖에 나가 다른 사람 같이 하니 전도가 유망하다。
十月	이달의 운은 집위에 또 집을 지으니 재물과 비단이 문에 들어온다。
十一月	이달의 운은 대지에 날이 밝으니 함정에서 벗어난다。
十二月	이달의 운은 믿음으로써 뜻을 펴니 위 아래가 돌아온다。

※3효 총설=남을 앞장 세우면 매사 성공된다。

正月	이달의 운은 귀인이 같이 일어나니 크게 그 뜻을 얻는다。
二月	이달의 운은 우뢰가 진동하여 무섭기는 하나 그 화가 몸에 미치지 않는다。
三月	이달의 운은 겉으로는 잘 되는 것 같으나 끝맺음이 없다。
四月	이달의 운은 주육을 술과 고기를 과식하면 도리어 곤액이 있다。
五月	이달의 운은 액운이 끝나고 길운이 오니 천지가 안정된다。
六月	이달의 운은 곤액이 연달아 오니 큰 일을 하기에는 불가하다。
七月	이달의 운은 노고를 생각지 않으면 겨우 성공한다。
八月	이달의 운은 천하가 시끄러우니 나라를 옮기는 것이 길하다。
九月	이달의 운은 가는 길이 평탄하니 편하기가 반석 같다。
十月	이달의 운은 덕업이 날로 새로와 지니 도처에서 기뻐한다。
十一月	이달의 운은 위태함을 알고 자제하면 별로 큰액은 없다。
十二月	이달의 운은 남의 말을 믿지 말라。 믿는 도끼에 발 상한다。

※4효 총설=구설 모략받기 쉬우니 주의하라。

正月	이달의 운은 비록 앞에있는 새를 잃었으나 나의 이익은 뒤에 있다。
二月	이달의 운은 험함을 알고 예방을 하면 액을 면할 것을 가히 알 것이다。
三月	이달의 운은 다른 사람과 같은 일을 하면 반드시 그 해를 받는다。
四月	이달의 운은 기러기가 육지에 오르니 사리에 부당하다。
五月	이달의 운은 많은 일을 감당치 못하면 침체됨을 면치 못한다。
六月	이달의 운은 수신하고 제가하면 문밖 출입을 말라。
七月	이달의 운은 우는 학이 그늘에 있으니 모자가 서로 화목한다。
八月	이달의 운은 이제야 큰 보배를 얻었으니 이는 하늘의 도움이다。
九月	이달의 운은 부부간에 뜻이 맞지 않으니 집안이 어지럽다。
十月	이달의 운은 오는 소님을 잘 접대하라。 길한 일이 점차 생긴다。
十一月	이달의 운은 위에는 비이고 아래는 넓으니 가고 물러남을 정하지 못한다。
十二月	이달의 운은 자기의 힘을 믿지 말라。 군사를 내면 크게 패한다。

※5효 총설=자기고집으로 하면 실패한다。 남에 조언대로 하라。

正月	이달의 운은 큰 과일을 먹지 말라。 그 속에 독이 들어 있다。
二月	이달의 운은 굴신을 자유로이 못하니 심사가 산란하다。
三月	이달의 운은 눈으로 보기에는 풍년이나 그림에 떡인 격이다。
四月	이달의 운은 힘을 다하여 담을 탔으니 그 피로가 이직 풀리지 않는다。
五月	이달의 운은 공연히 나가지 말라。 활동하면 손해가 있다。
六月	이달의 운은 목마른 말이 물을 얻으니 기쁜 빛이 자연히 생긴다。
七月	이달의 운은 이제야 좋은 말을 얻으니 능히 천리를 간다。
八月	이달의 운은 군사를 쓰지 말라。 힘써 싸움이 불가하다。
九月	이달의 운은 기회를 보아서 하라。 또한 물리를 밝게 판단하라。
十月	이달의 운은 솥발이 엎어졌으니 어느때나 복구할가。
十一月	이달의 운은 대인은 영달하고 고인은 재물을 얻는다。
十二月	이달의 운은 사도로 인하여 큰 액이 앞에 당했다。

※6효 총설=매사를 서서히 쉬면서 하라。 운이 약하다。

正月	이달의 운은 찬 골짜기에 봄이 돌아오니 시기가 이직 이르다。
二月	이달의 운은 진흙땅에 빠지니 그 곤궁함을 가히 알겠다。
三月	이달의 운은 세력이 더욱 좋아지니 가는 곳마다 공이 있다。
四月	이달의 운은 이제 고생을 다하였으니 활동하면 이익을 본다。
五月	이달의 운은 음양이 화합하니 만물이 발생한다。
六月	이달의 운은 도로가 평탄하니 마음대로 왕래한다。
七月	이달의 운은 그 힘을 덜지 않으면 나아가 성공한다。
八月	이달의 운은 도로가 험난하니 불의의 재앙이 있다。
九月	이달의 운은 윗자리에 있으면서 교만하지 말라。 그 권세가 오래 가지 못한다。
十月	이달의 운은 급히 나아가면 성사하고 느리게 하면 때를 잃는다。
十一月	이달의 운은 용의 머리가 없으니 조화를 부리기 어렵다。
十二月	이달의 운은 호랑이를 밟아 사람을 물으니 반드시 상해함을 본다。

매월운세 【정가:20,000원】

1990년 7월 10일 초판 인쇄
2010년 3월 15일 재판 발행
편저자 : 추 송 학 (추순식)
발행인 : 秋 松 鶴
발행처 : 도서출판 생활문화사
주소:서울 중구 충무로5가 36-3
전화:(02)2265-6348 /2278-3664
(팩스) 02 - 2274 - 6398
등록1976년 1월 10일 제2-136호

ISBN 89-8280-048-4 13180